《中国制造 2025》解读材料

工业和信息化部 编

電子工業出版社
Publishing House of Electronics Industry
北京 • BEIJING

内 容 简 介

为了更好地贯彻落实《中国制造 2025》，工业和信息化部规划司牵头组织相关司局编写了《中国制造 2025》官方解读材料，全书分综合篇、战略任务篇、重点领域篇和支撑保障篇，同时分行业、分领域、全方位深入剖析了规划的内涵、要求、措施等。期望本书的出版能为深入贯彻《中国制造 2025》提供理论基础、方向引导，为推动中国制造业转型升级、创新发展提供有力的支撑。

本书适合各级政府、行业主管部门、相关科研机构和制造业企业等参考使用。

图书在版编目（CIP）数据

《中国制造 2025》解读材料 / 工业和信息化部编. —北京：电子工业出版社，2016.1
ISBN 978-7-121-28015-3

Ⅰ. ①中…　Ⅱ. ①工…　Ⅲ. ①制造工业—工业发展—研究—中国　Ⅳ. ①F426.4

中国版本图书馆 CIP 数据核字（2015）第 322147 号

责任编辑：徐　静
印　　刷：北京捷迅佳彩印刷有限公司
装　　订：北京捷迅佳彩印刷有限公司
出版发行：电子工业出版社
　　　　　北京市海淀区万寿路 173 信箱　邮编　100036
开　　本：720×1000　1/16　印张：18.5　字数：330 千字
版　　次：2016 年 1 月第 1 版
印　　次：2023 年 9 月第 2 次印刷
定　　价：79.00 元

凡所购买电子工业出版社图书有缺损问题，请向购买书店调换。若书店售缺，请与本社发行部联系，联系及邮购电话：(010)88254888。

质量投诉请发邮件至 zlts@phei.com.cn，盗版侵权举报请发邮件至 dbqq@phei.com.cn。

服务热线：(010)88258888。

序

制造业是国民经济的支柱产业，是工业化和现代化的主导力量，是国家安全和人民幸福的物质保障，是衡量一个国家或地区综合经济实力和国际竞争力的重要标志。历史证明，每一次制造技术与装备的重大突破，都深刻影响了世界强国的竞争格局，制造业的兴衰也印证着世界强国的兴衰。实践也证明，制造业是创新的主战场，是保持国家竞争实力和创新活力的重要源泉。

党的十八大以来，以习近平同志为总书记的党中央把握国际、国内经济社会发展形势，描绘了全面建成小康社会、实现中华民族伟大复兴中国梦的宏伟蓝图，而大力发展制造业，对我国实施创新驱动发展战略、加快经济转型升级、实现百年强国梦具有十分重要的战略意义。

当前，世界经济和产业格局正处于大调整、大变革和大发展的新的历史时期。通过世界各国在应对国际金融危机正面的和反面的经验和教训深刻认识到，任何时候都不能放弃对实体经济发展的支持。应对国际金融危机，世界各国纷纷提出了重返制造业、振兴装备制造业等战略，也都出台了一系列的制造业发展战略与规划。当前，中国经济发展已经进入新常态，处在高速增长向中高速增长的转变过程中，要改变过去长期在制造业价值链的低端发展，向中高端发展迈进。

经过六十多年的建设，特别是改革开放三十多年的发展，中国制造业已经建成了一个门类比较齐全的工业体系，产业规模位居世界第一，已经成为制造业大国。那么，引领和带动整个新一轮发展的方向设定在哪里，发展的路径是什么，我们要采取哪些措施，在哪些领域加快发展来促进中国从制造业大国向制造业强国转变，需要我们深入研究并付诸实施。

2015 年 5 月 19 日，国务院正式印发了《中国制造 2025》。这是党中央、国务院总览国际国内发展大势，站在增强我国综合国力、提升国际竞争力、保障国家安全的战略高度做出的重大战略部署，其核心是加快推进制造业创新发展、提质增效，实现从制造大国向制造强国转变。

实施《中国制造 2025》，建设世界制造强国，是我们吸取错失前两次工业革命的历史经验教训，主动应对新一轮科技革命和产业变革的重大战略选择；实施《中国制造 2025》，推动制造业由大变强，是实现经济稳增长、调结构、提质增效的客观要求；实施《中国制造 2025》，推动制造业跨越发展，是实现“两个百年”奋斗目标和中华民族伟大复兴中国梦的战略需要。

《中国制造 2025》是我国实施制造强国战略第一个十年的行动纲领，明确提出了建设制造强国的“三步走”战略，以十年为一个阶段，通过“三步走”实现制造强国建设，并对第一个十年的战略任务和重点进行了具体部署。同时，《中国制造 2025》不是一般意义上的中长期发展规划，而是兼顾当前和长远、兼顾战略和战术的行动计划。既立足当前，面向制造业转型升级、提质增效，提出了九大战略任务、五项重点工程和若干重大政策举措；又着眼长远，着眼应对新一轮科技革命和产业变革、抢占未来竞争制高点，围绕先进制造和高端装备制造，前瞻部署了重点突破的十大战略领域，描绘了未来三十年建设制造强国的宏伟蓝图和梯次推进的路线图。

推动实施《中国制造 2025》是一项系统工程，需要我们按照十八届五中全会的部署要求，贯彻落实创新、协调、绿色、开放、共享的理念，动员并整合社会各方面资源与力量，统筹推进制造强国战略，抓紧做好“中国制造 2025”若干专项规划，抓好当前的稳增长、调结构工作，加快构建产业新体系。在充分尊重和发挥市场在资源配置中决定性作用的前提下，发挥好政府的引导和推动作用，推动中国制造业由大变强，让中国制造十年磨一剑，十年上一个新台阶！

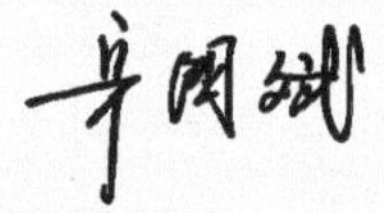

工业和信息化部副部长

2015 年 11 月

前言

2015年5月19日，国务院正式发布了《中国制造2025》（国发〔2015〕28号），部署全面推进实施制造强国战略。《中国制造2025》是我国实施制造强国“三步走”战略第一个十年的行动纲领，是按照国务院总体部署，由工业和信息化部会同发展改革委、科技部、财政部、环保部、商务部、国土资源部、国资委等22个部门和单位联合编制。《中国制造2025》立足我国转变经济发展方式实际需要，围绕创新驱动、智能转型、强化基础、绿色发展、人才为本等关键环节，以及先进制造、高端装备等重点领域，提出了加快制造业转型升级、提质增效的重大战略任务和重大政策举措，《中国制造2025》的实施将有力促进我国制造业的健康发展。

为做好规划的宣传和贯彻工作，我们组织撰写了《中国制造2025》解读材料，分综合篇、战略任务篇、重点领域篇和支撑保障篇，对《中国制造2025》进行了全面解读，深入剖析了规划的内涵、要求、措施等。本书是各部委专家集体智慧的结晶。期望本书的出版能够为深入贯彻《中国制造2025》规划提供借鉴参考，为推动中国制造业转型升级、创新发展提供有力的支撑。

编者

2015年10月

目　录

战略任务篇

重点领域篇

支撑保障篇

《中国制造 2025》全文

制造业是国民经济的主体，是立国之本、兴国之器、强国之基。十八世纪中叶开启工业文明以来，世界强国的兴衰史和中华民族的奋斗史一再证明，没有强大的制造业，就没有国家和民族的强盛。打造具有国际竞争力的制造业，是我国提升综合国力、保障国家安全、建设世界强国的必由之路。

新中国成立尤其是改革开放以来，我国制造业持续快速发展，建成了门类齐全、独立完整的产业体系，有力推动工业化和现代化进程，显著增强综合国力，支撑我世界大国地位。然而，与世界先进水平相比，我国制造业仍然大而不强，在自主创新能力、资源利用效率、产业结构水平、信息化程度、质量效益等方面差距明显，转型升级和跨越发展的任务紧迫而艰巨。

当前，新一轮科技革命和产业变革与我国加快转变经济发展方式形成历史性交汇，国际产业分工格局正在重塑。必须紧紧抓住这一重大历史机遇，按照“四个全面”战略布局要求，实施制造强国战略，加强统筹规划和前瞻部署，力争通过三个十年的努力，到新中国成立一百年时，把我国建设成为引领世界制造业发展的制造强国，为实现中华民族伟大复兴的中国梦打下坚实基础。

《中国制造 2025》，是我国实施制造强国战略第一个十年的行动纲领。

一、发展形势和环境

（一）全球制造业格局面临重大调整

新一代信息技术与制造业深度融合，正在引发影响深远的产业变革，形成新的生产方式、产业形态、商业模式和经济增长点。各国都在加大科技创新力度，推动三维（3D）打印、移动互联网、云计算、大数据、生物工程、新能源、新材料等领域取得新突破。基于信息物理系统的智能装备、智能工厂等智能制造正在引领制造方式变革；网络众包、协同设计、大规模个性化定制、精准供应链管理、全生命周期管理、电子商务等正在重塑产业价值链体系；可穿戴智能产品、智能家电、智能汽车等智能终端产品不断拓展制造业新领域。我国制造业转型升级、创新发展迎来重大机遇。

全球产业竞争格局正在发生重大调整，我国在新一轮发展中面临巨大挑战。国际金融危机发生后，发达国家纷纷实施“再工业化”战略，重塑制造业竞争新优势，加速推进新一轮全球贸易投资新格局。一些发展中国家也在加快谋划和布局，积极参与全球产业再分工，承接产业及资本转移，拓展国际市场空间。我国制造业面临发达国家和其他发展中国家“双向挤压”的严峻挑战，必须放眼全球，加紧战略部署，着眼建设制造强国，固本培元，化挑战为机遇，抢占制造业新一轮竞争制高点。

（二）我国经济发展环境发生重大变化

随着新型工业化、信息化、城镇化、农业现代化同步推进，超大规模内需潜力不断释放，为我国制造业发展提供了广阔空间。各行业新的装备需求、人民群众新的消费需求、社会管理和公共服务新的民生需求、国防建设新的安全需求，都要求制造业在重大技术装备创新、消费品质量和安全、公共服务设施设备供给和国防装备保障等方面迅速提升水平和能力。全面深化改革和进一步扩大开放，将不断激发制造业发展活力和创造力，促进制造业转型升级。

我国经济发展进入新常态，制造业发展面临新挑战。资源和环境约束不断强化，劳动力等生产要素成本不断上升，投资和出口增速明显放缓，主要依靠资源要素投入、规模扩张的粗放发展模式难以为继，调整结构、转型升级、提质增效刻不容缓。形成经济增长新动力，塑造国际竞争新优势，重点在制造业，难点在制造业，出路也在制造业。

（三）建设制造强国任务艰巨而紧迫

经过几十年的快速发展，我国制造业规模跃居世界第一位，建立起门类齐全、独立完整的制造体系，成为支撑我国经济社会发展的重要基石和促进世界经济发展的重要力量。持续的技术创新，大大提高了我国制造业的综合竞争力。载人航天、载人深潜、大型飞机、北斗卫星导航、超级计算机、高铁装备、百万千瓦级发电装备、万米深海石油钻探设备等一批重大技术装备取得突破，形成了若干具有国际竞争力的优势产业和骨干企业，我国已具备了建设工业强国的基础和条件。

但我国仍处于工业化进程中，与先进国家相比还有较大差距。制造业大而不强，自主创新能力弱，关键核心技术与高端装备对外依存度高，以企业为主体的制造业创新体系不完善；产品档次不高，缺乏世界知名品牌；资源能源利用效率低，环境污染问题较为突出；产业结构不合理，高端装备制造业和生产性服务业发展滞后；信息化水平不高，与工业化融合深度不够；产业国际化程度不高，企业全球化经营能力不足。推进制造强国建设，必须着力解决以上问题。

建设制造强国，必须紧紧抓住当前难得的战略机遇，积极应对挑战，加强统筹规划，突出创新驱动，制定特殊政策，发挥制度优势，动员全社会力量奋力拼搏，更多依靠中国装备、依托中国品牌，实现中国制造向中国创造的转变，中国速度向中国质量的转变，中国产品向中国品牌的转变，完成中国制造由大变强的战略任务。

二、战略方针和目标

（一）指导思想

全面贯彻党的十八大和十八届二中、三中、四中全会精神，坚持走中国特色新型工业化道路，以促进制造业创新发展为主题，以提质增效为中心，以加快新一代信息技术与制造业深度融合为主线，以推进智能制造为主攻方向，以满足经济社会发展和国防建设对重大技术装备的需求为目标，强化工业基础能力，提高综合集成水平，完善多层次多类型人才培养体系，促进产业转型升级，培育有中国特色的制造文化，实现制造业由大变强的历史跨越。基本方针是：

——创新驱动。坚持把创新摆在制造业发展全局的核心位置，完善有利于创新的制度环境，推动跨领域跨行业协同创新，突破一批重点领域关键共性技术，促进制造业数字化网络化智能化，走创新驱动的发展道路。

——质量为先。坚持把质量作为建设制造强国的生命线，强化企业质量主体责任，加强质量技术攻关、自主品牌培育。建设法规标准体系、质量监管体系、先进质量文化，营造诚信经营的市场环境，走以质取胜的发展道路。

——绿色发展。坚持把可持续发展作为建设制造强国的重要着力点，加强节能环保技术、工艺、装备推广应用，全面推行清洁生产。发展循环经济，提高资源回收利用效率，构建绿色制造体系，走生态文明的发展道路。

——结构优化。坚持把结构调整作为建设制造强国的关键环节，大力发展先进制造业，改造提升传统产业，推动生产型制造向服务型制造转变。优化产业空间布局，培育一批具有核心竞争力的产业集群和企业群体，走提质增效的发展道路。

——人才为本。坚持把人才作为建设制造强国的根本，建立健全科学合理的选人、用人、育人机制，加快培养制造业发展急需的专业技术人才、经营管理人才、技能人才。营造大众创业、万众创新的氛围，建设一支素质优良、结构合理的制造业人才队伍，走人才引领的发展道路。

（二）基本原则

市场主导，政府引导。全面深化改革，充分发挥市场在资源配置中的决定性作用，强化企业主体地位，激发企业活力和创造力。积极转变政府职能，加强战略研究和规划引导，完善相关支持政策，为企业发展创造良好环境。

立足当前，着眼长远。针对制约制造业发展的瓶颈和薄弱环节，加快转型升级和提质增效，切实提高制造业的核心竞争力和可持续发展能力。准确把握新一轮科技革命和产业变革趋势，加强战略谋划和前瞻部署，扎扎实实打基础，在未来竞争中占据制高点。

整体推进，重点突破。坚持制造业发展全国一盘棋和分类指导相结合，统筹规划，合理布局，明确创新发展方向，促进军民融合深度发展，加快推动制造业整体水平提升。围绕经济社会发展和国家安全重大需求，整合资源，突出重点，实施若干重大工程，实现率先突破。

自主发展，开放合作。在关系国计民生和产业安全的基础性、战略性、全局性领域，着力掌握关键核心技术，完善产业链条，形成自主发展能力。继续扩大开放，积极利用全球资源和市场，加强产业全球布局和国际交流合作，形成新的比较优势，提升制造业开放发展水平。

（三）战略目标

立足国情，立足现实，力争通过“三步走”实现制造强国的战略目标。

第一步：力争用十年时间，迈入制造强国行列。

到 2020 年，基本实现工业化，制造业大国地位进一步巩固，制造业信息化水平大幅提升。掌握一批重点领域关键核心技术，优势领域竞争力进一步增强，产品质量有较大提高。制造业数字化、网络化、智能化取得明显进展。重点行业单位工业增加值能耗、物耗及污染物排放明显下降。

到 2025 年，制造业整体素质大幅提升，创新能力显著增强，全员劳动生产率明显提高，两化（工业化和信息化）融合迈上新台阶。重点行业单位工业增加值能耗、物耗及污染物排放达到世界先进水平。形成一批具有较强国际竞争力的跨国公司和产业集群，在全球产业分工和价值链中的地位明显提升。

第二步：到 2035 年，我国制造业整体达到世界制造强国阵营中等水平。创新能力大幅提升，重点领域发展取得重大突破，整体竞争力明显增强，优势行业形成全球创新引领能力，全面实现工业化。

第三步：新中国成立一百年时，制造业大国地位更加巩固，综合实力进入世界制造强国前列。制造业主要领域具有创新引领能力和明显竞争优势，建成全球领先的技术体系和产业体系。

2020 年和 2025 年制造业主要指标

类别	指标	2013 年	2015 年	2020 年	2025 年
创新能力	规模以上制造业研发经费内部支出占主营业务收入比重（%）	0.88	0.95	1.26	1.68
	规模以上制造业每亿元主营业务收入有效发明专利数[1]	0.36	0.44	0.70	1.10
质量效益	制造业质量竞争力指数[2]	83.1	83.5	84.5	85.5
	制造业增加值率提高	—	—	比 2015 年提高 2 个百分点	比 2015 年提高 4 个百分点
	制造业全员劳动生产率增速（%）	—	—	7.5 左右（“十三五”期间年均增速）	6.5 左右（“十四五”期间年均增速）
两化融合	宽带普及率[3]（%）	37	50	70	82
	数字化研发设计工具普及率[4]（%）	52	58	72	84
	关键工序数控化率[5]（%）	27	33	50	64
绿色发展	规模以上单位工业增加值能耗下降幅度	—	—	比 2015 年下降 18%	比 2015 年下降 34%
	单位工业增加值二氧化碳排放量下降幅度	—	—	比 2015 年下降 22%	比 2015 年下降 40%
	单位工业增加值用水量下降幅度	—	—	比 2015 年下降 23%	比 2015 年下降 41%
	工业固体废物综合利用率（%）	62	65	73	79

1. 规模以上制造业每亿元主营业务收入有效发明专利数=规模以上制造企业有效发明专利数/规模以上制造企业主营业务收入。

2. 制造业质量竞争力指数是反映我国制造业质量整体水平的经济技术综合指标，由质量水平和发展能力两个方面共计 12 项具体指标计算得出。

3. 宽带普及率用固定宽带家庭普及率代表，固定宽带家庭普及率=固定宽带家庭用户数/家庭户数。

4. 数字化研发设计工具普及率=应用数字化研发设计工具的规模以上企业数量/规模以上企业总数量（相关数据来源于 3 万家样本企业，下同）。

5. 关键工序数控化率为规模以上工业企业关键工序数控化率的平均值。

三、战略任务和重点

实现制造强国的战略目标，必须坚持问题导向，统筹谋划，突出重点；必须凝聚全社会共识，加快制造业转型升级，全面提高发展质量和核心竞争力。

（一）提高国家制造业创新能力

完善以企业为主体、市场为导向、政产学研用相结合的制造业创新体系。围绕产业链部署创新链，围绕创新链配置资源链，加强关键核心技术攻关，加速科技成果产业化，提高关键环节和重点领域的创新能力。

加强关键核心技术研发。强化企业技术创新主体地位，支持企业提升创新能力，推进国家技术创新示范企业和企业技术中心建设，充分吸纳企业参与国家科技计划的决策和实施。瞄准国家重大战略需求和未来产业发展制高点，定期研究制定发布制造业重点领域技术创新路线图。继续抓紧实施国家科技重大专项，通过国家科技计划（专项、基金等）支持关键核心技术研发。发挥行业骨干企业的主导作用和高等院校、科研院所的基础作用，建立一批产业创新联盟，开展政产学研用协同创新，攻克一批对产业竞争力整体提升具有全局性影响、带动性强的关键共性技术，加快成果转化。

提高创新设计能力。在传统制造业、战略性新兴产业、现代服务业等重点领域开展创新设计示范，全面推广应用以绿色、智能、协同为特征的先进设计技术。加强设计领域共性关键技术研发，攻克信息化设计、过程集成设计、复杂过程和系统设计等共性技术，开发一批具有自主知识产权的关键设计工具软件，建设完善创新设计生态系统。建设若干具有世界影响力的创新设计集群，培育一批专业化、开放型的工业设计企业，鼓励代工企业建立研究设计中心，向代设计和出口自主品牌产品转变。发展各类创新设计教育，设立国家工业设计奖，激发全社会创新设计的积极性和主动性。

推进科技成果产业化。完善科技成果转化运行机制，研究制定促进科技成果转化和产业化的指导意见，建立完善科技成果信息发布和共享平台，健全以技术交易市场为核心的技术转移和产业化服务体系。完善科技成果转化激励机制，推动事业单位科技成果使用、处置和收益管理改革，健全科技成果科学评估和市场定价机制。完善科技成果转化协同推进机制，引导政产学研用按照市场规律和创新规律加强合作，鼓励企业和社会资本建立一批从事技术集成、熟化和工程化的中试基地。加快国防科技成果转化和产业化进程，推进军民技术双向转移转化。

完善国家制造业创新体系。加强顶层设计，加快建立以创新中心为核心载体、以公共服务平台和工程数据中心为重要支撑的制造业创新网络，建立市场化的创新方向选择机制和鼓励创新的风险分担、利益共享机制。充分利用现有科技资源，围绕制造业重大共性需求，采取政府与社会合作、政产学研用产业创新战略联盟等新机制新模式，形成一批制造业创新中心（工业技术研究基地），开展关键共性重大技术研究和产业化应用示范。建设一批促进制造业协同创新的公共服务平台，规范服务标准，开展技术研发、检验检测、技术评价、技术交易、质量认证、人才培训等专业化服务，促进科技成果转化和推广应用。建设重点领域制造业工程数据中心，为企业提供创新知识和工程数据的开放共享服务。面向制造业关键共性技术，建设一批重大科学研究和实验设施，提高核心企业系统集成能力，促进向价值链高端延伸。

专栏1　制造业创新中心（工业技术研究基地）建设工程

围绕重点行业转型升级和新一代信息技术、智能制造、增材制造、新材料、生物医药等领域创新发展的重大共性需求，形成一批制造业创新中心（工业技术研究基地），重点开展行业基础和共性关键技术研发、成果产业化、人才培训等工作。制定完善制造业创新中心遴选、考核、管理的标准和程序。

到2020年，重点形成15家左右制造业创新中心（工业技术研究基地），力争到2025年形成40家左右制造业创新中心（工业技术研究基地）。

加强标准体系建设。改革标准体系和标准化管理体制，组织实施制造业标准化提升计划，在智能制造等重点领域开展综合标准化工作。发挥企业在标准制定中的重要作用，支持组建重点领域标准推进联盟，建设标准创新研究基地，协同推进产品研发与标准制定。制定满足市场和创新需要的团体标准，建立企业产品和服务标准自我声明公开和监督制度。鼓励和支持企业、科研院所、行业组织等参与国际标准制定，加快我国标准国际化进程。大力推动国防装备采用先进的民用标准，推动军用技术标准向民用领域的转化和应用。做好标准的宣传贯彻，大力推动标准实施。

强化知识产权运用。加强制造业重点领域关键核心技术知识产权储备，构建产业化导向的专利组合和战略布局。鼓励和支持企业运用知识产权参与市场竞争，培育一批具备知识产权综合实力的优势企业，支持组建知识产权联盟，推动市场主体开展知识产权协同运用。稳妥推进国防知识产权解密和市场化应用。建立健全知识产权评议机制，鼓励和支持行业骨干企业与专业机构在重点领域合作开展专利评估、收购、运营、风险预警与应对。构建知识产权综合运用公共服务平台。鼓励开展跨国知识产权许可。研究制定降低中小企业知识产权申请、保护及维权成本的政策措施。

（二）推进信息化与工业化深度融合

加快推动新一代信息技术与制造技术融合发展，把智能制造作为两化深度融合的主攻方向；着力发展智能装备和智能产品，推进生产过程智能化，培育新型生产方式，全面提升企业研发、生产、管理和服务的智能化水平。

研究制定智能制造发展战略。编制智能制造发展规划，明确发展目标、重点任务和重大布局。加快制定智能制造技术标准，建立完善智能制造和两化融合管理标准体系。强化应用牵引，建立智能制造产业联盟，协同推动智能装备和产品研发、系统集成创新与产业化。促进工业互联网、云计算、大数据在企业研发设计、生产制造、经营管理、销售服务等全流程和全产业链的综合集成应用。加强智能制造工业控制系统网络安全保障能力建设，健全综合保障体系。

加快发展智能制造装备和产品。组织研发具有深度感知、智慧决策、自动执行功能的高档数控机床、工业机器人、增材制造装备等智能制造装备以及智能化生产线，突破新型传感器、智能测量仪表、工业控制系统、伺服电机及驱动器和减速器等智能核心装置，推进工程化和产业化。加快机械、航空、船舶、汽车、轻工、纺织、食品、电子等行业生产设备的智能化改造，提高精准制造、敏捷制造能力。统筹布局和推动智能交通工具、智能工程机械、服务机器人、智能家电、智能照明电器、可穿戴设备等产品研发和产业化。

推进制造过程智能化。在重点领域试点建设智能工厂/数字化车间，加快人机智能交互、工业机器人、智能物流管理、增材制造等技术和装备在生产过程中的应用，促进制造工艺的仿真优化、数字化控制、状态信息实时监测和自适应控制。加快产品全生命周期管理、客户关系管理、供应链管理系统的推广应用，促进集团管控、设计与制造、产供销一体、业务和财务衔接等关键环节集成，实现智能管控。加快民用爆炸物品、危险化学品、食品、印染、稀土、农药等重点行业智能检测监管体系建设，提高智能化水平。

深化互联网在制造领域的应用。制定互联网与制造业融合发展的路线图，明确发展方向、目标和路径。发展基于互联网的个性化定制、众包设计、云制造等新型制造模式，推动形成基于消费需求动态感知的研发、制造和产业组织方式。建立优势互补、合作共赢的开放型产业生态体系。加快开展物联网技术研发和应用示范，培育智能监测、远程诊断管理、全产业链追溯等工业互联网新应用。实施工业云及工业大数据创新应用试点，建设一批高质量的工业云服务和工业大数据平台，推动软件与服务、设计与制造资源、关键技术与标准的开放共享。

加强互联网基础设施建设。加强工业互联网基础设施建设规划与布局，建设低时延、高可靠、广覆盖的工业互联网。加快制造业集聚区光纤网、移动通信网和无线局域网的部署和建设，实现信息网络宽带升级，提高企业宽带接入能力。针对信息物理系统网络研发及应用需求，组织开发智能控制系统、工业应用软件、故障诊断软件和相关工具、传感和通信系统协议，实现人、设备与产品的实时联通、精确识别、有效交互与智能控制。

专栏 2　智能制造工程

紧密围绕重点制造领域关键环节，开展新一代信息技术与制造装备融合的集成创新和工程应用。支持政产学研用联合攻关，开发智能产品和自主可控的智能装置并实现产业化。依托优势企业，紧扣关键工序智能化、关键岗位机器人替代、生产过程智能优化控制、供应链优化，建设重点领域智能工厂/数字化车间。在基础条件好、需求迫切的重点地区、行业和企业中，分类实施流程制造、离散制造、智能装备和产品、新业态新模式、智能化管理、智能化服务等试点示范及应用推广。建立智能制造标准体系和信息安全保障系统，搭建智能制造网络系统平台。

到 2020 年，制造业重点领域智能化水平显著提升，试点示范项目运营成本降低 30%，产品生产周期缩短 30%，不良品率降低 30%。到 2025 年，制造业重点领域全面实现智能化，试点示范项目运营成本降低 50%，产品生产周期缩短 50%，不良品率降低 50%。

（三）强化工业基础能力

核心基础零部件（元器件）、先进基础工艺、关键基础材料和产业技术基础（以下统称“四基”）等工业基础能力薄弱，是制约我国制造业创新发展和质量提升的症结所在。要坚持问题导向、产需结合、协同创新、重点突破的原则，着力破解制约重点产业发展的瓶颈。

统筹推进“四基”发展。制定工业强基实施方案，明确重点方向、主要目标和实施路径。制定工业“四基”发展指导目录，发布工业强基发展报告，组织实施工业强基工程。统筹军民两方面资源，开展军民两用技术联合攻关，支持军民技术相互有效利用，促进基础领域融合发展。强化基础领域标准、计量体系建设，加快实施对标达标，提升基础产品的质量、可靠性和寿命。建立多部门协调推进机制，引导各类要素向基础领域集聚。

加强“四基”创新能力建设。强化前瞻性基础研究，着力解决影响核心基础零部件（元器件）产品性能和稳定性的关键共性技术。建立基础工艺创新体系，利用现有资源建立关键共性基础工艺研究机构，开展先进成型、加工等关键制造工艺联合攻关；支持企业开展工艺创新，培养工艺专业人才。加大基础专用材料研发力度，提高专用材料自给保障能力和制备技术水平。建立国家工业基础数据库，加强企业试验检测数据和计量数据的采集、管理、应用和积累。加大对“四基”领域技术研发的支持力度，引导产业投资基金和创业投资基金投向“四基”领域重点项目。

推动整机企业和“四基”企业协同发展。注重需求侧激励，产用结合，协同攻关。依托国家科技计划（专项、基金等）和相关工程等，在数控机床、轨道交通装备、航空航天、发电设备等重点领域，引导整机企业和“四基”企业、高校、科研院所产需对接，建立产业联盟，形成协同创新、产用结合、以市场促基础产业发展的新模式，提升重大装备自主可控水平。开展工业强基示范应用，完善首台（套）、首批次政策，支持核心基础零部件（元器件）、先进基础工艺、关键基础材料推广应用。

专栏3 工业强基工程

开展示范应用，建立奖励和风险补偿机制，支持核心基础零部件（元器件）、先进基础工艺、关键基础材料的首批次或跨领域应用。组织重点突破，针对重大工程和重点装备的关键技术和产品急需，支持优势企业开展政产学研用联合攻关，突破关键基础材料、核心基础零部件的工程化、产业化瓶颈。强化平台支撑，布局和组建一批“四基”研究中心，创建一批公共服务平台，完善重点产业技术基础体系。

到2020年，40%的核心基础零部件、关键基础材料实现自主保障，受制于人的局面逐步缓解，航天装备、通信装备、发电与输变电设备、工程机械、轨道交通装备、家用电器等产业急需的核心基础零部件（元器件）和关键基础材料的先进制造工艺得到推广应用。到2025年，70%的核心基础零部件、关键基础材料实现自主保障，80种标志性先进工艺得到推广应用，部分达到国际领先水平，建成较为完善的产业技术基础服务体系，逐步形成整机牵引和基础支撑协调互动的产业创新发展格局。

（四）加强质量品牌建设

提升质量控制技术，完善质量管理机制，夯实质量发展基础，优化质量发展环境，努力实现制造业质量大幅提升。鼓励企业追求卓越品质，形成具有自主知识产权的名牌产品，不断提升企业品牌价值和中国制造整体形象。

推广先进质量管理技术和方法。建设重点产品标准符合性认定平台，推动重点产品技术、安全标准全面达到国际先进水平。开展质量标杆和领先企业示范活动，普及卓越绩效、六西格玛、精益生产、质量诊断、质量持续改进等先进生产管理模式和方法。支持企业提高质量在线监测、在线控制和产品全生命周期质量追溯能力。组织开展重点行业工艺优化行动，提升关键工艺过程控制水平。开展质量管理小组、现场改进等群众性质量管理活动示范推广。加强中小企业质量管理，开展质量安全培训、诊断和辅导活动。

加快提升产品质量。实施工业产品质量提升行动计划，针对汽车、高档数控机床、轨道交通装备、大型成套技术装备、工程机械、特种设备、关键原材料、基础零部件、电子元器件等重点行业，组织攻克一批长期困扰产品质量提升的关键共性质量技术，加强可靠性设计、试验与验证技术开发应用，推广采用先进成型和加工方法、在线检测装置、智能化生产和物流系统及检测设备等，使重点实物产品的性能稳定性、质量可靠性、环境适应性、使用寿命等指标达到国际同类产品先进水平。在食品、药品、婴童用品、家电等领域实施覆盖产品全生命周期的质量管理、质量自我声明和质量追溯制度，保障重点消费品质量安全。大力提高国防装备质量可靠性，增强国防装备实战能力。

完善质量监管体系。健全产品质量标准体系、政策规划体系和质量管理法律法规。加强关系民生和安全等重点领域的行业准入与市场退出管理。建立消费品生产经营企业产品事故强制报告制度，健全质量信用信息收集和发布制度，强化企业质量主体责任。将质量违法违规记录作为企业诚信评级的重要内容，建立质量黑名单制度，加大对质量违法和假冒品牌行为的打击和惩处力度。建立区域和行业质量安全预警制度，防范化解产品质量安全风险。严格实施产品“三包”、产品召回等制度。强化监管检查和责任追究，切实保护消费者权益。

夯实质量发展基础。制定和实施与国际先进水平接轨的制造业质量、安全、卫生、环保及节能标准。加强计量科技基础及前沿技术研究，建立一批制造业发展急需的高准确度、高稳定性计量基标准，提升与制造业相关的国家量传溯源能力。加强国家产业计量测试中心建设，构建国家计量科技创新体系。完善检验检测技术保障体系，建设一批高水平的工业产品质量控制和技术评价实验室、产品质量监督检验中心，鼓励建立专业检测技术联盟。完善认证认可管理模式，提高强制性产品认证的有效性，推动自愿性产品认证健康发展，提升管理体系认证水平，稳步推进国际互认。支持行业组织发布自律规范或公约，开展质量信誉承诺活动。

推进制造业品牌建设。引导企业制定品牌管理体系，围绕研发创新、生产制造、质量管理和营销服务全过程，提升内在素质，夯实品牌发展基础。扶持一批品牌培育和运营专业服务机构，开展品牌管理咨询、市场推广等服务。健全集体商标、证明商标注册管理制度。打造一批特色鲜明、竞争力强、市场信誉好的产业集群区域品牌。建设品牌文化，引导企业增强以质量和信誉为核心的品牌意识，树立品牌消费理念，提升品牌附加值和软实力。加速我国品牌价值评价国际化进程，充分发挥各类媒体作用，加大中国品牌宣传推广力度，树立中国制造品牌良好形象。

（五）全面推行绿色制造

加大先进节能环保技术、工艺和装备的研发力度，加快制造业绿色改造升级；积极推行低碳化、循环化和集约化，提高制造业资源利用效率；强化产品全生命周期绿色管理，努力构建高效、清洁、低碳、循环的绿色制造体系。

加快制造业绿色改造升级。全面推进钢铁、有色、化工、建材、轻工、印染等传统制造业绿色改造，大力研发推广余热余压回收、水循环利用、重金属污染减量化、有毒有害原料替代、废渣资源化、脱硫脱硝除尘等绿色工艺技术装备，加快应用清洁高效铸造、锻压、焊接、表面处理、切削等加工工艺，实现绿色生产。加强绿色产品研发应用，推广轻量化、低功耗、易回收等技术工艺，持续提升电机、锅炉、内燃机及电器等终端用能产品能效水平，加快淘汰落后机电产品和技术。积极引领新兴产业高起点绿色发展，大幅降低电子信息产品生产、使用能耗及限用物质含量，建设绿色数据中心和绿色基站，大力促进新材料、新能源、高端装备、生物产业绿色低碳发展。

推进资源高效循环利用。支持企业强化技术创新和管理，增强绿色精益制造能力，大幅降低能耗、物耗和水耗水平。持续提高绿色低碳能源使用比率，开展工业园区和企业分布式绿色智能微电网建设，控制和削减化石能源消费量。全面推行循环生产方式，促进企业、园区、行业间链接共生、原料互供、资源共享。推进资源再生利用产业规范化、规模化发展，强化技术装备支撑，提高大宗工业固体废弃物、废旧金属、废弃电器电子产品等综合利用水平。大力发展再制造产业，实施高端再制造、智能再制造、在役再制造，推进产品认定，促进再制造产业持续健康发展。

积极构建绿色制造体系。支持企业开发绿色产品，推行生态设计，显著提升产品节能环保低碳水平，引导绿色生产和绿色消费。建设绿色工厂，实现厂房集约化、原料无害化、生产洁净化、废物资源化、能源低碳化。发展绿色园区，推进工业园区产业耦合，实现近零排放。打造绿色供应链，加快建立以资源节约、环境友好为导向的采购、生产、营销、回收及物流体系，落实生产者责任延伸制度。壮大绿色企业，支持企业实施绿色战略、绿色标准、绿色管理和绿色生产。强化绿色监管，健全节能环保法规、标准体系，加强节能环保监察，推行企业社会责任报告制度，开展绿色评价。

专栏 4　绿色制造工程

组织实施传统制造业能效提升、清洁生产、节水治污、循环利用等专项技术改造。开展重大节能环保、资源综合利用、再制造、低碳技术产业化示范。实施重点区域、流域、行业清洁生产水平提升计划，扎实推进大气、水、土壤污染源头防治专项。制定绿色产品、绿色工厂、绿色园区、绿色企业标准体系，开展绿色评价。

到 2020 年，建成千家绿色示范工厂和百家绿色示范园区，部分重化工行业能源资源消耗出现拐点，重点行业主要污染物排放强度下降 20%。到 2025 年，制造业绿色发展和主要产品单耗达到世界先进水平，绿色制造体系基本建立。

（六）大力推动重点领域突破发展

瞄准新一代信息技术、高端装备、新材料、生物医药等战略重点，引导社会各类资源集聚，推动优势和战略产业快速发展。

1．新一代信息技术产业

集成电路及专用装备。着力提升集成电路设计水平，不断丰富知识产权（IP）核和设计工具，突破关系国家信息与网络安全及电子整机产业发展的核心通用芯片，提升国产芯片的应用适配能力。掌握高密度封装及三维（3D）微组装技术，提升封装产业和测试的自主发展能力。形成关键制造装备供货能力。

信息通信设备。掌握新型计算、高速互联、先进存储、体系化安全保障等核心技术，全面突破第五代移动通信（5G）技术、核心路由交换技术、超高速大容量智能光传输技术、“未来网络”核心技术和体系架构，积极推动量子计算、神经网络等发展。研发高端服务器、大容量存储、新型路由交换、新型智能终端、新一代基站、网络安全等设备，推动核心信息通信设备体系化发展与规模化应用。

操作系统及工业软件。开发安全领域操作系统等工业基础软件。突破智能设计与仿真及其工具、制造物联与服务、工业大数据处理等高端工业软件核心技术，开发自主可控的高端工业平台软件和重点领域应用软件，建立完善工业软件集成标准与安全测评体系。推进自主工业软件体系化发展和产业化应用。

2．高档数控机床和机器人

高档数控机床。开发一批精密、高速、高效、柔性数控机床与基础制造装备及集成制造系统。加快高档数控机床、增材制造等前沿技术和装备的研发。以提升可靠性、精度保持性为重点，开发高档数控系统、伺服电机、轴承、光栅等主要功能部件及关键应用软件，加快实现产业化。加强用户工艺验证能力建设。

机器人。围绕汽车、机械、电子、危险品制造、国防军工、化工、轻工等工业机器人、特种机器人，以及医疗健康、家庭服务、教育娱乐等服务机器人应用需求，积极研发新产品，促进机器人标准化、模块化发展，扩大市场应用。突破机器人本体、减速器、伺服电机、控制器、传感器与驱动器等关键零部件及系统集成设计制造等技术瓶颈。

3．航空航天装备

航空装备。加快大型飞机研制，适时启动宽体客机研制，鼓励国际合作研制重型直升机；推进干支线飞机、直升机、无人机和通用飞机产业化。突破高推重比、先进涡桨（轴）发动机及大涵道比涡扇发动机技术，建立发动机自主发展工业体系。开发先进机载设备及系统，形成自主完整的航空产业链。

航天装备。发展新一代运载火箭、重型运载器，提升进入空间能力。加快推进国家民用空间基础设施建设，发展新型卫星等空间平台与有效载荷、空天地宽带互联网系统，形成长期持续稳定的卫星遥感、通信、导航等空间信息服务能力。推动载人航天、月球探测工程，适度发展深空探测。推进航天技术转化与空间技术应用。

4．海洋工程装备及高技术船舶

大力发展深海探测、资源开发利用、海上作业保障装备及其关键系统和专用设备。推动深海空间站、大型浮式结构物的开发和工程化。形成海洋工程装备综合试验、检测与鉴定能力，提高海洋开发利用水平。突破豪华邮轮设计建造技术，全面提升液化天然气船等高技术船舶国际竞争力，掌握重点配套设备集成化、智能化、模块化设计制造核心技术。

5．先进轨道交通装备

加快新材料、新技术和新工艺的应用，重点突破体系化安全保障、节能环保、数字化智能化网络化技术，研制先进可靠适用的产品和轻量化、模块化、谱系化产品。研发新一代绿色智能、高速重载轨道交通装备系统，围绕系统全寿命周期，向用户提供整体解决方案，建立世界领先的现代轨道交通产业体系。

6．节能与新能源汽车

继续支持电动汽车、燃料电池汽车发展，掌握汽车低碳化、信息化、智能化核心技术，提升动力电池、驱动电机、高效内燃机、先进变速器、轻量化材料、智能控制等核心技术的工程化和产业化能力，形成从关键零部件到整车的完整工业体系和创新体系，推动自主品牌节能与新能源汽车同国际先进水平接轨。

7. 电力装备

推动大型高效超净排放煤电机组产业化和示范应用，进一步提高超大容量水电机组、核电机组、重型燃气轮机制造水平。推进新能源和可再生能源装备、先进储能装置、智能电网用输变电及用户端设备发展。突破大功率电力电子器件、高温超导材料等关键元器件和材料的制造及应用技术，形成产业化能力。

8. 农机装备

重点发展粮、棉、油、糖等大宗粮食和战略性经济作物育、耕、种、管、收、运、贮等主要生产过程使用的先进农机装备，加快发展大型拖拉机及其复式作业机具、大型高效联合收割机等高端农业装备及关键核心零部件。提高农机装备信息收集、智能决策和精准作业能力，推进形成面向农业生产的信息化整体解决方案。

9. 新材料

以特种金属功能材料、高性能结构材料、功能性高分子材料、特种无机非金属材料和先进复合材料为发展重点，加快研发先进熔炼、凝固成型、气相沉积、型材加工、高效合成等新材料制备关键技术和装备，加强基础研究和体系建设，突破产业化制备瓶颈。积极发展军民共用特种新材料，加快技术双向转移转化，促进新材料产业军民融合发展。高度关注颠覆性新材料对传统材料的影响，做好超导材料、纳米材料、石墨烯、生物基材料等战略前沿材料提前布局和研制。加快基础材料升级换代。

10. 生物医药及高性能医疗器械

发展针对重大疾病的化学药、中药、生物技术药物新产品，重点包括新机制和新靶点化学药、抗体药物、抗体偶联药物、全新结构蛋白及多肽药物、新型疫苗、临床优势突出的创新中药及个性化治疗药物。提高医疗器械的创新能力和产业化水平，重点发展影像设备、医用机器人等高性能诊疗设备，全降解血管支架等高值医用耗材，可穿戴、远程诊疗等移动医疗产品。实现生物 3D 打印、诱导多能干细胞等新技术的突破和应用。

专栏 5　高端装备创新工程

组织实施大型飞机、航空发动机及燃气轮机、民用航天、智能绿色列车、节能与新能源汽车、海洋工程装备及高技术船舶、智能电网成套装备、高档数控机床、核电装备、高端诊疗设备等一批创新和产业化专项、重大工程。开发一批标志性、带动性强的重点产品和重大装备，提升自主设计水平和系统集成能力，突破共性关键技术与工程化、产业化瓶颈，组织开展应用试点和示范，提高创新发展能力和国际竞争力，抢占竞争制高点。

到 2020 年，上述领域实现自主研制及应用。到 2025 年，自主知识产权高端装备市场占有率大幅提升，核心技术对外依存度明显下降，基础配套能力显著增强，重要领域装备达到国际领先水平。

（七）深入推进制造业结构调整

推动传统产业向中高端迈进，逐步化解过剩产能，促进大企业与中小企业协调发展，进一步优化制造业布局。

持续推进企业技术改造。明确支持战略性重大项目和高端装备实施技术改造的政策方向，稳定中央技术改造引导资金规模，通过贴息等方式，建立支持企业技术改造的长效机制。推动技术改造相关立法，强化激励约束机制，完善促进企业技术改造的政策体系。支持重点行业、高端产品、关键环节进行技术改造，引导企业采用先进适用技术，优化产品结构，全面提升设计、制造、工艺、管理水平，促进钢铁、石化、工程机械、轻工、纺织等产业向价值链高端发展。研究制定重点产业技术改造投资指南和重点项目导向计划，吸引社会资金参与，优化工业投资结构。围绕两化融合、节能降耗、质量提升、安全生产等传统领域改造，推广应用新技术、新工艺、新装备、新材料，提高企业生产技术水平和效益。

稳步化解产能过剩矛盾。加强和改善宏观调控，按照“消化一批、转移一批、整合一批、淘汰一批”的原则，分业分类施策，有效化解产能过剩矛盾。加强行业规范和准入管理，推动企业提升技术装备水平，优化存量产能。加强对产能严重过剩行业的动态监测分析，建立完善预警机制，引导企业主动退出过剩行业。切实发挥市场机制作用，综合运用法律、经济、技术及必要的行政手段，加快淘汰落后产能。

促进大中小企业协调发展。强化企业市场主体地位，支持企业间战略合作和跨行业、跨区域兼并重组，提高规模化、集约化经营水平，培育一批核心竞争力强的企业集团。激发中小企业创业创新活力，发展一批主营业务突出、竞争力强、成长性好、专注于细分市场的专业化“小巨人”企业。发挥中外中小企业合作园区示范作用，利用双边、多边中小企业合作机制，支持中小企业走出去和引进来。引导大企业与中小企业通过专业分工、服务外包、订单生产等多种方式，建立协同创新、合作共赢的协作关系。推动建设一批高水平的中小企业集群。

优化制造业发展布局。落实国家区域发展总体战略和主体功能区规划，综合考虑资源能源、环境容量、市场空间等因素，制定和实施重点行业布局规划，调整优化重大生产力布局。完善产业转移指导目录，建设国家产业转移信息服务平台，创建一批承接产业转移示范园区，引导产业合理有序转移，推动东中西部制造业协调发展。积极推动京津冀和长江经济带产业协同发展。按照新型工业化的要求，改造提升现有制造业集聚区，推动产业集聚向产业集群转型升级。建设一批特色和优势突出、产业链协同高效、核心竞争力强、公共服务体系健全的新型工业化示范基地。

（八）积极发展服务型制造和生产性服务业

加快制造与服务的协同发展，推动商业模式创新和业态创新，促进生产型制造向服务型制造转变。大力发展与制造业紧密相关的生产性服务业，推动服务功能区和服务平台建设。

推动发展服务型制造。研究制定促进服务型制造发展的指导意见，实施服务型制造行动计划。开展试点示范，引导和支持制造业企业延伸服务链条，从主要提供产品制造向提供产品和服务转变。鼓励制造业企业增加服务环节投入，发展个性化定制服务、全生命周期管理、网络精准营销和在线支持服务等。支持有条件的企业由提供设备向提供系统集成总承包服务转变，由提供产品向提供整体解决方案转变。鼓励优势制造业企业“裂变”专业优势，通过业务流程再造，面向行业提供社会化、专业化服务。支持符合条件的制造业企业建立企业财务公司、金融租赁公司等金融机构，推广大型制造设备、生产线等融资租赁服务。

加快生产性服务业发展。大力发展面向制造业的信息技术服务，提高重点行业信息应用系统的方案设计、开发、综合集成能力。鼓励互联网等企业发展移动电子商务、在线定制、线上到线下等创新模式，积极发展对产品、市场的动态监控和预测预警等业务，实现与制造业企业的无缝对接，创新业务协作流程和价值创造模式。加快发展研发设计、技术转移、创业孵化、知识产权、科技咨询等科技服务业，发展壮大第三方物流、节能环保、检验检测认证、电子商务、服务外包、融资租赁、人力资源服务、售后服务、品牌建设等生产性服务业，提高对制造业转型升级的支撑能力。

强化服务功能区和公共服务平台建设。建设和提升生产性服务业功能区，重点发展研发设计、信息、物流、商务、金融等现代服务业，增强辐射能力。依托制造业集聚区，建设一批生产性服务业公共服务平台。鼓励东部地区企业加快制造业服务化转型，建立生产服务基地。支持中西部地区发展具有特色和竞争力的生产性服务业，加快产业转移承接地服务配套设施和能力建设，实现制造业和服务业协同发展。

（九）提高制造业国际化发展水平

统筹利用两种资源、两个市场，实行更加积极的开放战略，将引进来与走出去更好结合，拓展新的开放领域和空间，提升国际合作的水平和层次，推动重点产业国际化布局，引导企业提高国际竞争力。

提高利用外资与国际合作水平。进一步放开一般制造业，优化开放结构，提高开放水平。引导外资投向新一代信息技术、高端装备、新材料、生物医药等高端制造领域，鼓励境外企业和科研机构在我国设立全球研发机构。支持符合条件的企业在境外发行股票、债券，鼓励与境外企业开展多种形式的技术合作。

提升跨国经营能力和国际竞争力。支持发展一批跨国公司，通过全球资源利用、业务流程再造、产业链整合、资本市场运作等方式，加快提升核心竞争力。支持企业在境外开展并购和股权投资、创业投资，建立研发中心、实验基地和全球营销及服务体系；依托互联网开展网络协同设计、精准营销、增值服务创新、媒体品牌推广等，建立全球产业链体系，提高国际化经营能力和服务水平。鼓励优势企业加快发展国际总承包、总集成。引导企业融入当地文化，增强社会责任意识，加强投资和经营风险管理，提高企业境外本土化能力。

深化产业国际合作，加快企业走出去。加强顶层设计，制定制造业走出去发展总体战略，建立完善统筹协调机制。积极参与和推动国际产业合作，贯彻落实丝绸之路经济带和 21 世纪海上丝绸之路等重大战略部署，加快推进与周边国家互联互通基础设施建设，深化产业合作。发挥沿边开放优势，在有条件的国家和地区建设一批境外制造业合作园区。坚持政府推动、企业主导，创新商业模式，鼓励高端装备、先进技术、优势产能向境外转移。加强政策引导，推动产业合作由加工制造环节为主向合作研发、联合设计、市场营销、品牌培育等高端环节延伸，提高国际合作水平。创新加工贸易模式，延长加工贸易国内增值链条，推动加工贸易转型升级。

四、战略支撑与保障

建设制造强国，必须发挥制度优势，动员各方面力量，进一步深化改革，完善政策措施，建立灵活高效的实施机制，营造良好环境；必须培育创新文化和中国特色制造文化，推动制造业由大变强。

（一）深化体制机制改革

全面推进依法行政，加快转变政府职能，创新政府管理方式，加强制造业发展战略、规划、政策、标准等制定和实施，强化行业自律和公共服务能力建设，提高产业治理水平。简政放权，深化行政审批制度改革，规范审批事项，简化程序，明确时限；适时修订政府核准的投资项目目录，落实企业投资主体地位。完善政产学研用协同创新机制，改革技术创新管理体制机制和项目经费分配、成果评价和转化机制，促进科技成果资本化、产业化，激发制造业创新活力。加快生产要素价格市场化改革，完善主要由市场决定价格的机制，合理配置公共资源；

推行节能量、碳排放权、排污权、水权交易制度改革，加快资源税从价计征，推动环境保护费改税。深化国有企业改革，完善公司治理结构，有序发展混合所有制经济，进一步破除各种形式的行业垄断，取消对非公有制经济的不合理限制。稳步推进国防科技工业改革，推动军民融合深度发展。健全产业安全审查机制和法规体系，加强关系国民经济命脉和国家安全的制造业重要领域投融资、并购重组、招标采购等方面的安全审查。

（二）营造公平竞争市场环境

深化市场准入制度改革，实施负面清单管理，加强事中事后监管，全面清理和废止不利于全国统一市场建设的政策措施。实施科学规范的行业准入制度，制定和完善制造业节能节地节水、环保、技术、安全等准入标准，加强对国家强制性标准实施的监督检查，统一执法，以市场化手段引导企业进行结构调整和转型升级。切实加强监管，打击制售假冒伪劣行为，严厉惩处市场垄断和不正当竞争行为，为企业创造良好生产经营环境。加快发展技术市场，健全知识产权创造、运用、管理、保护机制。完善淘汰落后产能工作涉及的职工安置、债务清偿、企业转产等政策措施，健全市场退出机制。进一步减轻企业负担，实施涉企收费清单制度，建立全国涉企收费项目库，取缔各种不合理收费和摊派，加强监督检查和问责。推进制造业企业信用体系建设，建设中国制造信用数据库，建立健全企业信用动态评价、守信激励和失信惩戒机制。强化企业社会责任建设，推行企业产品标准、质量、安全自我声明和监督制度。

（三）完善金融扶持政策

深化金融领域改革，拓宽制造业融资渠道，降低融资成本。积极发挥政策性金融、开发性金融和商业金融的优势，加大对新一代信息技术、高端装备、新材料等重点领域的支持力度。支持中国进出口银行在业务范围内加大对制造业走出去的服务力度，鼓励国家开发银行增加对制造业企业的贷款投放，引导金融机构创新符合制造业企业特点的产品和业务。健全多层次资本市场，推动区域性股权市场规范发展，支持符合条件的制造业企业在境内外上市融资、发行各类债务融资工具。引导风险投资、私募股权投资等支持制造业企业创新发展。鼓励符合条件的制造业贷款和租赁资产开展证券化试点。支持重点领域大型制造业企业集团开展产融结合试点，通过融资租赁方式促进制造业转型升级。探索开发适合制造业发展的保险产品和服务，鼓励发展贷款保证保险和信用保险业务。在风险可控和商业可持续的前提下，通过内保外贷、外汇及人民币贷款、债权融资、股权融资等方式，加大对制造业企业在境外开展资源勘探开发、设立研发中心和高技术企业以及收购兼并等的支持力度。

（四）加大财税政策支持力度

充分利用现有渠道，加强财政资金对制造业的支持，重点投向智能制造、“四基”发展、高端装备等制造业转型升级的关键领域，为制造业发展创造良好政策环境。运用政府和社会资本合作（PPP）模式，引导社会资本参与制造业重大项目建设、企业技术改造和关键基础设施建设。创新财政资金支持方式，逐步从“补建设”向“补运营”转变，提高财政资金使用效益。深化科技计划（专项、基金等）管理改革，支持制造业重点领域科技研发和示范应用，促进制造业技术创新、转型升级和结构布局调整。完善和落实支持创新的政府采购政策，推动制造业创新产品的研发和规模化应用。落实和完善使用首台（套）重大技术装备等鼓励政策，健全研制、使用单位在产品创新、增值服务和示范应用等环节的激励约束机制。实施有利于制造业转型升级的税收政策，推进增值税改革，完善企业研发费用计核方法，切实减轻制造业企业税收负担。

（五）健全多层次人才培养体系

加强制造业人才发展统筹规划和分类指导，组织实施制造业人才培养计划，加大专业技术人才、经营管理人才和技能人才的培养力度，完善从研发、转化、生产到管理的人才培养体系。以提高现代经营管理水平和企业竞争力为核心，实施企业经营管理人才素质提升工程和国家中小企业银河培训工程，培养造就一批优秀企业家和高水平经营管理人才。以高层次、急需紧缺专业技术人才和创新型人才为重点，实施专业技术人才知识更新工程和先进制造卓越工程师培养计划，在高等学校建设一批工程创新训练中心，打造高素质专业技术人才队伍。强化职业教育和技能培训，引导一批普通本科高等学校向应用技术类高等学校转型，建立一批实训基地，开展现代学徒制试点示范，形成一支门类齐全、技艺精湛的技术技能人才队伍。鼓励企业与学校合作，培养制造业急需的科研人员、技术技能人才与复合型人才，深化相关领域工程博士、硕士专业学位研究生招生和培养模式改革，积极推进产学研结合。加强产业人才需求预测，完善各类人才信息库，构建产业人才水平评价制度和信息发布平台。建立人才激励机制，加大对优秀人才的表彰和奖励力度。建立完善制造业人才服务机构，健全人才流动和使用的体制机制。采取多种形式选拔各类优秀人才重点是专业技术人才到国外学习培训，探索建立国际培训基地。加大制造业引智力度，引进领军人才和紧缺人才。

（六）完善中小微企业政策

落实和完善支持小微企业发展的财税优惠政策，优化中小企业发展专项资金使用重点和方式。发挥财政资金杠杆撬动作用，吸引社会资本，加快设立国家中小企业发展基金。支持符合条件的民营资本依法设立中小型银行等金融机构，鼓励商业银行加大小微企业金融服务专营机构建设力度，建立完善小微企业融资担保体系，创新产品和服务。加快构建中小微企业征信体系，积极发展面向小微企业的融资租赁、知识产权质押贷款、信用保险保单质押贷款等。建设完善中小企业创业基地，引导各类创业投资基金投资小微企业。鼓励大学、科研院所、工程中心等对中小企业开放共享各种实（试）验设施。加强中小微企业综合服务体系建设，完善中小微企业公共服务平台网络，建立信息互联互通机制，为中小微企业提供创业、创新、融资、咨询、培训、人才等专业化服务。

（七）进一步扩大制造业对外开放

深化外商投资管理体制改革，建立外商投资准入前国民待遇加负面清单管理机制，落实备案为主、核准为辅的管理模式，营造稳定、透明、可预期的营商环境。全面深化外汇管理、海关监管、检验检疫管理改革，提高贸易投资便利化水平。进一步放宽市场准入，修订钢铁、化工、船舶等产业政策，支持制造业企业通过委托开发、专利授权、众包众创等方式引进先进技术和高端人才，推动利用外资由重点引进技术、资金、设备向合资合作开发、对外并购及引进领军人才转变。加强对外投资立法，强化制造业企业走出去法律保障，规范企业境外经营行为，维护企业合法权益。探索利用产业基金、国有资本收益等渠道支持高铁、电力装备、汽车、工程施工等装备和优势产能走出去，实施海外投资并购。加快制造业走出去支撑服务机构建设和水平提升，建立制造业对外投资公共服务平台和出口产品技术性贸易服务平台，完善应对贸易摩擦和境外投资重大事项预警协调机制。

（八）健全组织实施机制

成立国家制造强国建设领导小组，由国务院领导同志担任组长，成员由国务院相关部门和单位负责同志担任。领导小组主要职责是：统筹协调制造强国建设全局性工作，审议重大规划、重大政策、重大工程专项、重大问题和重要工作安排，加强战略谋划，指导部门、地方开展工作。领导小组办公室设在工业和信息化部，承担领导小组日常工作。设立制造强国建设战略咨询委员会，研究制造业发展的前瞻性、战略性重大问题，对制造业重大决策提供咨询评估。支持包括社会智库、企业智库在内的多层次、多领域、多形态的中国特色新型智库建设，为制造强国建设提供强大智力支持。建立《中国制造 2025》任务落实情况督促检查和第三方评价机制，完善统计监测、绩效评估、动态调整和监督考核机制。建立《中国制造 2025》中期评估机制，适时对目标任务进行必要调整。

各地区、各部门要充分认识建设制造强国的重大意义，加强组织领导，健全工作机制，强化部门协同和上下联动。各地区要结合当地实际，研究制定具体实施方案，细化政策措施，确保各项任务落实到位。工业和信息化部要会同相关部门加强跟踪分析和督促指导，重大事项及时向国务院报告。

综合篇

- 中国制造 2025，我国制造强国建设的宏伟蓝图
- 我国制造业发展进入新的阶段
- 我国制造业发展面临的形势和环境
- 我国建设制造强国的任务艰巨而紧迫
- 准确把握实施《中国制造 2025》的总体要求
- 制造强国“三步走”战略
- 《中国制造 2025》的主要目标

图解《中国制造2025》之一：

中国制造2025，我国制造强国建设的宏伟蓝图！

《中国制造2025》是党中央、国务院站在增强我国综合国力、提升国际竞争力、保障国家安全的战略高度做出的重大战略部署，由工信部会同发改委、科技部、财政部、质检总局、工程院等部门和单位联合编制。

核心 加快推进制造业创新发展、提质增效，实现从制造大国向制造强国转变。

制造业是国民经济的支柱产业

一、实施《中国制造2025》，建设世界制造强国，是我们吸取错失前两次工业革命的历史经验教训，主动应对新一轮科技革命和产业变革的重大战略选择。

当前，世界经济和产业格局正处于大调整、大变革和大发展的新的历史时期。

国际金融危机的影响仍在持续，经济复苏缓慢，发展的不确定因素增多。

全球新一轮科技革命和产业变革酝酿新突破，新一代信息技术与制造业深度融合，新能源、新材料、生物技术等方面的突破，正在引发影响深远的产业变革。

发达国家纷纷实施“再工业化”战略，一些发展中国家也在加快谋划和布局，积极参与全球产业再分工。

我们必须前瞻布局、主动应对，在新一轮全球竞争格局中赢得主动权。

二、实施《中国制造2025》，推动制造业跨越发展，是实现“两个百年”奋斗目标和中华民族伟大复兴中国梦的战略需要。

实现“两个百年”和“中国梦”的奋斗目标，必须有坚实的经济基础和强大的制造业做支撑。

通过持续实施《中国制造2025》、《中国制造2035》、《中国制造2045》，到建国一百周年时成为全球领先的制造强国，以制造业的繁荣和强大，托起中华民族伟大复兴的“中国梦”。

三、实施《中国制造2025》，推动制造业由大变强，是实现经济稳增长、调结构、提质增效的客观要求。

《中国制造2025》是我国实施制造强国战略第一个十年的行动纲领

一 建设制造强国的“三步走”战略

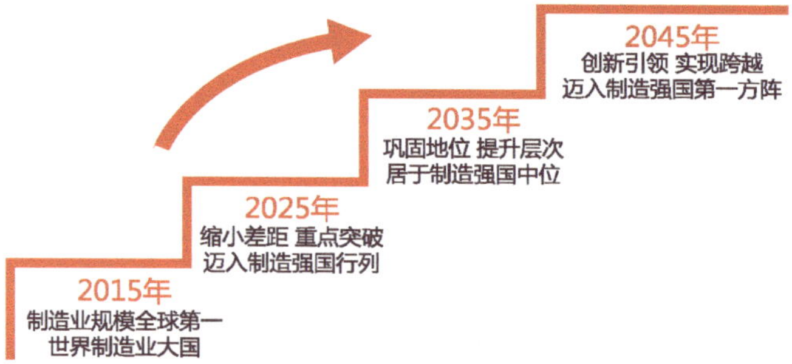

二 九大战略任务

- 提高国家制造业创新能力
- 提高制造业国际化水平
- 深入推进制造业结构调整
- 加强质量品牌建设
- 全面推行绿色制造
- 强化工业基础能力
- 推进信息化与工业化深度融合
- 大力推动重点领域突破发展
- 积极发展服务型制造和生产性服务业

三 五项重点工程

- 国家制造业创新中心建设工程
- 高端装备创新工程
- 绿色制造工程
- 智能制造工程
- 工业强基工程

四 若干重大政策举措

- 深化体制机制改革
- 完善金融扶持政策
- 健全多层次人才培养体系
- 进一步扩大制造业对外开放
- ……
- 营造公平竞争市场环境
- 加大财税政策支持力度
- 完善中小企业政策
- 健全组织实施机制

五 建设制造强国是国家战略，也是一项系统工程

- 充分尊重和发挥市场在资源配置中的决定性作用，发挥集中力量办大事的制度优势，发挥政府的引导和推动作用。
- 坚持有所为、有所不为，从国情出发，分步实施、重点突破、务求实效。
- 推动中国制造向中国创造转变、中国速度向中国质量转变、中国产品向中国品牌转变。

实施《中国制造2025》，让中国制造“十年磨一剑”，十年上一个新台阶！

《中国制造 2025》解读之：

中国制造 2025
我国制造强国建设的宏伟蓝图

工信部　规划司

2015 年 5 月 19 日，国务院正式印发了《中国制造 2025》。这是党中央、国务院总揽国际国内发展大势，站在增强我国综合国力、提升国际竞争力、保障国家安全的战略高度做出的重大战略部署，其核心是加快推进制造业创新发展、提质增效，实现从制造大国向制造强国转变。《中国制造 2025》由工业和信息化部会同发展改革委、科技部、财政部、质检总局、工程院等部门和单位联合编制。

制造业是国民经济的支柱产业，是工业化和现代化的主导力量，是国家安全和人民幸福的物质保障，是衡量一个国家或地区综合经济实力和国际竞争力的重要标志。历史证明，每一次制造技术与装备的重大突破，都深刻影响了世界强国的竞争格局，制造业的兴衰印证着世界强国的兴衰。实践也证明，制造业是创新的主战场，是保持国家竞争实力和创新活力的重要源泉。大力发展制造业，对我国实施创新驱动发展战略、加快经济转型升级、实现百年强国梦具有十分重要的战略意义。必须坚持发展制造业的决心和信心不动摇，通过制造业创新升级，铸就更加坚实的强国之基。

实施《中国制造 2025》，建设世界制造强国，是我们吸取错失前两次工业革命的历史经验教训，主动应对新一轮科技革命和产业变革的重大战略选择。当前，世界经济和产业格局正处于大调整、大变革和大发展的新的历史时期。一方面，国际金融危机的影响仍在持续，经济复苏缓慢，发展的不确定因素增多；另一方面，全球新一轮科技革命和产业变革酝酿新突破，特别是新一代信息技术与制造业深度融合，加上新能源、新材料、生物技术等方面的突破，正在引发影响深远的产业变革。发达国家纷纷实施“再工业化”战略，强化制造业创新，重塑制造业竞争新优势；一些发展中国家也在加快谋划和布局，积极参与全球产业再分工，谋求新一轮竞争的有利位置。面对全球产业竞争格局的新调整和抢占未来产业竞争制高点的新挑战，我们必须前瞻布局、主动应对，在新一轮全球竞争格局中赢得主动权。

实施《中国制造 2025》，推动制造业跨越发展，是实现“两个百年”奋斗目标和中华民族伟大复兴中国梦的战略需要。“两个百年”奋斗目标和“中国梦”是全国人民共同的向往和追求，要实现这个奋斗目标，必须有坚实的经济基础和强大的制造业做支撑，这对我国制造业转型升级、更好满足经济社会发展和国防建设的重大需求提出了迫切要求。实施制造强国战略契合了“两个百年”奋斗目标和“中国梦”的根本要求，通过持续实施《中国制造 2025》、《中国制造 2035》、《中国制造 2045》，到建国一百周年时成为全球领先的制造强国，以制造业的繁荣和强大，托起中华民族伟大复兴的“中国梦”。

实施《中国制造 2025》，推动制造业由大变强，是实现经济稳增长、调结构、提质增效的客观要求。改革开放以来，制造业对经济增长的贡献率基本保持在 40%左右，工业制成品出口占全国货物出口总量的 90%以上，是拉动投资、带动消费的重要领域。当前我国经济发展进入新常态，正处于爬坡过坎的重要关口，制造业发展的水平和质量就显得尤为重要。要实现我国经济发展换挡但不失速，推动产业结构向中高端迈进，重点、难点和出路都在制造业。制定《中国制造 2025》战略规划，就是为了应对这一系列变化带来的深刻影响，瞄准创新驱动、智能转型、强化基础、绿色发展等关键环节，推动制造业实现由大变强。

《中国制造 2025》是我国实施制造强国战略第一个十年的行动纲领。《中国制造 2025》明确提出了建设制造强国的“三步走”战略，以十年为一个阶段，通过

“三步走”实现制造强国建设，并对第一个十年的战略任务和重点进行了具体部署。总体看，《中国制造 2025》不是一般意义上的中长期发展规划，而是兼顾当前和长远、兼顾战略和战术的一个行动计划。既立足当前，面向制造业转型升级、提质增效，提出了九大战略任务、五项重点工程和若干重大政策举措；又着眼长远，着眼应对新一轮科技革命和产业变革、抢占未来竞争制高点，围绕先进制造和高端装备制造，前瞻部署了重点突破的十大战略领域，描绘了未来三十年建设制造强国的宏伟蓝图和梯次推进的路线图。

建设制造强国是国家战略，也是一项系统工程，必须把社会各方面的力量动员起来，把社会各方面的资源整合起来，共同推进。要在充分尊重和发挥市场在资源配置中决定性作用的前提下，体现我国集中力量办大事的制度优势，发挥好政府的引导和推动作用，坚持有所为、有所不为，从国情出发，分步实施、重点突破、务求实效，推动中国制造向中国创造转变、中国速度向中国质量转变、中国产品向中国品牌转变，让中国制造“十年磨一剑”，十年上一个新台阶！

图解《中国制造2025》之二：

我国制造业发展进入新的阶段

“十二五”以来，我国制造业始终坚持稳步发展，总体规模位居世界前列，综合实力和国际竞争力显著增强，已站到新的历史起点上。

一、我国制造业国际地位大幅提升，已成为世界制造业第一大国

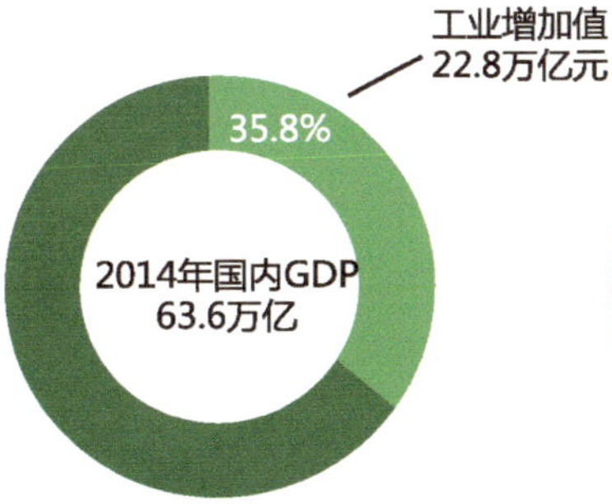

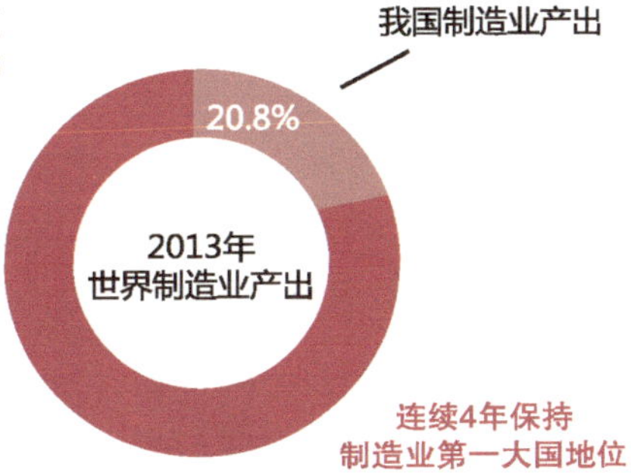

2014年我国有100家企业跻身财富世界500强

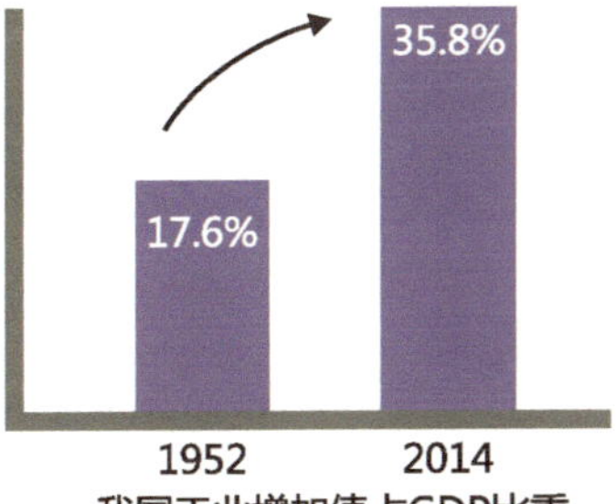

我国工业增加值占GDP比重

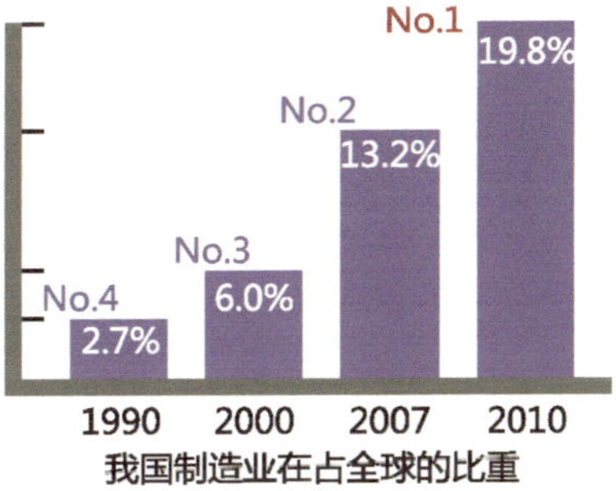

我国制造业在占全球的比重

500余种主要工业产品中，我国有220多种产量位居世界第一

自19世纪中叶迄今，经历了一个半世纪的历程，我国又重新回到世界第一制造业大国的地位。

二、自主创新能力显著增强，部分关键领域技术水平位居世界前列

社会要素不断向企业聚集

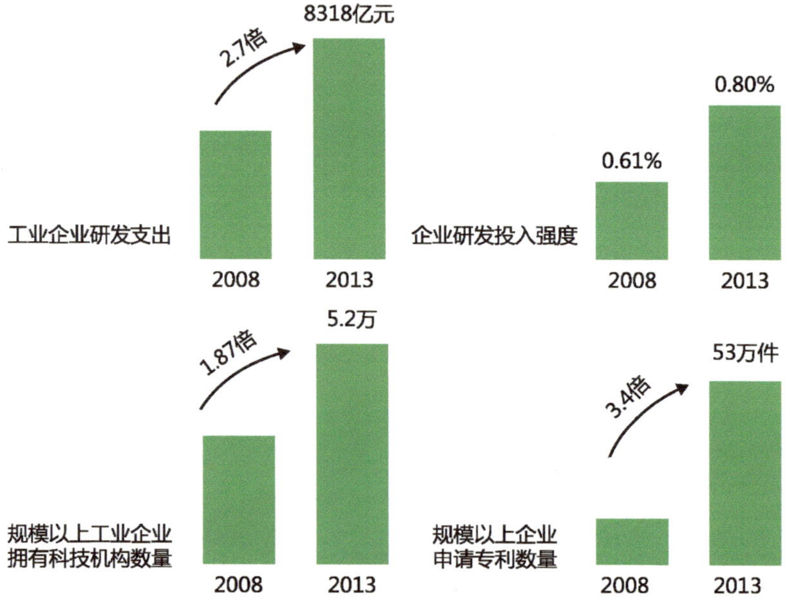

载人航天、探月工程、载人深潜、新支线飞机、大型液化天然气船（LNG）、高速轨道交通等领域技术取得突破性进展。

特高压输变电设备、百万吨乙烯成套装备、风力发电设备、千万亿次超级计算机等装备产品技术水平已跃居世界前列。

制造业是技术创新的主战场

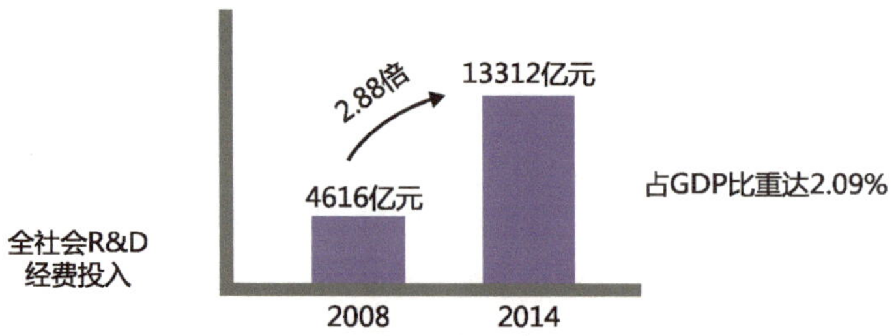

我国R&D经费投入总量位居世界第三

三、产业结构调整取得重要进展，工业发展的质量和效益明显提升

智能制造、高速轨道交通、海洋工程等高端装备制造业产值占装备制造业比重超过10%。

电力、煤炭、炼铁、炼钢等21个行业共淘汰电力落后产能544万千瓦、煤炭14578万吨、炼铁618万吨、炼钢884万吨。

制造业是转变经济发展方式、调整优化产业结构的主战场。要不断提高标准，加快运用先进技术改造提升传统产业。

四、工业资源能源消耗强度逐步降低，绿色发展能力明显增强

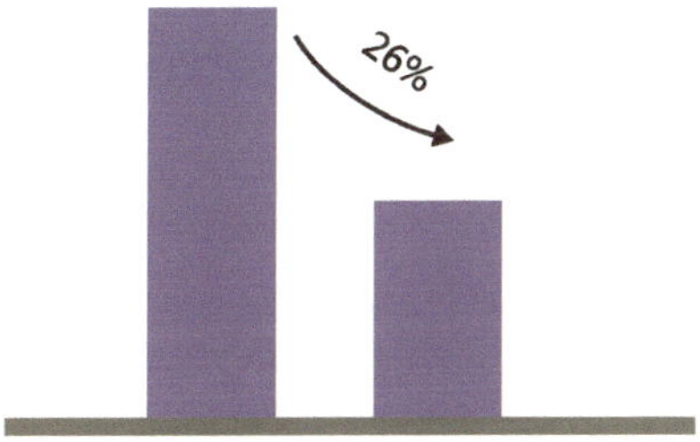

“十一五”期间，全国规模以上工业单位增加值能耗

实现节能量7.5亿吨标准煤，以年均6.98%的能耗增长支撑了年均11.57%的工业增长。

“十二五”前四年

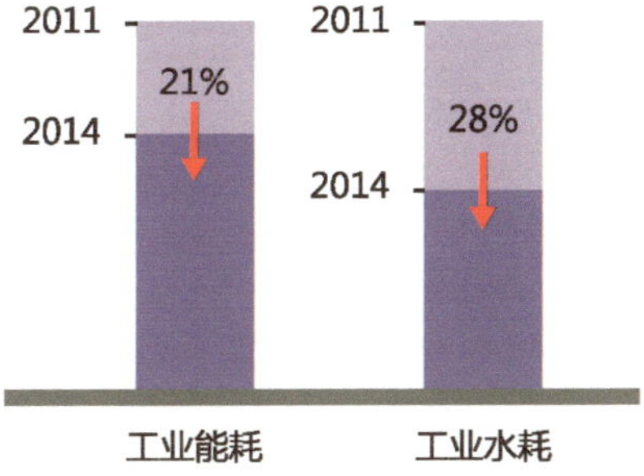

工业领域节能减排举措

- 大气污染防治行动计划
- 电机能效提升计划
- 工业固体废物综合利用基地建设试点
- 钢铁、有色、化工、建材等六大重点能耗行业技术改造工程
- ……

五、产业集聚集约发展水平不断提升，工业空间布局不断优化

企业兼并重组效果显现，产业结构进一步优化

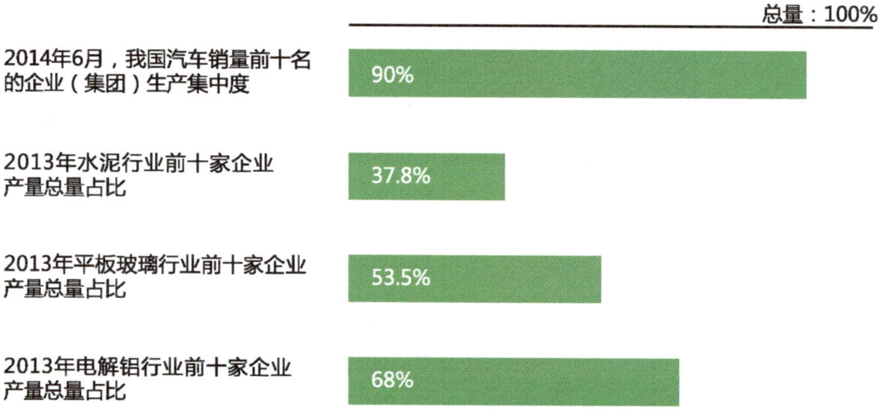

优化重点产业布局和推动产业有序转移

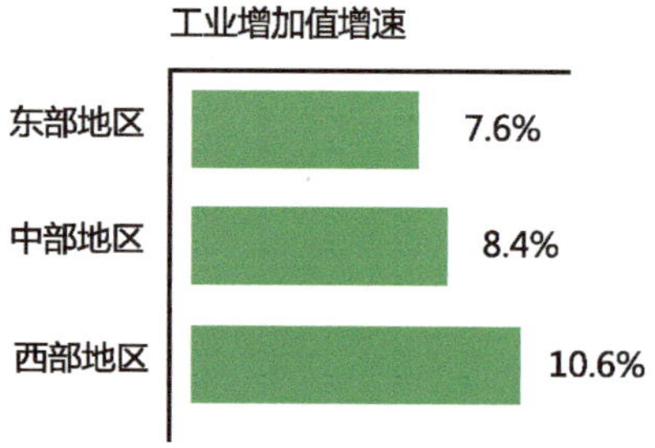

我国制造业发展面临：

- 稳增长和调结构的双重困境
- 发达国家和新兴经济体的双重挤压
- 低成本优势快速递减和新竞争优势尚未形成的两难局面

我国制造业发展必须肩负起支撑国民经济转型升级、跨越发展的重大历史使命，加快转型升级、创新发展、提质增效，实现由大到强的根本转变。

《中国制造 2025》解读之：

我国制造业发展进入新的阶段

工信部　规划司

制造业是我国经济的根基所在，也是推动经济发展提质增效升级的主战场。"十二五"以来，面对国内外复杂多变的经济形势，我国制造业始终坚持稳步发展，总体规模位居世界前列，综合实力和国际竞争力显著增强，已站到新的历史起点上。党的十八大提出，到 2020 年要基本实现工业化和全面建成小康社会，作为实现这一战略目标的主导力量，我国制造业肩负着由大变强的新历史使命。

一、我国制造业国际地位大幅提升，已成为世界制造业第一大国

近十年来，我国制造业持续快速发展，总体规模大幅提升，综合实力不断增强，不仅对国内经济和社会发展做出了重要贡献，而且成为支撑世界经济的重要力量。2014 年，我国工业增加值达到 22.8 万亿元，占 GDP 的比重达到 35.85%。2013 年，我国制造业产出占世界比重达到 20.8%，连续 4 年保持世界第一大国地位。在 500 余种主要工业产品中，我国有 220 多种产量位居世界第一。2014 年，我国共有 100 家企业入选"财富世界 500 强"，比 2008 年增加 65 家，其中制造业企业 56 家（不含港澳台），连续 2 年成为世界 500 强企业数仅次于美国（130 多

家）的第二大国。

近十年来制造业的快速发展，直接促进了我国经济发展的速度、质量和效益，增强了我国在全球化格局中的国际分工地位。从国内看，建国 60 多年来，我国工业增加值占 GDP 的比重由 1952 年的 17.6%提高到 2014 年的 35.85%，增加了 1 倍多，促进我国工业实现了由小到大的历史性转变。从国际对比来看，1990 年我国制造业占全球的比重为 2.7%，居世界第九；到 2000 年上升到 6.0%，居世界第四；2007 年达到 13.2%，居世界第二；2010 年为 19.8%，跃居世界第一。自 19 世纪中叶迄今，经历了一个半世纪的历程，我国又重新回到世界第一制造业大国的地位。

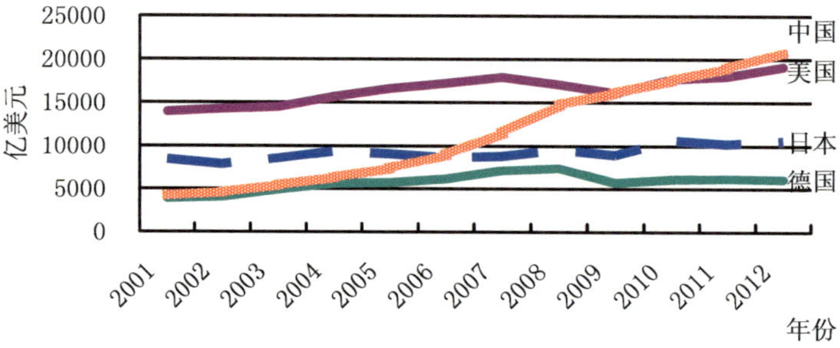

图 1　2001—2012 年四国制造业增加值变化曲线[1]

二、自主创新能力显著增强，部分关键领域技术水平位居世界前列

在创新驱动战略引领下，社会创新要素不断向企业集聚，工业企业研发投入快速增长，自主创新能力显著增强。2013 年，规模以上工业企业研发支出 8318 亿元，比 2008 年增长 2.7 倍，企业研发投入强度从 2008 年的 0.61%增加到 2013 年的 0.80%。2013 年，规模以上工业企业共拥有科技机构 5.2 万个，比 2008 年增加了 1.87 倍；规模以上企业共申请专利 53 万件，是 2008 年的 3.4 倍。载人航天、

[1] 资料来源：中国工程院《制造强国战略研究报告》

探月工程、载人深潜、新支线飞机、大型液化天然气船（LNG）、高速轨道交通等领域技术取得突破性进展。特高压输变电设备、百万吨乙烯成套装备、风力发电设备、千万亿次超级计算机等装备产品技术水平已跃居世界前列。

制造业是技术创新的主战场，是创新最集中最活跃的领域。经过多年的积累，我国工业领域技术创新经过模仿创新、集成创新、引进消化吸收再创新等多个阶段，创新要素在总量上逐步接近世界前列，在水平上与发达国家的差距正在逐步缩小，产业总体创新能力明显增强，正在由跟随式创新向引领式创新转型。2014年，我国全社会 R&D 经费投入 13312 亿元，占 GDP 比重达 2.09%，是 2008 年4616 亿元的 2.88 倍；按照汇率计算，我国 R&D 经费投入总量位居世界第三，投入强度在新兴发展国家中居领先地位。

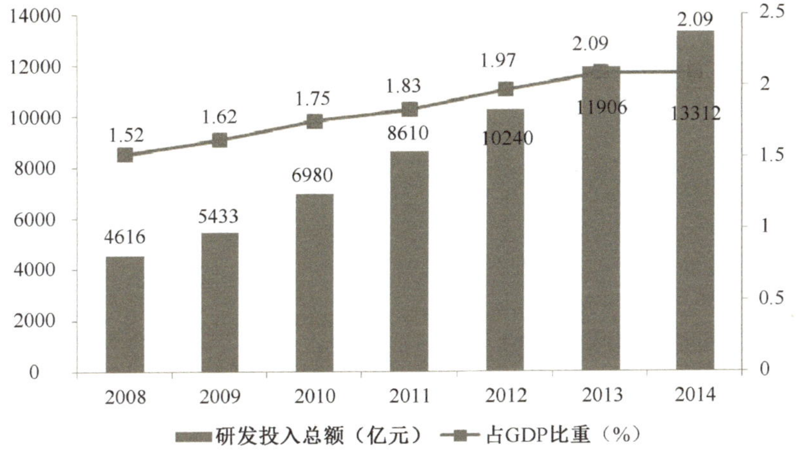

数据来源：历年国民经济和社会发展统计公报

图 2　2008—2014 年全社会 R&D 经费支出总额及占比

三、产业结构调整取得重要进展，工业发展的质量和效益明显提升

围绕结构调整与转型升级这一主线，支持企业应用新技术、新工艺、新设备、

新材料，加大技术改造和提升工业技术水平，促进产业提质增效取得积极成效。一方面，重点行业先进产能比重快速提高，智能制造、高速轨道交通、海洋工程等高端装备制造业产值占装备制造业比重超过 10%，海洋工程装备接单量占世界市场份额 29.5%，新型干法水泥生产线占海外市场的份额达到 40%，国产品牌智能手机的国内市场占有率超过 70%。另一方面，淘汰落后产能取得积极进展，电力、煤炭、炼铁、炼钢等 21 个行业均完成了 2013 年淘汰落后产能目标任务，全国共淘汰电力落后产能 544 万千瓦、煤炭 14578 万吨、炼铁 618 万吨、炼钢 884 万吨。

制造业是转变经济发展方式、调整优化产业结构的主战场。经过多年的发展，我国制造业在国民经济中的比重不断上升，同时制造业内部结构也逐渐优化，先进产能比重持续上升，低端落后产能不断淘汰。按照目前标准，我国低端落后产能已经基本淘汰完毕。下一阶段，要不断提高标准，加快运用先进技术改造提升传统产业，促进我国制造业向更高水平迈进。

四、工业资源能源消耗强度逐步降低，绿色发展能力明显增强

近年来，工业紧紧围绕国家节能减排约束性目标任务，以工业绿色低碳转型发展为目标，狠抓工业节能降耗、清洁生产和资源综合利用技术进步，取得了积极成效。“十一五”期间，全国规模以上工业单位增加值能耗下降 26%，实现节能量 7.5 亿吨标准煤，以年均 6.98%的能耗增长支撑了年均 11.57%的工业增长。“十二五”前四年，我国工业能耗累计下降 21%，工业水耗累计下降 28%左右，基本实现“十二五”预计目标。工业节能、节水、资源综合利用、环保、废水循环回用等关键成套设备和装备产业化示范工程积极推进，节能环保产业快速发展，为资源节约型和环境友好型社会建设提供了有力支撑。

工业是国民经济的主体，也是能源消耗和环境污染的主要来源，是节能工作的重点和难点，推进工业节能减排责无旁贷。近年来，工业领域节能减排采取了一系列的行动计划和政策措施，如大气污染防治行动计划，钢铁、有色、化工、

建材等六大重点耗能行业技术改造工程，电机能效提升计划，工业固体废物综合利用基地建设试点等，促进工业节能减排取得了很大的进步。下一步，要不断破解传统的粗放式工业发展方式，通过技术工作和结构调整双轮驱动，进一步加大力度推进工业绿色清洁可持续发展，实现经济发展和环境保护的双赢。

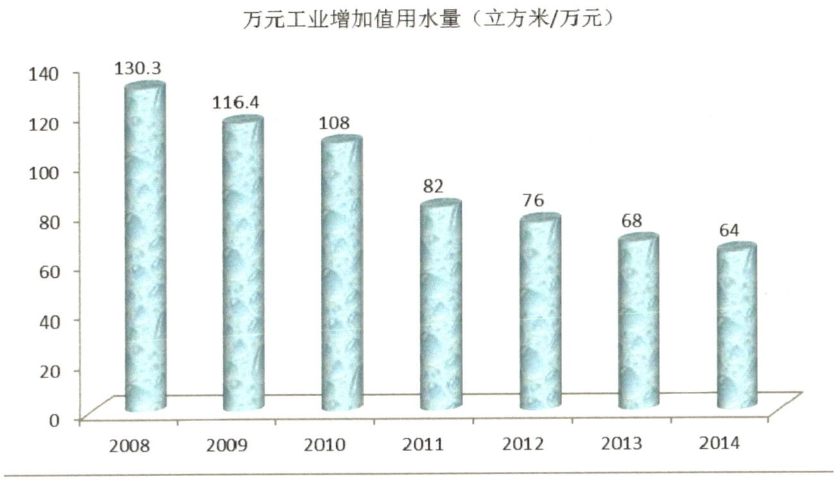

数据来源：历年国民经济和社会发展统计公报

图 3　2008—2014 年万元工业增加值用水量

五、产业集聚集约发展水平不断提升，工业空间布局不断优化

围绕构建现代产业体系，实现转型升级的总要求，推动优势企业、优势产业集约集聚发展，产业空间布局不断优化。一是企业兼并重组效果逐步显现，产业组织结构进一步优化。2014 年 6 月，我国汽车销量前十名的企业（集团）生产集中度达 90%，比 2010 年提高 4 个百分点；2013 年水泥行业前十家企业产量占总产量的 37.8%，较 2010 年提高了 12.7 个百分点；平板玻璃行业前十家企业产量占总产量的 53.5%；电解铝行业前十家企业产量占总产量的 68%。二是优化重点产业布局和推动产业有序转移。2014 年，中、西部地区规模以上工业增加值增速分别为 8.4%和 10.6%，分别高于东部地区 0.8 和 3 个百分点。

总体来看，当前和今后一个时期，我国制造业发展面临着稳增长和调结构的双重困境、发达国家和新兴经济体的双重挤压、低成本优势快速递减和新竞争优势尚未形成的两难局面，进入了“爬坡过坎”的关键时期。在长期粗放发展之后，我国制造业发展将越来越具有“爬坡”和“登山”的性质，即在每一个产业中都必须向上走，从价值链的低端向高端跃迁和攀升；否则，庞大的产业大军将拥挤在低洼地中，面临“路径依赖”和“低端锁定”的风险。面对国内外发展形势的新情况新变化，我国制造业发展必须肩负起支撑国民经济转型升级、跨越发展的重大历史使命，加快转型升级、创新发展、提质增效，实现由大到强的根本转变。

图解《中国制造2025》之三：我国制造业发展面临的形势和环境

全球制造业格局面临重大调整，国内经济发展环境发生重大变化，我国制造业发展必须紧紧抓住历史机遇，积极稳妥应对内外部挑战。

一 新一代信息技术与制造技术融合，将给世界范围内的制造业带来深刻变革

- 信息技术、新能源、新材料、生物技术等重要领域的突破和交叉融合，正在引发新一轮产业变革
- 互联网、物联网、云计算、大数据等泛在信息促进定制化生产逐步取代大批量流水线生产
- 网络众包、异地协同设计、大规模个性化订制、精准供应链管理等正在构建企业新的竞争优势
- 虚拟化技术、3D打印、工业互联网、大数据等技术将重构制造业技术体系
- 基于信息物理系统的智能工厂将成为未来制造的主要形式
- 全生命周期管理、总集成总承包、互联网金融、电子商务等加速重构产业价值链新体系

二 全球产业格局重大调整，国际贸易规则正在重构，我国制造业发展面临严峻的外部形势

- 高端制造回流与中低端制造分流的“双向挤压”日益严峻
- 国际贸易保护主义强化与全球贸易规则重构相交织

三 我国经济发展进入新常态，资源环境和要素成本约束日益趋紧，经济发展环境发生重大变化

- 资源能源：资源相对不足、环境承载能力较弱
- 环境压力：长期积累的环境矛盾正集中显现
- 要素成本：人口红利消失、要素成本全面上升

四 国家作出一系列重大战略部署，内需潜力和改革红利不断释放，为制造业发展开辟广阔空间

- 城乡一体化将成为拉动制造业内需增长的主要动力
- 农业现代化将推动制造业的发展
- “一带一路”、京津冀协同发展、长江经济带等重大区域发展战略，也将推动制造业的发展
- 产业部门新的装备需求、人民群众新的消费需求、社会治理服务新的能力需求、国际竞争和国防建设新的安全需求对制造业提出了新的要求
- 全面深化改革的重大战略部署使我国制造业获得新的发展动力。

未来十年我国制造业发展面临巨大的机遇和挑战，必须牢牢把握新一轮科技革命和产业变革与我国加快转变经济发展方式的机遇，坚定不移推进结构调整和转型升级！

《中国制造 2025》解读之：

我国制造业发展面临的形势和环境

工信部　规划司

当前和未来一个时期，我国仍将面对复杂多变的国际环境和艰巨繁重的国内改革发展任务，制造业发展的内外环境也呈现出不同于以往的重要变化。《中国制造 2025》指出，全球制造业格局面临重大调整，国内经济发展环境发生重大变化，我国制造业发展必须紧紧抓住历史机遇，积极稳妥应对内外部挑战。

一、新一代信息技术与制造技术融合，将给世界范围内的制造业带来深刻变革

科技创新始终是推动人类社会生产生活方式产生深刻变革的重要力量。当前，信息技术、新能源、新材料、生物技术等重要领域和前沿方向的革命性突破和交叉融合，正在引发新一轮产业变革，将对全球制造业产生颠覆性的影响，并改变全球制造业的发展格局。特别是新一代信息技术与制造业的深度融合，将促进制造模式、生产组织方式和产业形态的深刻变革，智能化、服务化成为制造业发展新趋势。泛在连接和普适计算将无所不在，虚拟化技术、3D 打印、工业互联网、大数据等技术将重构制造业技术体系，如 3D 打印将新材料、数字技术和智能技术植入产品，使产品的功能极大丰富，性能发生质的变化；在互联网、物联网、

云计算、大数据等泛在信息的强力支持下，制造商、生产服务商、用户在开放、公用的网络平台上互动，单件小批量定制化生产将逐步取代大批量流水线生产；基于信息物理系统（Cyber-Physics System，CPS）的智能工厂将成为未来制造的主要形式，重复和一般技能的劳动将不断被智能装备和生产方式所替代。随着产业价值链重心由生产端向研发设计、营销服务等的转移，产业形态将从生产型制造向服务型制造转变。网络众包、异地协同设计、大规模个性化订制、精准供应链管理等正在构建企业新的竞争优势；全生命周期管理、总集成总承包、互联网金融、电子商务等加速重构产业价值链新体系。

新一轮科技革命与产业变革也给我国的制造业发展带来重要机遇。当今，我国在相当一些领域与世界前沿科技的差距都处于历史最小时期，已经有能力并行跟进这一轮科技革命和产业变革，实现制造业的转型升级和创新发展。

二、全球产业格局重大调整，国际贸易规则正在重构，我国制造业发展面临严峻的外部形势

发达国家高端制造回流与中低收入国家争夺中低端制造转移同时发生，对我国形成“双向挤压”的严峻挑战。一方面，高端制造领域出现向发达国家“逆转移”的态势。制造业重新成为全球经济竞争的制高点，各国纷纷制定以重振制造业为核心的再工业化战略。美国发布《先进制造业伙伴计划》、《制造业创新网络计划》，德国发布《工业4.0》，日本在《2014 制造业白皮书》中重点发展机器人产业，英国发布《英国制造2050》等。目前，制造业向发达国家的回流已经开始。例如，苹果电脑已在美国本土设厂生产，日本制造企业松下将把立式洗衣机和微波炉生产从中国转移到日本国内，夏普计划在本土生产更多机型的液晶电视和冰箱，TDK也将把部分电子零部件的生产从中国转移至日本秋田等地。另一方面，越南、印度等一些东南亚国家依靠资源、劳动力等比较优势，也开始在中低端制造业上发力，以更低的成本承接劳动密集型制造业的转移。一些跨国资本直接到新兴国家投资设厂，有的则考虑将中国工厂迁至其他新兴国家。如微软计划关停诺基亚东莞工厂，部分设备转移到越南河内；耐克、优衣库、三星、船井电机、

富士康等知名企业纷纷在东南亚和印度开设新厂。总的来看，我国制造业正面临着发达国家“高端回流”和发展中国家“中低端分流”的双向挤压。

表 1　部分发达国家近年来发布的再工业化战略

发布时间	战略名称	主要内容	战略目标
2011 年	美国先进制造业伙伴关系计划	创造高品质制造业工作机会以及对新兴技术进行投资	提高美国制造业全球竞争力
2012 年	美国先进制造业国家战略计划	围绕中小企业、劳动力、伙伴关系、联邦投资以及研发投资等提出五大目标和具体建议	促进美国先进制造业的发展
2013 年	美国制造业创新网络计划	计划建设由 45 个制造创新中心和一个协调性网络组成的全国性创新网络，专注研究 3D 打印等有潜在革命性影响的关键制造技术	打造成世界先进技术和服务的区域中心，持续关注制造业技术创新，并将技术转化为面向市场的生产制造
2013 年	德国工业 4.0 战略实施建议	建设一个网络：信息物理系统网络；研究两大主题：智能工厂和智能生产；实现三项集成：横向集成、纵向集成与端对端的集成；实施八项保障计划	通过信息网络与物理生产系统的融合来改变当前的工业生产与服务模式；使德国成为先进智能制造技术的创造者和供应者
2014 年	日本制造业白皮书	重点发展机器人、下一代清洁能源汽车、再生医疗以及 3D 打印技术	重振国内制造业，复苏日本经济
2015 年	英国制造业 2050	推进服务+再制造（以生产为中心的价值链）；致力于更快速、更敏锐地响应消费者需求，把握新的市场机遇，可持续发展，加大力度培养高素质劳动力	重振英国制造业，提升国际竞争力
2013 年	“新工业法国”战略	解决能源、数字革命和经济生活三大问题，确定 34 个优先发展的工业项目，如新一代高速列车、电动飞机、节能建筑、智能纺织等	通过创新重塑工业实力，使法国处于全球工业竞争力第一梯队

此外，国际贸易保护主义强化与全球贸易规则重构相交织，我国也将面临国际贸易环境变化的新挑战。一是国际贸易保护主义进一步强化。近年来，我国成为遭受贸易救济调查最严重国家，2014 年上半年的涉案金额 52.9 亿美元，比上年同期增长 136%。可以预见，未来我国与发达国家和发展中国家的经济贸易摩擦将更为激烈，对我国制成品出口将造成不利影响。二是全球贸易规则也处于重构过

程。美国极力推动打造跨太平洋全球最大自由贸易区（TPP），在服务贸易、知识产权、劳工和环境保护等方面的高门槛，将进一步削弱我国工业出口产品的成本优势，也将影响我国工业实施的“走出去”战略。此外，美国推动的跨大西洋贸易与投资伙伴协定（TTIP），美欧双方互相降低非关税壁垒，统一各类认证等监管标准，也将挑战我国参与的金砖国家准贸易联盟。全球贸易投资秩序的重建，可能对国内贸易投资产生替代效应，我国的对外贸易和吸引国际直接投资的压力将会增大。

三、我国经济发展进入新常态，资源环境和要素成本约束日益趋紧，经济发展环境发生重大变化

2014 年中央经济工作会议指出，“我国经济正在向形态更高级、分工更复杂、结构更合理的阶段演化，经济发展进入新常态”。我国的经济发展已不再是总量扩张的过程，而主要是结构升级转型的过程，增速下降可能带来某些难以预料的挑战，这对我国制造业发展方式转变提出了紧迫要求。

当前，我国制造业发展的资源能源、生态环境、要素成本等都在发生动态变化。从资源能源看，我国资源相对不足、环境承载能力较弱，人均淡水、耕地、森林资源占有量仅为世界平均水平的 28%、40%和 25%，石油、铁矿石、铜等重要矿产资源的人均可采储量分别为世界人均水平的 7.7%、17%、17%。从环境压力看，长期积累的环境矛盾正集中显现，目前全国有 70%左右的城市不能达到新的环境空气质量标准，17 个省（区、市）的 6 亿左右人口受雾霾天气影响，水体污染较为突出，土壤污染日益凸显，重大环境事件时有发生。从要素成本看，随着人口红利消失和要素成本的全面上升，我国制造业原有的比较优势正在逐渐消失。例如，2014 年我国劳动年龄人口从 2011 年的顶点下降了 560 万，劳动力供给呈缩减趋势，并直接导致用工成本上升。目前我国制造业工资普遍达到 3000～4000 元，远高于东南亚等国。据波士顿报告，中国制造业对美国的成本优势已经由 2004 年的 14%下降到 2014 年的 4%，表明在美国生产只比在中国生产贵 4%。

我国制造业传统竞争优势赖以保持的多种要素约束日益趋紧，已经使粗放式的发展道路越走越窄。在经济发展新常态下，在原有比较优势逐步削弱、新的竞争优势尚未形成的新旧交替期，我国制造业必须加快转型升级步伐。

四、国家作出一系列重大战略部署，内需潜力和改革红利不断释放，为制造业发展开辟广阔空间

十八大以来，党中央、国务院作出了一系列事关我国经济社会发展全局的重大部署。四化同步发展为制造业创造了新需求，开拓了新市场。例如，城乡一体化将成为拉动制造业内需增长的主要动力，按照目前的城镇化速度，未来每年将有1000余万农村人口转变为城镇人口；据测算，城镇化率每年提高1个百分点，将带动1000多亿元的消费需求和5万亿元固定资产投资。农业现代化也将推动制造业的发展，加强农村基础设施建设，改善农业生产条件，提高农业技术装备水平等都为制造业创造着巨大的需求。“一带一路”、京津冀协同发展、长江经济带等重大区域发展战略，也将以基础设施互联互通、产业区域协调发展等，推动制造业的发展。总之，进入工业化中后期的中国，各产业部门新的装备需求、人民群众新的消费需求、社会治理服务新的能力需求、国际竞争和国防建设新的安全需求，在生产装备技术水平、消费品品质提升、公共设施设备供给、重大技术装备自主可控等各方面，都对制造业提出了新的要求。一个正在形成的13多亿人口的超大规模国内消费市场，是我国制造业所拥有的最大优势。

全面深化改革的重大战略部署也使我国制造业获得新的发展动力。经济体制改革是全面深化改革的重点，核心问题是处理好政府和市场的关系，使市场在资源配置中起决定性作用和更好发挥政府作用。坚持和完善基本经济制度、加快完善现代市场体系、加快转变政府职能、深化财税体制改革、健全城乡发展一体化体制机制、构建开放型经济新体制等新一轮改革，将有助于破除我国制造业发展的体制机制障碍，解决制约我国制造业转型升级的深层次矛盾，激发市场活力。近一时期，下放和取消行政审批权限、减轻企业税费负担、降低融资成本、推进创新创业等一大批支持实体经济发展的改革举措相继出台，一个更加宽松公平、

鼓励竞争，更有利于企业创新和工业发展的环境开始形成，为制造业由大变强提供了持续动力和坚强保障。

总的来看，未来十年我国制造业发展面临的挑战巨大，机遇也前所未有，但机遇大于挑战。必须牢牢把握新一轮科技革命和产业变革与我国加快转变经济发展方式形成历史性交汇的战略机遇期，审慎应对、前瞻部署，坚定不移推进结构调整和转型升级，努力形成新的经济增长点，塑造国际竞争新优势，抢占制造业的未来发展先机。

图解《中国制造2025》之四：

我国建设制造强国的任务艰巨而紧迫

我国仍处于工业化进程中，大而不强的问题依然突出，与先进国家相比还有较大差距，未来的任务依然艰巨而紧迫。

一、自主创新能力弱，关键核心技术与高端装备对外依存度高，以企业为主体的制造业创新体系不完善

要完善以企业为主体、市场为导向、产学研用相结合的制造业创新体系，加强关键核心技术攻关，加速科技成果产业化，提高关键环节和重点领域的创新能力，推动我国制造业发展动力向创新驱动转变。

二、产品档次不高，缺乏世界知名品牌和跨国企业

要鼓励企业追求卓越品质，形成具有自主知识产权的的名牌产品，不断提升企业品牌价值和“中国制造”整体形象，推动“中国产品”向“中国质量”转变。

三、资源能源利用效率低，环境污染问题较为突出

要大力研发应用先进节能环保技术、工艺和装备，加快制造业绿色改造升级，提高制造业资源利用效率，努力建成高效、清洁、低碳、循环的绿色制造体系，推进资源利用方式向绿色低碳转变。

四、产业结构不合理，
高端装备制造业和生产性服务业发展滞后

要推进传统产业向中高端迈进，优化制造业布局，逐步化解产能过剩，加快制造与服务的协同发展，推动我国制造业产业结构向高端化、服务化方向转变。

五、信息化水平不高，
与工业化融合深度不够

要加快推动新一代信息技术与制造技术融合发展，把智能制造作为两化深度融合的主攻方向，全面提升企业研发、生产、管理和服务的智能化水平，推动我国制造模式从"中国制造"向"中国智造"转变。

六、产业国际化程度不高，
全球化经营能力不足

要实施更加积极的开放战略，不断拓展新的开放领域和空间，推动重点产业国际化布局，引导企业提高国际竞争能力，推动我国制造业国际地位进一步跃升。

必须积极创造有利条件，着力解决突出矛盾和问题，促进工业结构整体优化升级，加快实现我国制造业由大变强的转变。

《中国制造 2025》解读之：

我国建设制造强国的任务艰巨而紧迫

工信部　规划司

经过建国 60 多年特别是改革开放以来的快速发展，我国制造业取得了举世瞩目的成就，已经成为支撑国民经济持续快速发展的重要力量，建成了门类齐全、独立完整的产业体系，但我国仍处于工业化进程中，大而不强的问题依然突出，与先进国家相比还有较大差距，未来的任务依然艰巨而紧迫。主要表现在以下几个方面。

一、自主创新能力弱，关键核心技术与高端装备对外依存度高，以企业为主体的制造业创新体系不完善

近年来我国科技创新取得了显著成就，专利申请数量大幅上升，2014 年我国授权的发明专利共计 23.3 万件，连续 4 年位居世界首位。但关键核心技术受制于人的局面仍然没有得到根本改变，大量的关键零部件、系统软件和高端装备基本都依赖进口。例如，2013 年，我国 80%的芯片都依赖进口，进口总额达到了 2313 亿美元，同比增长了 20.5%，进口额超过了原油，是我国第一大进口商品。与发达国家相比，我国制造企业开展技术创新的动力不足、活动不够活跃，尚未真正成为技术创新的主体。我国基础研究投入不足是缺乏重大突破性、颠覆性创新的

重要原因之一。据统计，我国基础研究比例不足 5%，仅仅是发达国家比例的 1/4。原隶属于各工业部门的院所改制为企业之后，更多的资金、人力和管理开始从共性技术领域转到应用技术和商业化领域，不再从事共性技术的研发，产业共性技术的研发和产业化主体弱化。同时，高等学校、科研院所与企业拥有不同的评价机制和利益导向，各自创新活动的目的严重分化，科研成果转化率仅为 10%左右，远低于发达国家 40%的水平，产学研合作创新的有效机制尚未形成。由于创新能力不强，我国在国际分工中尚处于技术含量和附加值较低的“制造—加工—组装”环节。要完善以企业为主体、市场为导向、产学研用相结合的制造业创新体系，加强关键核心技术攻关，加速科技成果产业化，提高关键环节和重点领域的创新能力，推动我国制造业发展动力向创新驱动转变。

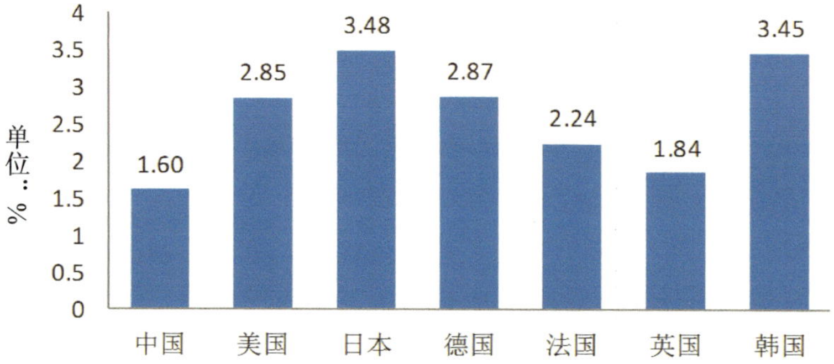

图 1　2012 年各国制造业研发投入强度对比图（单位：%）

二、产品档次不高，缺乏世界知名品牌和跨国企业

我国制造业竞争力不强，缺乏世界知名品牌，领军企业发展不足，在有些国家和地区，“中国制造”已成为质量低劣的代名词，严重损害了国家信誉和形象。首先，我国产品质量和技术标准整体水平不高。国家监督抽查产品质量不合格率高达 10%，出口商品长期处于国外通报召回问题产品数量首位，制造业每年直接质量损失超过 2000 亿元，间接损失超过万亿元。以玩具生产为例，从 2013 年 7 月到 2014 年 6 月欧盟新《玩具安全指令》全面实施一年来，欧盟 RAPEX 通报、召回中国大陆制造、出口到欧盟国家的玩具产品共 498 起，每月都有 20 起以上中

国大陆产玩具因质量安全问题被欧盟 RAPEX 通报/召回。其次，我国企业在品牌设计、品牌建设和品牌维护等方面投入严重不足，品牌发展滞后。2014 年，在世界品牌 500 强中，我国内地仅有 29 个品牌入选，远低于美国、法国和日本。第三，标准体系整体水平不高。据统计，我国主导制定的国际标准占比不到 0.5%，标准更新速度缓慢，“标龄”高出德、美、英、日等发达国家 1 倍以上。第四，我国行业领军企业发展水平与我国的制造业大国地位也很不相称。2013 年，我国规模以上工业企业数量达到 34.3 万家，工业增加值达到 21.07 万亿元，居全球第一，但中国大陆地区进入“世界 500 强”的工业企业仅 36 家，领军企业对工业增长的贡献远低于工业发达国家的平均水平。要鼓励企业追求卓越品质，形成具有自主知识产权的名牌产品，不断提升企业品牌价值和“中国制造”整体形象，推动中国产品向中国质量转变。

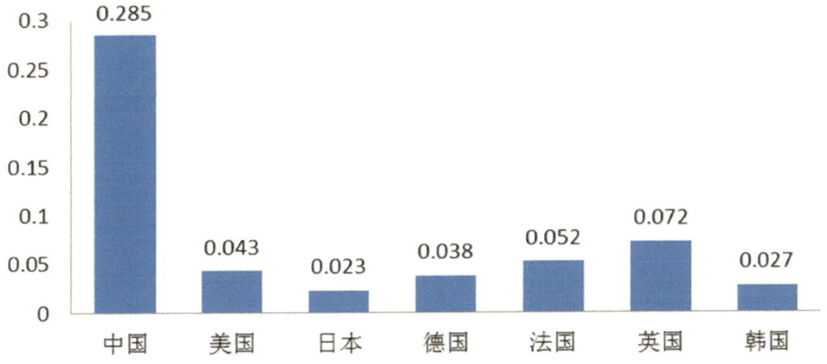

图 2　2012 年各国出口产品召回通报指数

三、资源能源利用效率低，环境污染问题较为突出

我国以重化工业为主的工业结构导致资源能源需求强劲，环境污染问题日益突出。而且，一些地方和企业单纯依靠大规模要素投入获取经济增长速度和经济效益，造成能源资源利用率偏低和环境污染严重。据英国 BP 公司统计，我国单位 GDP 能耗约为世界平均水平的 1.9 倍、美国的 2.4 倍、日本的 3.65 倍，同时高于巴西、墨西哥等发展中国家。资源与环境成本低廉，资源与环境价值未能得到体现，市场机制难以发挥合理配置资源环境要素的基础性作用。环境监管不力与

违法成本偏低也是诱发环境问题的重要原因。《2013 年中国环境状况公报》显示，2013 年全国平均霾日数为 35.9 天，为 1961 年以来最多，华北中南部至江南北部的大部分地区雾和霾日数范围为 50～100 天，部分地区超过 100 天。《2013 年中国国土资源公报》显示，我国地下水质为较差和极差的占比合计约 60%。要大力研发应用先进节能环保技术、工艺和装备，加快制造业绿色改造升级，提高制造业资源利用效率，努力建成高效、清洁、低碳、循环的绿色制造体系，推进资源利用方式向绿色低碳转变。

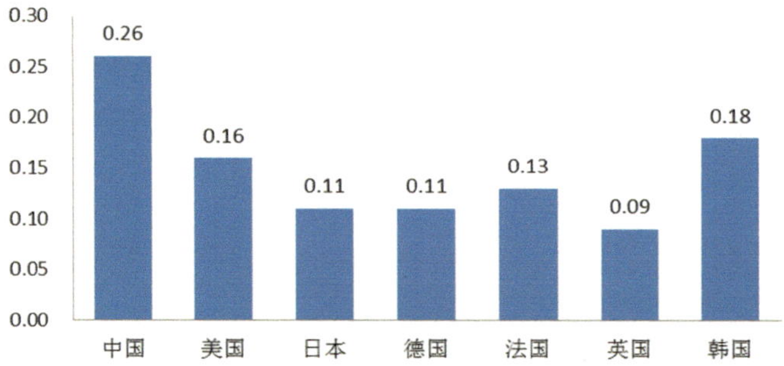

图 3　2012 年各国制造业单位增加值能耗对比图

四、产业结构不合理，高端装备制造业和生产性服务业发展滞后

长期以来，我国制造业发展主要依靠要素低成本优势、通过引进技术和管理迅速形成生产力来实现规模扩张，依靠投资进行拉动，传统产业产能过剩矛盾突出，工业发展尚缺乏统筹协调，区域产业发展同质化问题严重。在产业结构方面，我国制造业中资源密集型产业比重过大，技术密集型产业偏低，钢铁、电解铝、平板玻璃、水泥等供给能力大幅超出需求，光伏、风电等新兴产业也开始出现产能利用不足。据统计，2014 年中国有 24 座新增高炉投入运行，年设计产能为 3500 万吨，产能仍将持续被增强。但是目前在建、拟建生产线仍有 30～40 条，新产能仍以 10%的幅度递增。我国的生产性服务业发展还处于起步阶段，主要停留在批发零售、运输仓储等低端服务领域，许多关键领域自主研发能力不强，直接影响到向服务转型的程度和效果。在集群发展方面，部分传统行业集中度相对偏低，

产业集聚和集群发展水平不高，工业发展尚缺乏“全国一盘棋”的统筹协调机制。要推进传统产业向中高端迈进，优化制造业布局，逐步化解产能过剩，加快制造与服务的协同发展，推动我国制造业产业结构向高端化、服务化方向转变。

五、信息化水平不高，与工业化融合深度不够

两化深度融合是建设制造强国、走新型工业化道路和转变发展方式的重要动力，是打造工业竞争新优势，在向工业化迈进的过程中抢占先机的重要条件。不过，我国的信息化水平仍然不高，两化融合仍有巨大潜力可挖。信息基础设施建设和应用水平仍然滞后于发达国家。2012 年我国网络就绪度指数（NRI 指数）为 4.03，低于美、日、德、韩等国，由 51 位下滑至 2013 年的 58 位。企业利用信息技术改造传统生产方式和工艺流程的意愿偏低，大部分地区和行业仍处于以初级或局部应用为主的阶段，且不同地区、行业及不同规模企业间信息化水平差距明显。关系国家经济、社会安全的高端核心工业软件主要依赖进口，信息化与信息安全相关领域人才储备严重不足。目前，发达国家和地区已开始步入制造业与信息技术全面综合集成，以数字化、网络化应用为特点的新阶段。例如，德国的制造水平、信息化发展水平世界领先，已经开始推进工业 4.0 战略。而按照德国的划分标准，我国工业企业整体处于 2.0 的水平，需要补上从工业 2.0 到 3.0 的差距，才能向 4.0 的方向发展。要加快推动新一代信息技术与制造技术融合发展，把智能制造作为两化深度融合的主攻方向，全面提升企业研发、生产、管理和服务的智能化水平，推动我国制造模式从“中国制造”向“中国智造”转变。

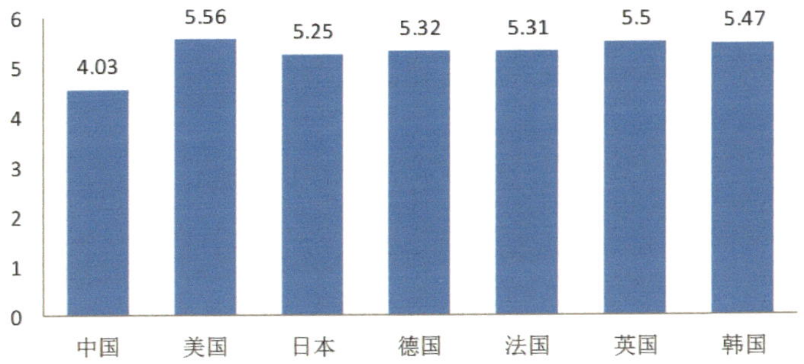

图 4　2012 年各国网络就绪指数（NRI 指数）对比图

六、产业国际化程度不高，全球化经营能力不足

提高产业国际化程度、鼓励企业“走出去”是我国制造业发展国际化战略的重要组成部分，是全面建设制造强国，实现“一带一路”国家战略的重要路径。据商务部公布的数字，2013 年对外直接投资总量达到 1078 亿美元，比 2002 年增长了近 40 倍，境外中资企业数超过 2.5 万家。不过，我国的工业企业“走出去”仍处于初级阶段。在投资规模上，我国对外投资的存量只占世界的 2.5%，相当于美国的 10%左右，中国的海外净资产相当于日本的一半左右。在产业类型上，主要集中在煤炭、钢铁、有色金属、石油等能源资源行业和劳动密集型产业，在电子信息、高端装备制造、新能源等高新技术领域还有很大的发展潜力。许多企业欠缺对外投资的长期发展战略与人才储备，缺乏大型投资管理和大型资本运作管理等方面的经验，对国际市场变化的反应也相对滞后。同时，中国本土企业对各个东道国的投资环境、法律体系、文化底蕴、外商投资政策点等总体上缺少深入了解，投资有风险。另有一项统计显示，我国海外矿业收购失败率高达 70%～80%，显示出我国在提高产业国际化程度、提升全球化经营能力等方面任重道远。要实施更加积极的开放战略，不断拓展新的开放领域和空间，推动重点产业国际化布局，引导企业提高国际竞争能力，推动我国制造业国际地位进一步跃升。

总体上看，建设制造强国的任务艰巨而紧迫，如能加快推进，就能推动我国制造业走上良性发展轨道；如果行动迟缓，不仅资源环境难以承载，而且会错失重要的战略机遇期。必须积极创造有利条件，着力解决突出矛盾和问题，促进工业结构整体优化升级，加快实现我国制造业由大变强的转变。

图解《中国制造2025》之五：

准确把握实施《中国制造2025》的总体要求

- 创新驱动
- 质量为先
- 绿色发展
- 结构优化
- 人才为本

一、坚持创新驱动，

把创新摆在制造业发展全局的核心位置

把增强创新能力摆在更加突出的位置，加强关键核心技术攻关，加速科技成果产业化，提高关键环节和重点领域的创新能力，走创新驱动的发展道路。

二、坚持质量为先，

把质量作为建设制造强国的关键内核

把质量作为建设制造强国的生命线，全面夯实产品质量基础，不断提升企业品牌价值和“中国制造”整体形象，走以质取胜的发展道路。

三、坚持绿色发展，

把可持续发展作为建设制造强国的重要着力点

坚决贯彻减量化、再利用、资源化的原则，全面推行绿色发展、循环发展、低碳发展，构建绿色制造体系，走生态文明的发展道路。

四、坚持结构优化，

把结构调整作为建设制造强国的突出重点

从行业结构、技术结构、组织结构、空间结构，甚至产品和市场结构等多个维度提出优化的路径和措施，走提质增效的发展道路。

五、是坚持人才为本，

把人才作为建设制造强国的根本前提

加快培育制造业发展急需的经营管理人才、专业技术人才、技能人才，建设一支素质优良、结构合理的制造业人才队伍，走人才引领的发展道路。

《中国制造 2025》解读之：

准确把握实施《中国制造 2025》的总体要求

工信部　规划司

《中国制造 2025》的总体思路是坚持走中国特色新型工业化道路，以促进制造业创新发展为主题，以加快新一代信息技术与制造业深度融合为主线，以推进智能制造为主攻方向，强化工业基础能力，提高综合集成水平，完善多层次人才体系，实现制造业由大变强的历史跨越。未来十年，我国制造业发展的着力点不在于追求更高的增速，而是要按照“创新驱动、质量为先、绿色发展、结构优化、人才为本”的总体要求，着力提升发展的质量和效益。

一、坚持创新驱动，把创新摆在制造业发展全局的核心位置

创新是制造业发展的重要引擎，是建设制造强国的关键核心。技术的不断创新发展，不仅会带动传统制造领域的生产率提高和产品性能提升，还会带来战略性新兴产业数量众多的新材料、新能源、新生物产品、新设备的出现，推进制造业的转型升级。我国的研发投入规模近几年来一直处于世界前列，2013 年全社会研发经费投入 11800 亿元，研发投入强度首次突破 2%。但与世界强国相比，产业创新能力还有不小的差距。我国技术对外依存度高达 50%以上，95%的高档数控

系统、80%的芯片、几乎全部高档液压件、密封件和发动机都依靠进口。必须把增强创新能力摆在更加突出的位置，加强关键核心技术攻关，加速科技成果产业化，提高关键环节和重点领域的创新能力，走创新驱动的发展道路。

二、坚持质量为先，把质量作为建设制造强国的关键内核

高质量是制造业强大的重要标志之一，它从市场竞争的角度反映出一个国家的整体实力，既是企业和产业核心竞争力的体现，也是国家和民族文明程度的表征；既是科技创新、管理能力、劳动者素质等因素的集成，又是法治环境、文化教育、诚信建设等方面的综合反映。十多年来，我国制造业整体质量水平不断提升，较好地保障了消费的稳定增长和经济的持续发展。但是伴随着消费需求的变化，对质量的要求与日俱增。在生活性消费领域，数量消费正向质量消费过渡；从日用消费品向耐用品、资本品过渡；从百元、千元消费层次向万元、十万元消费层次过渡。在生产性消费领域，对关键基础材料的稳定性、基础零部件/元器件的性能一致性、重大设备的可靠性等都提出了更高的要求。质量好，起到增幅器的作用，有助于放大需求、扩大市场。质量不好，则起到阻滞器的作用，压制或转移需求，甚至会影响到国家的国际声誉。《中国制造 2025》提出，必须把质量作为建设制造强国的生命线，全面夯实产品质量基础，不断提升企业品牌价值和“中国制造”整体形象，走以质取胜的发展道路。

三、坚持绿色发展，把可持续发展作为建设制造强国的重要着力点

绿色发展是破解资源、能源、环境瓶颈制约的关键所在，是实现制造业可持续发展的必由之路。党的十八大报告首次将绿色发展、循环发展、低碳发展并列提出。绿色是发展的新要求，循环是提高资源效率的途径，低碳是能源战略调整的目标，三者均要求节约资源、能源，提高资源、能源利用效率；均要求保护环境，充分考虑生态系统承载能力，减轻污染对人类健康的影响；目标都是形成节约资源、能源和保护生态环境的产业结构、增长方式和消费模式，以促进生态文

明建设。推进我国制造业绿色发展已到了非常紧迫和关键的时刻。一方面，中国对全球资源的需求量很大，如中国原油需求增量占全球原油需求增量的 44%，铁矿石需求增量约占全球的 105.1%，铝土矿需求增量约占全球的 78%，铜矿需求增量约占全球的 149.5%；另一方面，我国重化工产品产量所占全球市场份额过大。2013 年，我国粗钢产量约占全球产量的 52%，电解铝占 46%，成品油占 12%，乙烯占 12%，化肥占 35%，水泥产量占 58%，平板玻璃占 60%，纸和纸板占 25%。在这种背景下，经济发展不能再依靠大量的投资和产能扩张来实现，绝不能以牺牲环境为代价来获取经济发展。《中国制造 2025》提出，要坚决贯彻减量化、再利用、资源化的原则，全面推行绿色发展、循环发展、低碳发展，构建绿色制造体系，走生态文明的发展道路。

四、坚持结构优化，把结构调整作为建设制造强国的突出重点

调结构、促升级始终是我国制造业发展的中心任务，在我国当前的经济社会发展形势下，经济结构的调整和优化更是迫在眉睫的重大问题。在迈向制造强国的历程中，国防安全、工农业生产、基础设施建设、人民生活都对制造业提出不同层次需求，建立完善、多层次的制造业产业体系是中国制造业的发展特色。在注重发展高端制造业和先进制造业的同时，尤其要注重提升和改善劳动密集型产业的效率和质量，关注民生产业的发展；推进现代制造服务业发展及与制造业的互动发展，优化产业结构。培育一批世界级的跨国大企业和一大批充满创新活力、“专精特”的中小企业，优化产业组织结构。提高产业集聚的层次和质量，培育一批国际化的特色制造集群；促进劳动密集型产业向中西部梯度转移，调整优化产业空间布局。《中国制造 2025》从行业结构、技术结构、组织结构、空间结构，甚至产品和市场结构等多个维度提出优化的路径和措施，走提质增效的发展道路。

五、坚持人才为本，把人才作为建设制造强国的根本前提

人才是具有一定的专业知识或专门技能，进行创造性劳动并对社会做出贡献的人，是人力资源中能力和素质较高的劳动者。人才是建设制造强国的骨干力量，

制造强国一定是人才强国。各个国家都十分重视人才的培养，美国依托常青藤等一批优秀的高等院校，培养了大批科技创新型人才和专业技术人才，成为最富创造力的制造强国；德国长期坚持并推广双轨制教育，即学徒制，培养了众多高素质的技术、技能型人才，打造了具有工匠品质的“德国制造”。人才强国已经上升为国家战略，是“提升国家核心竞争力和综合国力，为全面建设小康社会和实现中华民族的伟大复兴提供重要保证”。坚持人才为本，就是要充分利用我们人才资源，实现从人力资源大国向人才强国的转变；发挥我们的聪明才智，实现从中国制造到中国创造的跨越；要通过教育、培育等各种途径变“人口红利”为“人才红利”，依靠科技创新、依靠精良品质，推动实现制造强国的战略目标。在《中国制造 2025》中明确提出，要加快培育制造业发展急需的经营管理人才、专业技术人才、技能人才，建设一支素质优良、结构合理的制造业人才队伍，走人才引领的发展道路。

图解《中国制造2025》之六：制造强国“三步走”战略

制造业是国民经济的支柱产业

一 对制造强国的基本认识

具备规模雄厚、结构优化、技术创新能力强、发展质量好、产业链国际主导地位突出的制造业是国民经济持续发展和繁荣及国家安全的基础。

（一）制造强国的基本内涵

- 规模和效益并举
- 具有较高的国际分工地位
- 具有较好的发展潜力

（二）制造强国的主要特征

- 拥有雄厚的产业规模
- 优化的产业结构
- 良好的质量效益
- 持续的发展能力

二 提出制造强国“三步走”战略的主要依据

- 基于对我国制造业发展现状的基本认识
- 基于对世界制造强国发展水平的总体研判
- 基于对我国制造强国进程的前瞻预测

三 中国制造“三步走”战略的具体内容

- **第一阶段，到2025年，综合指数接近德国、日本实现工业化时的制造强国水平，基本实现工业化，中国制造业迈入制造强国行列，进入世界制造业强国第二方阵。**

在创新能力、全员劳动生产率、两化融合、绿色发展等方面迈上新台阶，形成一批具有较强国际竞争力的跨国公司和产业集群，在全球产业分工和价值链中的地位明显提升。

- **第二阶段，到2035年，综合指数达到世界制造业强国第二方阵前列国家的水平，成为名副其实的制造强国。**

在创新驱动方面取得明显进展，优势行业形成全球创新引领能力，制造业整体竞争力显著增强。

- **第三阶段，到2045年，乃至建国一百周年时，综合指数率略高于第二方阵国家的水平，进入世界制造业强国第一方阵，成为具有全球引领影响力的制造强国。**

制造业主要领域具有创新引领能力和明显竞争优势，建成全球领先的技术体系和产业体系。

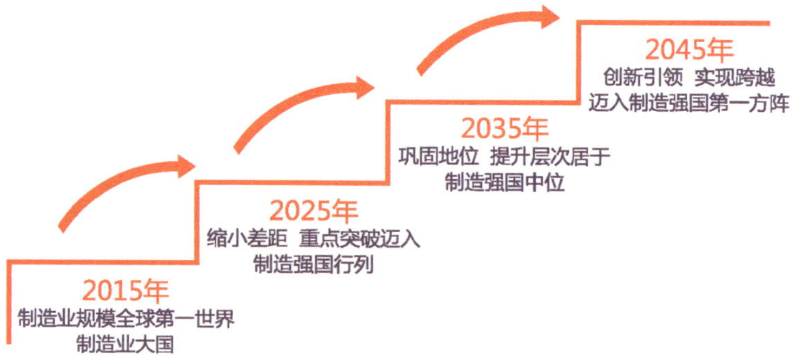

实施《中国制造2025》，让中国制造“十年磨一剑”，十年上一个新台阶！

《中国制造 2025》解读之：

制造强国“三步走”战略

工信部　规划司

《中国制造 2025》统筹考虑我国制造业发展的国际国内环境和基础条件，根据加快转变经济发展方式和走新型工业化道路的总体要求，提出实施“三步走”战略，力争用三个十年的努力，实现制造强国的战略目标。

一、对制造强国的基本认识

一个国家制造业的“强”、“弱”是与他国比较而言的，是相对的，因此对于制造强国的判断应突出与其他国家相比较的优势。纵观美欧等发达国家的强国之路可以看出，具备规模雄厚、结构优化、技术创新能力强、发展质量好、产业链国际主导地位突出的制造业是国民经济持续发展和繁荣及国家安全的基础。

（一）制造强国的基本内涵

目前国内外对于“制造强国”的概念和内涵没有统一的描述，通过对一些有代表性的工业发达国家进行梳理和研究，大致上可以将“制造强国”的内涵概括为以下三个方面：一是规模和效益并举。从美国、德国、法国、日本等公认的制造强国的发展历程来看，最基本的特征就是制造业规模日趋壮大，产业质量不断提高。二是具有较高国际分工中地位。在当今多数制造强国中，高技术产业和服务型制造占比较高，在国际分工中大多处于产业链高端地位，尤其是信息技术的应用使其拥有很强的核心竞争力。三是具有较好的发展潜力。不论是既有的制造强国，还是具有后发优势的“潜在”强国，都要求具有良好的发展潜力。以强大的自主创新能力实现制造业资源节约、环境友好、绿色发展，保持持续发展的能力。

（二）制造强国的主要特征

现有的制造强国主要表现出以下几个方面的特征：一是拥有雄厚的产业规模。反映了制造业发展的实力基础，表现为产业规模较大、具有成熟健全的现代产业体系、在全球制造业中占有相当比重。二是优化的产业结构。反映了产业间的合理结构，各产业之间和产业链各环节之间的密切联系，产业组织结构优化、基础产业和装备制造业水平较高、拥有众多有较强竞争力的跨国企业。三是良好的质量效益。体现了制造业发展质量和国际地位，表现为制造业生产技术水平世界领先、产品质量水平高、劳动生产率高、创造价值高、占据价值链高端环节等。四是持续的发展能力。体现高端化发展能力和长期发展潜力，表现为具有较强的自主创新能力，能实现绿色可持续发展，信息化发展水平较高。

二、提出制造强国“三步走”战略的主要依据

《中国制造 2025》结合我国制造业发展实际和未来制造业发展的根本要求，提出实施“三步走”战略，主要是基于以下几点考虑：

一是基于对我国制造业发展现状的基本认识。建国以来，特别是改革开放以来，我国制造业实现了持续快速发展，已建成全球门类最为齐全的工业体系，总体规模大幅提升，综合实力不断增强，不仅对国内经济和社会发展做出了重要贡献，而且成为支撑世界经济的重要力量，已经具备了建设制造强国的基础，同时也拥有赶超现有强国的市场环境和资源条件。但是，与世界制造强国相比，我国制造业在自主创新、产品质量、资源利用效率、信息化水平、产业结构等诸多方面仍存在一系列突出问题，实现赶超和跨越的任务紧迫而又艰巨。制造业是国民

经济的支柱产业，是工业化和现代化的主导力量，在我国当前适应经济新常态、调结构促升级的关键时期，推进制造强国有着重要的意义。唯有实现制造业由大变强，才能为实现我国“两个一百年”的奋斗目标，实现中华民族伟大复兴的中国梦提供最为坚实的物质保障。

二是基于对世界制造强国发展水平的总体研判。根据制造强国特征，工程院“制造强国战略研究”课题组构建了由 4 项一级指标、18 项二级指标构成的制造业评价体系。经过专家打分测算，提出了表征各主要工业化国家历年来制造业相对强弱的综合指数，并根据 2012 年各国的制造业综合指数划分为三个国家方阵：美国处于第一方阵，德国、日本处于第二方阵，中国、英国、法国、韩国处于第三方阵。

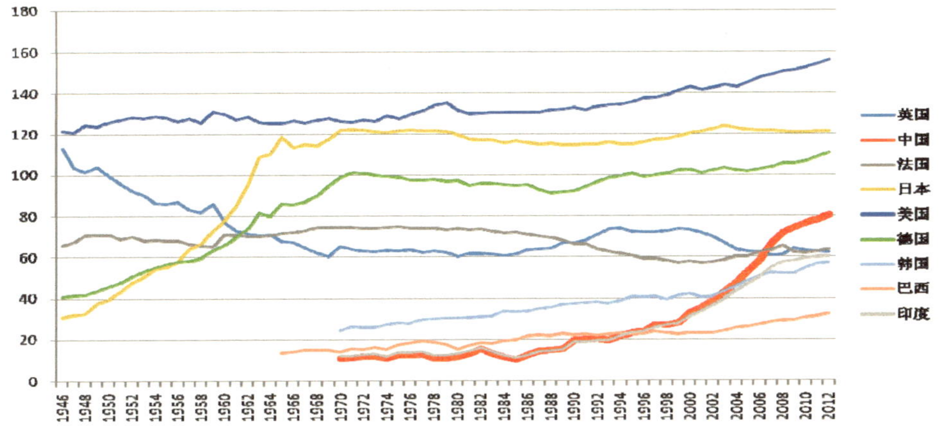

图 1　1946 年—2012 年各国制造业综合指数趋势图[2]

三是基于对我国制造强国进程的前瞻预测。一方面，通过比较美国、日本、德国、英国等国家工业化进程至今制造强国进程中一些核心要素年度增长率和在年度强国指数增长中所占比重的发展差异，探索上述国家工业化后期至今的制造强国进程路径普遍规律，为我国 2015—2050 年的制造强国进程提供参考。另一方面，充分对接党的十八大报告所确立的“两个一百年”奋斗目标、建设创新型国家、到 2020 年基本实现工业化等一系列国家战略目标导向的要求，并与国家“十

[2] 资料来源：中国工程院《制造强国战略研究报告》

二五”《纲要》、《工业转型升级规划（2010—2015）》、《2006—2020 年国家信息化发展战略》、《国家中长期科技发展规划纲要（2006—2020）》等相关规划目标的实施进展进行衔接。三个十年的阶段性目标，既是基于我国所处特定阶段与国情的合理性预测，又是我国缩小与工业发达国家差距、实现制造强国的必然要求和奋斗方向。

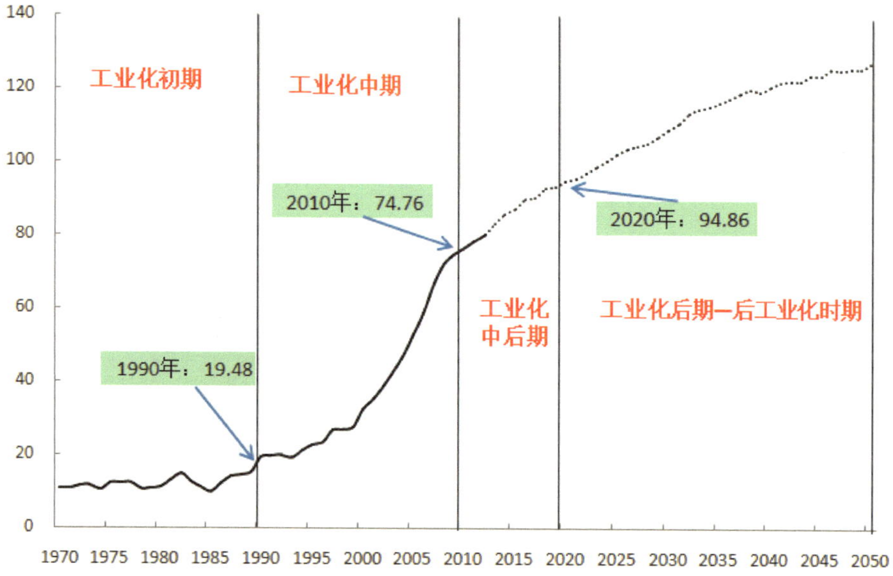

图 2　2013—2050 年中国制造业综合指数走势图[3]

三、中国制造“三步走”战略的具体内容

《中国制造 2025》对构成制造强国评价指标体系的各项具体指标进行逐项的发展目标预测，将建设制造强国的进程大致分为三个阶段：

第一阶段，到 2025 年，综合指数接近德国、日本实现工业化时的制造强国水平，基本实现工业化，中国制造业迈入制造强国行列，进入世界制造业强国第二方阵。在创新能力、全员劳动生产率、两化融合、绿色发展等方面迈上新台阶，

[3] 资料来源：中国工程院《制造强国战略研究报告》

形成一批具有较强国际竞争力的跨国公司和产业集群，在全球产业分工和价值链中的地位明显提升。

第二阶段，到 2035 年，综合指数达到世界制造业强国第二方阵前列国家的水平，成为名副其实的制造强国。在创新驱动方面取得明显进展，优势行业形成全球创新引领能力，制造业整体竞争力显著增强。

第三阶段，到 2045 年，乃至建国一百周年时，综合指数率略高于第二方阵国家的水平，进入世界制造业强国第一方阵，成为具有全球影响力的制造强国。制造业主要领域具有创新引领能力和明显竞争优势，建成全球领先的技术体系和产业体系。

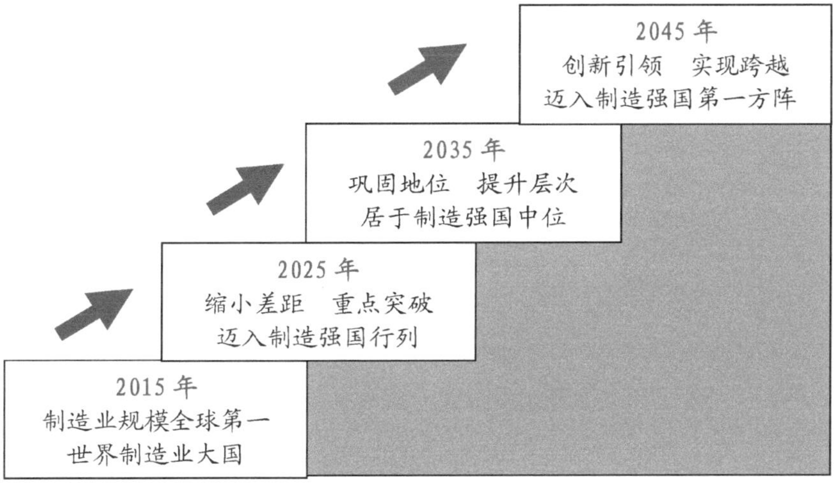

图 3　制造强国“三步走”战略

图解《中国制造2025》之七：

《中国制造2025》的主要目标

《中国制造2025》综合考虑未来国际发展趋势和我国工业发展的现实基础条件，根据走中国特色工业化道路和加快转变经济发展方式的总体要求，提出了“制造强国”的若干发展目标。

一 指标选取的总体考虑

- 能够体现制造强国的主要特征
- 能够体现新型工业化的根本要求
- 指标数据具有可获得和可比较性
- 体现系统性和全面性相结合

采用了创新能力、质量效益、两化融合、绿色发展4大类共12项指标。

二 主要规划目标

（一）体现创新能力的指标

- **规模以上制造业研发经费内部支出占主营业务收入比重**

  2020年和2025年指标将分别达到1.26%和1.68%。

- **规模以上制造业每亿元主营业务收入有效发明专利数**

  2020和2025年指标分别达到0.70件和1.10件。

（二）体现质量效益的指标

- **制造业质量竞争力指数**

  2020年和2025年分别达到84.5分和85.5分。

- **制造业增加值率**

  2020年比2015年提高2个百分点，到2025年恢复到金融危机前的水平，比2015年提高4个百分点。

- **制造业全员劳动生产率**

  预计“十三五”和“十四五”期间，制造业全员劳动生产率年均增速分别为7.5%和6.5%左右。

（三）体现两化融合的指标

- **宽带用户数**

  2025年我国固定宽带接入用户将达到4.8亿户，其中家庭宽带用户将达到3.9亿户，固定宽带家庭普及率达到82%，达到发达国家当前的平均发展水平。

- **数字化研发设计工具普及率**

  预计“十三五”期间，年均增加2.7个百分点；“十四五”期间，年均增加2.4个百分点，2020年和2025年指标将分别达到72%和84%。

- **关键工序数控化率**

  “十三五”期间指标年均增加3.3个百分点，2020年指标达到50%；“十四五”期间，指标年均增加2.8个百分点，到2025年指标达到64%。

（四）体现绿色发展的指标

到2025年重点行业单位工业增加值能耗、物耗及污染物排放达到世界先进水平。

- 规模以上单位工业增加值能耗2020年和2025年分别较“十二五”末降低18%和34%
- 单位工业增加值二氧化碳排放量分别下降22%和40%
- 单位工业增加值用水量分别降低23%和41%
- 工业固体废物综合利用率由“十二五”末的65%分别提高到73%和79%

三 实现规划目标的保障措施

加强组织实施保障

成立由国务院领导同志担任组长的国家制造强国建设领导小组，统筹推进《中国制造2025》各项任务，设立制造强国建设战略咨询委员会，为规划实施提供高水平决策咨询。

完善政策支持体系

深化体质机制改革、营造公平竞争市场环境、完善金融扶持政策、加大财税支持力度、健全多层次人才培养体系、扩大制造业对外开放……

加强监测评估

建立《中国制造2025》第三方评价机制，利用社会智库、企业智库等第三方机构，定期发布《中国制造2025》实施进展，推动公民广泛参与实施和监督。

实施《中国制造2025》，让中国制造“十年磨一剑”，十年上一个新台阶！

《中国制造 2025》解读之：

《中国制造 2025》的主要目标

工信部 规划司

规划目标是引导和促进规划实施的重要手段，是推动规划落实努力的重要方向。为明确“制造强国”的任务和重点，《中国制造 2025》综合考虑未来国际发展趋势和我国工业发展的现实基础条件，根据走中国特色工业化道路和加快转变经济发展方式的总体要求，提出了“制造强国”的若干发展目标，加快实现我国由工业大国向工业强国的转变。

一、指标选取的总体考虑

《中国制造 2025》指标体系的设立，综合考虑了以下几方面因素：

第一，能够体现制造强国的主要特征。指标的选取，既要能够反应雄厚的产业规模、优化的产业结构、良好的质量效益、持续的发展能力等制造强国的主要特征，又要借鉴参考国外的评价指标，形成与国际之间具有可比性的指标体系。

第二，能够体现新型工业化的根本要求。党的十八大提出到 2020 年要基本实现工业化，走新型工业化是实现工业化的必由之路。指标的选取，要充分体现创新驱动、资源节约、环境友好、质量效益、两化深度融合的根本要求。

第三，指标数据具有可获得和可比较性。指标的设立考虑了历史数据的可获得和可量化性，如制造业增加值、劳动生产率、R&D 投入、专利、能耗等指标，能够实现与历史数据的对比及与国外发展情况的比较。

第四，体现系统性和全面性相结合。指标的设立要能够满足系统评价制造强国的需要，同时还要体现制造业当前发展情况、国际竞争力、发展潜力等各方面的综合实力，体现系统性和全面性的良好结合。

综合考虑上述因素，经研究，《中国制造 2025》采用了创新能力、质量效益、两化融合、绿色发展 4 大类共 12 项指标。

二、主要规划目标

（一）体现创新能力的指标

加强自主创新能力是实现由工业大国向工业强国转变的核心，是实现我国价值链低端向高端跃升，加快推动增长动力向创新驱动转变的重要举措。《中国制造 2025》提出，到 2020 年掌握一批重点领域的关键核心技术，优势领域竞争力进一步增强，到 2025 年创新能力显著增强，在全球产业分工和价值链中的地位明显提升。

从定量指标看，确定了两个目标任务：

一是规模以上制造业研发经费内部支出占主营业务收入比重。为与国际水平具有可比性，该指标的预测使用 OECD 的统计数据。未来十年，以 OECD 统计的 1999—2012 年我国制造业研发投入强度年均增速 5.9%进行测算，2020 年和 2025 年指标将分别达到 1.26%和 1.68%。

二是规模以上制造业每亿元主营业务收入有效发明专利数。据统计，2006—2013 年，我国规模以上制造业每亿元主营业务收入有效发明专利数从 0.16 件增加到 0.36 件，年均增长 12.4%，平均每年增加约 0.029 件。未来十年，按照 12.4% 的年均增速测算，2020 和 2025 年该指标分别达到 0.83 件和 1.48 件；按照年均增加 0.029 件测算，2020 和 2025 年该指标分别达到 0.57 件和 0.71 件。为提高指标预测的准确性，取两者均值，2020 和 2025 年该指标分别达到 0.70 件和 1.10 件。

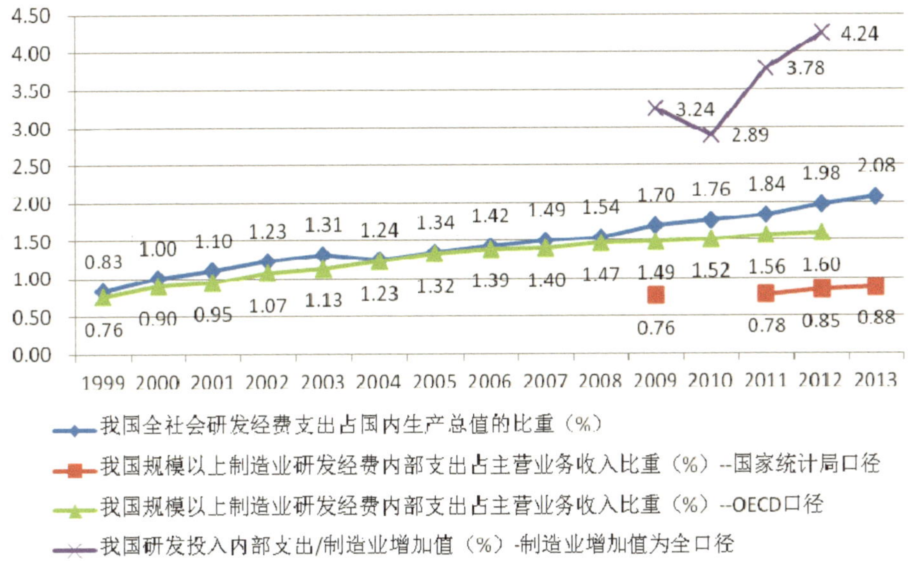

图 1　我国制造业研发投入强度趋势图

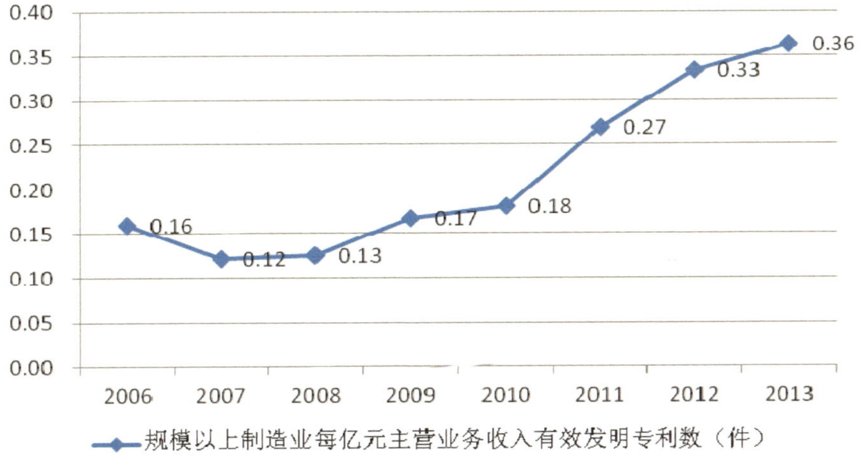

图 2　规模以上制造业每亿元主营业务收入有效发明专利数

（二）体现质量效益的指标

工业发展质量效益指标主要包括制造业质量竞争力指数、制造业增加值率和全员劳动生产率增速三个指标。

一是制造业质量竞争力指数。该指标为国内独创，是反映我国制造业质量整体水平的经济技术综合指标，由质量水平和发展能力两个方面 6 个维度 12 项具体指标计算得出。未来十年，预计国际市场需求不足的局面难有根本改观，传统低端产业竞争优势走弱不可避免，质量竞争力将继续保持中低增长速度，为此以年均增长 0.19 分（2010—2013 年平均增长 0.19 分）计算，2020 年和 2025 年分别达到 84.5 分和 85.5 分。

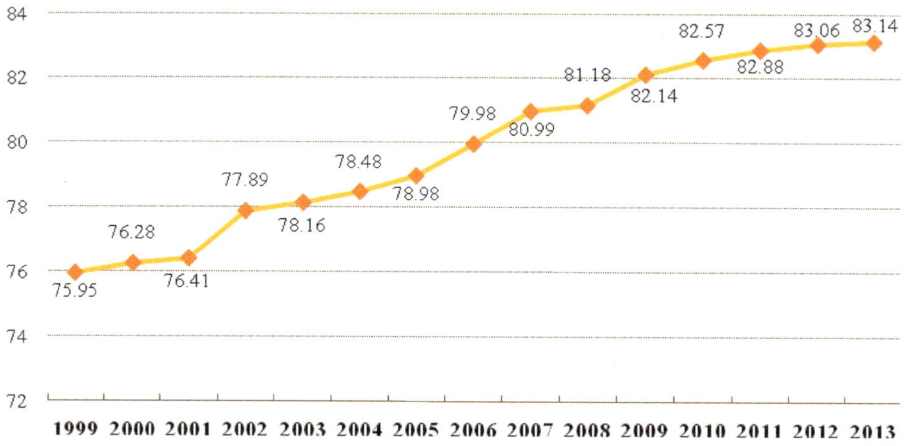

图 3　1999—2013 年全国制造业质量竞争力指数

二是制造业增加值率。受世界金融及经济危机影响，我国制造业增加值率 2008—2011 年下降速度较快，近两年来开始止跌回稳。从 2012 年情况看，发达国家一般在 35%以上，美国、德国、日本甚至超过 45%，我国仅为其一半左右。未来十年，我国制造业结构调整和产业升级步伐加快，重化工业和加工贸易比重降低，制造业将逐步向价值链高端提升，预计“十三五”期间制造业增加值率将走出低谷期，2020 年比 2015 年提高 2 个百分点，到 2025 年恢复到金融危机前的水平，比 2015 年提高 4 个百分点。

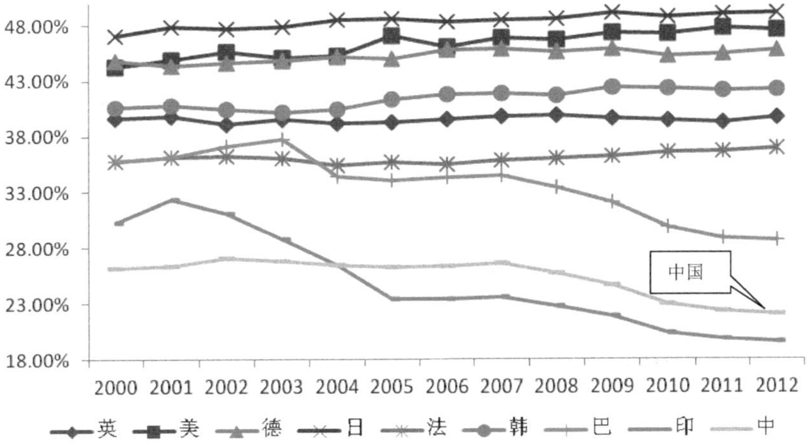

数据来源：世界银行数据库

图 4　2000—2012 年各国制造业增加值率变化趋势

三是制造业全员劳动生产率。我国制造业全员劳动生产率与发达国家存在较大差距，但增速远远高于仅为 0.5%～2%的美、日、德等发达经济体。未来十年，随着我国工业经济进入新常态，制造业增加值增速将逐步放缓，而制造业就业人口规模将相对稳定并突出结构优化，制造业全员劳动生产率与制造业增加值变化正相关并略高于后者增长速度。预计“十三五”和“十四五”期间，制造业全员劳动生产率年均增速分别为 7.5%和 6.5%左右。

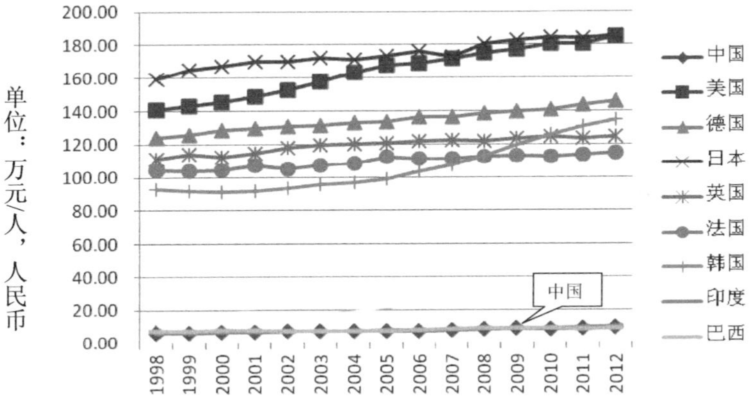

图 5　1998—2012 年各国制造业全员劳动生产率对比

（三）体现两化融合的指标

未来十年，制造业信息化水平大幅提升，制造业数字化网络化智能化取得明显进展，两化融合迈上新台阶，宽带基础设施更加完善，数字化研发设计工具、关键工序制造装备数控化在规上企业得到广泛应用。

首先，宽带用户数。“十三五”期间，根据国务院颁布的《“宽带中国”战略及实施方案》发展目标，2020 年我国固定宽带接入用户将达到 4 亿户，其中家庭宽带用户约 3.3 亿户，固定宽带家庭普及率将超过 70%。“十四五”期间，我国固定宽带发展进入缓慢增长的饱和阶段，预计宽带用户年均净增规模在 1100 万，据此估算 2025 年我国固定宽带接入用户将达到 4.8 亿户，其中家庭宽带用户将达到 3.9 亿户，固定宽带家庭普及率达到 82%，达到发达国家当前的平均发展水平。

表 1　相关国家宽带人口普及率水平[4]

	2010	2011	2012	2013	2014
美国	26.50%	27.45%	28.44%	29.25%	—
英国	30.83%	32.95%	34.51%	35.76%	—
法国	33.74%	35.78%	37.51%	38.79%	—
德国	31.43%	32.80%	33.70%	34.56%	—
日本	26.77%	28.03%	28.39%	28.90%	—
韩国	35.48%	36.65%	37.25%	38.04%	—
印度	0.91%	1.06%	1.17%	1.16%	—
巴西	6.80%	8.56%	9.15%	10.08%	—
OECD	23.5%	24.6%	25.7%	26.6%	27.5%
发展中国家	4.2%	4.9%	5.4%	5.8%	6.1%
全球	7.6%	8.4%	9.0%	9.4%	9.8%
中国	9.4%	11.6%	12.9%	13.9%	14.7%

数据来源：根据 ITU 公布的统计数据整理，其中 2014 年数据为 ITU 公布的预测数。

其次，数字化研发设计工具普及率。参照 2011—2014 年数字化研发设计工具普及率年均增加 3.1 个百分点，并遵循指标超过 60%增速将放缓的普遍规律，预计“十三五”期间，数字化研发设计工具普及率年均增加 2.7 个百分点，“十四五”

[4] 数据来源：国际宽带人口普及率为 ITU 公布的统计数据，其中 2014 年数据为 ITU 公布的预测数

期间，数字化研发设计工具普及率年均增加2.4个百分点，2020年和2025年指标将分别达到72%和84%。

表2 数字化研发设计工具普及率及其增长情况

指 标	2011	2012	2013	2014	2015预计	2020预计	2025预计
数字化研发设计工具普及率	45.9%	48.8%	51.9%	55.1%	58.2%	72%	84%
同比增加（百分点）		2.9	3.1	3.2	3.1	2.7 五年年均	2.4 五年年均

再次，关键工序数控化率。参考2011—2014年关键工序数控化率增长趋势，预计“十三五”期间指标年均增加3.3个百分点，2020年指标达到50%。“十四五”期间，遵循指标超过60%增速将放缓的普遍规模，关键工序数控化率年均增加2.8个百分点，到2025年指标达到64%。

表3 关键工序数控化率及其增长情况

指 标	2011	2012	2013	2014	2015 预计	2020 预计	2025 预计
关键工序数控化率	22.3%	24.6%	27.0%	30.1%	33.3%	50%	64%
同比增加（百分点）		2.3	2.4	3.1	3.2	3.3 五年年均	2.8 五年年均

（四）体现绿色发展的指标

我国实现可持续发展的重点在工业，难点也在工业。由于工业能耗占全社会能耗的70%以上，工业排放污染是我国污染的主要来源。《中国制造2025》提出，到2025年重点行业单位工业增加值能耗、物耗及污染物排放达到世界先进水平。《中国制造2025》还确定了4个定量指标，即规模以上单位工业增加值能耗2020年和2025年分别较“十二五”末降低18%和34%；单位工业增加值二氧化碳排放量分别下降22%和40%；单位工业增加值用水量分别降低23%和41%；工业固体废物综合利用率由“十二五”末的65%分别提高到73%和79%。

三、实现规划目标的保障措施

《中国制造 2025》规划期限长，且全球制造业格局面临重大调整，我国经济也处于快速发展之后的转型期，不确定性进一步增强，为促进《中国制造 2025》目标的实现，必须加大政策支持，加强规划实施的监测评估与调整。

一是加强组织实施保障。成立由国务院领导同志担任组长的国家制造强国建设领导小组，统筹推进《中国制造 2025》各项战略任务实施。设立制造强国建设战略咨询委员会，为规划实施提供持续的、高水平的决策咨询。

二是完善政策支持体系。规划提出了深化体制机制改革、营造公平竞争市场环境、完善金融扶持政策、加大财税支持力度、健全多层次人才培养体系、扩大制造业对外开放等保障措施，通过制定部门分工，落实责任，加强督促检查，推动规划各项政策举措落到实处。

三是加强监测评估。建立《中国制造 2025》第三方评价机制，利用社会智库、企业智库等第三方机构，定期发布《中国制造 2025》实施进展，推动公民广泛参与实施和监督，确保规划目标顺利实现。

战略任务篇

提高国家制造业创新能力

推动信息化与工业化深度融合

强化工业基础能力

加强质量和品牌建设

全面推行绿色制造，加快建设生态文明

持续推进企业技术改造

大力促进中小企业发展

加快发展服务型制造

加快制造业“走出去”，促进国际化发展

《中国制造 2025》解读之：

提高国家制造业创新能力

工信部　科技司

全球新一轮科技革命和产业变革与我国加快转变经济发展方式形成历史性交汇，我国制造业创新发展面临前所未有的挑战。经过多年快速发展，我国已成为全球制造业大国，但制造业整体素质和竞争力与工业发达国家相比仍然差距很大，自主创新能力不强，核心技术受制于人，科技成果对产业支撑不足的问题十分突出。《中国制造 2025》将创新驱动作为建设制造强国的重要方针之一，将提高制造业创新能力作为建设制造强国的首要任务，这说明必须依靠创新驱动，抢抓新科技革命和产业变革的战略机遇，重塑我国制造业的国际竞争新优势。

一、提高国家制造业创新能力是顺应新一轮科技革命与产业变革新趋势、抢占全球竞争制高点的战略选择

制造业历来是创新最为集中、最为活跃的领域。特别是国际金融危机后，各国都注重将制造业创新作为驱动经济转型发展的核心力量，制造业的创新已经成为新一轮科技革命与产业变革中国际竞争的重要焦点。

（一）新一轮科技革命与产业变革正在兴起，发达国家竞相布局制造业创新战略

全球科技创新活动不断突破地域、组织、技术的界限，技术更新和成果转化更加快捷，以新技术突破为基础的产业变革呈现加速态势。科技创新已成为经济结构调整和产业持续健康发展的决定性力量，许多国家都将创新提升到国家发展战略的核心层面。美国积极推动国家制造业创新网络建设，期盼以技术创新的先发优势继续保持其全球领先地位。德国也积极制定高科技战略，确定了五大领域的关键技术和十大未来项目。应该看到，经过长期追赶发展的沉淀和积累，本轮产业变革是我国与发达国家技术差距最小的一次，我们必须切实增强机遇意识，实施创新驱动战略，提高制造业创新能力，实现工业强国的百年梦想。

（二）发达国家“再工业化”和新兴经济体加速崛起，唯有依靠创新才能把握国际竞争新优势

在科技创新、国际金融危机等多重因素的影响下，全球产业结构进入深度调整周期。发达国家纷纷实施“再工业化”和“制造业回归”战略，高端制造领域向发达国家回流的“逆转移”趋势显现端倪。在制造业中低端领域，印度、巴西、越南等一些新兴经济体也纷纷发力，力图融入全球产业分工体系，在承接产业及资本转移、拓展国际市场空间等方面展开更加激烈的争夺。可以预见，未来一个时期我国制造业发展将面临发达国家高端先发效应和其他新兴经济体相对比较优势的双重挤压和双重挑战，唯有依靠创新重塑国际竞争新优势，才可能化挑战为机遇，实现制造业由大变强。

（三）新一代信息技术与制造业融合不断加深，协同创新成为智能时代的创新模式

当前，人工智能、移动互联、3D打印等新技术持续演进，推动产品、装备、工业、服务的智能化。随着互联网在制造业各领域深入渗透，以互联网为基础的

新业态新模式密集涌现，“互联网+”成为推动建设制造强国的重要引擎。随着新一代信息技术和互联网技术迅猛发展和加速应用，技术工程规模越来越大，技术复杂性及相互渗透性不断增加，以多领域技术群体突破、交叉集成为特征的涌现性创新正在取代单一技术突破的离散式创新；以多元主体参与互动协作为基础的网络化协同创新逐渐取代单个企业完成的独立的链式创新。如波音 787 飞机的设计和研发制造由全球 30 多个国家、135 个地点、180 个供应商的高水平、实时虚拟协同完成。因此，必须加快建设网络化体系性的国家制造业创新体系，塑造我国制造业国际竞争新优势。

二、面对我国制造业创新发展的成绩和问题，提高创新能力是建设制造强国的重要举措

经过多年发展，我国已经建成了门类齐全、独立完整的制造业体系，积累了较强的产品和技术基础，制造业大国的地位基本确立，产业创新体系建设初见成效，具备了一定的创新能力。

一是企业创新主体地位进一步加强，产学研协同创新不断深化。2013 年，我国企业研发经费为 9075.8 亿元，占全国研发经费总量的 76.6%。企业研发主体建设成效明显，2013 年规模以上工业企业拥有研发机构 5.2 万个，平均每 7 家企业拥有一个研发机构；已认定国家企业技术中心 1098 家、国家技术创新示范企业 283 家、企业中建立的国家重点实验室数量达 99 家。目前，在 3D 打印、纳米材料、生物医学工程等一些重点领域，已经建立起一批产学研创新战略联盟，组织开展重大战略性问题研究，推动产业转移对接。

二是核心领域关键技术取得突破，成果产业化程度有效提升。经过多年努力，我们逐步掌握了一批关键技术，在一些核心领域，已经从跟跑者变为同行者，甚至领跑者。在载人航天、探月工程、载人深潜、新支线飞机、大型液化天然气船（LNG）、高速轨道交通等核心领域，我们集中力量突破了一批关键核心技术并进入世界先进行列；特高压输变电设备、百万吨乙烯成套装备等部分领域装备产品技术水平已跃居世界前列。近年来，围绕新技术、新材料、新工艺、高端装备等

的集成应用，我们组织了 560 多个重大科技成果转化项目，有效支撑了产业的转型升级。

三是知识产权和技术标准作用进一步显现。党的十八届三中全会明确提出了要加强知识产权运用和保护，这是首次在中央文件中提出知识产权运用，说明我国经济和产业发展已经到了依靠知识产权运用能力提升国际竞争主导权的阶段。通过深入贯彻落实《国家知识产权战略纲要》，我们已培育知识产权运用示范企业 368 家，有效支撑创新驱动发展。标准作为产业竞争争夺话语权的重要战略工具，对产业创新发展发挥着重要的支撑作用。目前，我国在电动汽车、数控机床、节能环保等新兴领域的标准化体系建设已初见成效，TD-LTE-Advanced 成为第四代移动通信国际标准显著提高了我国产业国际竞争力和规则主导力。

但同时必须清醒地看到，当前，我国制造业创新发展还面临着很多难题：一是技术创新能力不强，创新基础不牢固，我国大中型工业企业研发投入占主营业务收入比重不到 1%，主要发达国家这一指标一般在 2.5%以上，关键核心技术及装备主要依赖进口；二是创新资源重复分散，创新载体分散重复建设，资金、设备等创新资源配置的重复浪费现象严重，创新过程中的“孤岛现象”十分普遍，难以形成创新合力；三是科技创新对产业的支撑不足，产业协同创新能力不足，产学研用脱节，科技成果转化率较低；四是知识产权和标准等创新竞争工具的作用尚未充分发挥，企业有效运用知识产权和技术标准参与市场竞争的能力尚显不足。要改变制造业发展受制于人的落后局面，必须紧紧围绕创新驱动这一主线，切实增强产业创新能力，推动制造业由大变强。

三、提高国家制造业创新能力的重点任务

《中国制造 2025》提出，要完善以企业为主体、市场为导向、产学研用相结合的制造业创新体系，围绕产业链部署创新链，围绕创新链配置资源链，加强关键核心技术攻关，加速科技成果转化，提高关键环节和重点领域的自主创新能力。具体要做好以下几个方面的工作。

（一）加强关键核心技术研发

当前，核心技术对外依存度较高，拥有自主知识产权的技术与产品少已成为制约我国制造业创新发展的瓶颈。可以看到，我国部分产业的核心技术严重依赖国外，高端芯片和通用芯片对外依存度超过 95%，95%的高档数控系统，几乎全部高档液压件、密封件和发动机要依靠进口。加强支撑产业技术发展和集成能力提升的关键核心技术及关键共性技术的研发，是提高我国制造业创新能力的当务之急。

《中国制造 2025》提出了要加强关键核心技术研发的任务，主要包括：推进国家技术创新示范企业和企业技术中心建设，充分吸纳企业参与国家科技计划的决策和实施；瞄准国家重大战略需求和未来产业发展制高点，定期研究制订和发布制造业重点领域技术创新路线图；继续抓紧实施国家科技重大专项，通过国家科技计划（专项、基金等）支持关键核心技术研发；发挥行业骨干企业的主导作用和高等院校、科研院所的基础作用，建立一批产业创新联盟，开展产学研用协同创新，攻克一批对产业竞争力整体提升具有全局性影响、带动性强的关键共性技术，加快成果转化。同时，《中国制造 2025》提出了到 2020 年，掌握一批重点领域的关键核心技术的战略目标。

（二）提高创新设计能力

企业之间、产业之间的竞争已不再是停留在资金实力、产业规模、制造能力上，而演变成为创新设计、新技术、新商业模式之间的竞争。设计是技术创新的第一步，是制造的第一道工序，也是制造业产业链的龙头，产品设计决定了产品成本的 70%，我国与发达国家相比，设计理论与方法落后，设计工具软件大部分依赖国外，制约了制造业的创新发展，必须高度重视。

《中国制造 2025》中提出，提高创新设计能力要大力推广应用先进设计技术；在传统制造业、战略性新兴产业、现代服务业的重点领域开展创新设计示范，全面推广应用以绿色、智能、协同为特征的先进设计技术；攻克信息化设计、过程集成设计、复杂过程和系统设计等共性技术，开发适合我国制造业应用的设计工具软件；鼓励企业通过增加研发投入，向产业链的上游——研发设计拓展，实现由代加工向代设计和出口自创品牌产品转变。

（三）推进科技成果产业化

目前，我国产学研用结合不够紧密，科技成果向经济成果转化的比例低，企业的原创性科技成果较少，创新体系整体效能亟待提升。比如，科技投入迅速增长的同时，突破性原创性成果却不多；应用型科技成果产出不少，但整体转化率很低。据统计，目前我国科技成果转化率不到 10%，部分重点大学、科研院所科技成果产业化率不到 5%，而发达国家则普遍高达 40%～50%。科技成果产业化率低对制造业发展的支撑作用产生较大制约，只有尽快实现产业化，才能真正转化为强大的生产力，推动制造业的健康可持续发展。

《中国制造 2025》提出了推进科技成果产业化，要完善运行机制，健全以技术交易市场为核心的技术转移和产业化服务体系，多方式促进科技成果资本化、产业化；完善科技成果转化激励机制，健全科技成果科学化评估和市场化定价机制；完善科技成果转化协同推进机制，引导产学研用按照市场规律和创新规律加强合作；加快国防科技成果转化和产业化进程，推进军民技术双向转移转化。

（四）加快国家制造业创新体系建设

制造业创新体系是指推动制造业技术创新的组织系统、关系网络以及保证系统有效运行的制度和机制。当前世界主要国家都在积极推动国家制造业创新体系由过去相对独立、离散的系统结构向由创新中心、服务平台和基础支撑组成的网络化协同创新体系过渡和转化，旨在进一步整合创新要素和资源，抢占未来经济和科技竞争的先机。如美国于 2013 年提出了要建立由制造业创新中心（IMI）和协调性网络组成的“国家制造业创新网络”计划。

针对我国产业创新资源分散、体系不完善的问题，《中国制造 2025》提出了加快国家制造业创新体系建设的重点任务，包括要加快建立以创新中心为核心载体、以公共服务平台和工程数据中心为重要支撑的制造业创新网络。实施制造业创新中心建设工程，推动国家制造业创新网络建设。围绕重点行业转型升级和新一代信息技术、智能制造、增材制造、新材料、生物医药等领域创新发展的重大共性需求，形成一批制造业创新中心，重点开展行业基础和共性关键技术研发、成果产业化、人才培训等工作。按照《中国制造 2025》要求，到 2020 年，重点形成 15 家左右制造业创新中心，力争到 2025 年，形成 40 家左右制造业创新中心。

（五）加强标准体系建设

技术标准作为我国工业发展的重要技术基础，已经成为我国走新型工业化道路、推进信息化和工业化融合、提升产业核心竞争力和综合国力的关键支撑。由于多方面原因，目前制造业行业存在标准体系不完善、标准水平不高、自主创新技术标准匮乏、标准更新不及时等方面问题。加快建立满足产业发展需要的标准体系，提高标准水平，强化标准实施，建立规范、透明、高效的管理体制和运行机制，已经成一项十分紧迫的任务。

《中国制造 2025》提出了不断完善标准体系建设的重点任务。主要包括：组织实施制造业标准化提升计划，在智能制造等重点领域开展综合标准化工作，完善标准体系；发挥企业在标准制定中的重要作用，协同推进产品研发与标准制定；推动我国标准的国际化进程；推动国防装备采用先进民用标准，推动军用技术标准在民用领域的应用。

（六）强化知识产权运用

当前，知识产权日益成为全球科技和产业竞争中抢占战略高地的重要武器，发达国家和新兴经济体日益重视知识产权的战略资产价值，不断加强专利布局，提高知识产权保护水平和战略运用能力。而目前我国知识产权，特别是工业领域知识产权数量虽多但质量不高，大量知识产权处于“休眠”状态，对于提升企业市场竞争力尚未发挥应有作用。因此，在制造业领域深入落实国家知识产权战略，增强企业的知识产权运用能力，对于增强制造业企业的自主创新和风险应对能力，建设制造强国具有重要意义。

《中国制造 2025》对强化知识产权运用提出了明确任务要求：加强制造业重点领域关键核心技术知识产权战略储备，构建产业化导向的专利组合和战略布局；培育一批具备知识产权综合实力的优势企业，支持组建知识产权联盟，推动市场主体开展知识产权协同运用；建立健全知识产权评议机制，开展专利评估、收购、运营和风险预警与应对；建设知识产权综合运用公共服务平台，鼓励开展跨国知识产权许可等。

《中国制造 2025》解读之：

推动信息化与工业化深度融合

工信部　信息化和软件服务业司

一、当前我国两化深度融合情况

工业化是现代化的前提和基础，信息化是现代化的引领和支撑。推进两化深度融合，运用信息技术特别是新一代信息通信技术改造传统产业、发展新兴产业，加快产业转型升级，是高质量实现工业化和现代化的必然选择。近年来，各部门、各地方深入贯彻中央决策部署，加强协调配合，创新工作机制，完善工作举措，两化融合取得显著成效。

（一）贯彻落实党中央国务院关于两化深度融合的战略部署

夯实产业基础，增强两化融合支撑服务能力。围绕实施“宽带中国”战略，加快第四代移动通信发展，全面推进三网融合，着力构建宽带、融合、安全、泛在的国家信息基础设施。加快电子信息产业结构优化升级，实施“核高基”等科技重大专项，推动设立了国家集成电路产业投资基金，着力解决关键核心芯片制造的融资瓶颈。大力发展应用电子和工业软件，鼓励智能终端产品创新发展，增强信息产品供给能力。

培育新兴产业，增强产业发展活力。支持云计算、物联网等新一代信息技术研发和产业化，深化新一代信息通信技术在工业领域的集成创新和以应用为核心，深入实施工业云、互联网与工业融合、电子商务、制造业服务化等创新工程，出台相关政策性文件，鼓励个性化定制、众包、网络制造、电子商务等新型制造模式的发展，引导工程总包、在线诊断维护、仓储物流等制造业企业服务化发展。

创新工作机制，推广普及两化融合管理体系。推动两化融合是一项探索性和创新性工作。针对我国企业两化融合存在的瓶颈问题，2013 年以来，借鉴 ISO9000、ISO14000 的做法，工信部制定了两化融合管理体系标准，通过政府引导，调动企业推进两化融合的积极性和内生动力，鼓励企业打造和提升信息化环境下的竞争能力。

突出试点示范，推动传统产业转型升级。聚焦信息技术在重点行业工业设计、生产流程、物流配送等关键环节的深度应用和综合集成，组织开展行业应用示范。围绕节能减排、安全生产、产品质量等共性问题，以民爆、食品、稀土、危险化学品等行业为重点，实施智能化试点示范工程。持续实施中小企业信息化推进工程，不断完善中小企业信息化服务体系。

（二）两化深度融合取得的重要进展

改造提升传统产业，工业发展质量和效益不断提升。目前，我国主要行业大中型企业数字化设计工具普及率超过 72.3%，关键工艺流程数控化率达到 59.6%，用信息化手段对企业进行管理的 ERP（企业资源计划）系统普及率达到 62.7%。主要行业研发周期、财务决算、库存周转、劳动生产率、单位产品能耗等关键指标大幅改善；装备、石化、汽车、民爆、轻工等行业生产管理的科学化、精准化和智能化水平大幅提升；计算机辅助设计、系统仿真等技术广泛应用，极大提高了企业研发创新能力；中小企业信息化服务体系不断完善，两化融合能力稳步提升。

新一代信息通信技术与制造业融合创新，不断催生新业态、新模式。物联网、云计算、大数据等新一代信息通信技术不断融入工业研发、生产、服务和管理等各个环节，并加速向集成应用阶段发展。工业产品智能化水平大幅提升，2013 年国产数控机床的国内市场占有率达到 62%，国内汽车电子产品占整车价值超过 30%。异地协同设计、个性化定制、网络众包、云制造等新的研发模式、生产组织方式不断涌现，电子商务、互联网金融、服务型制造等生产性服务业创新发展。

2014 年，我国电子商务交易额超过 12 万亿元，同比增长 20%，成为全球最大的网络零售市场。

新兴产业快速发展，两化融合支撑能力不断增强。自主品牌智能手机、智能电视和低端服务器国内市场占有率分别超过 70%、87%和 50%。智能机器人和高端装备制造业爆发式增长，我国已成为全球第一大工业机器人市场。高性能计算 CPU、大容量动态随机存储器（DRAM）芯片研制成功，12 英寸 45/40nm 芯片工艺实现大规模量产。网络基础设施建设不断加快，三网融合深入推进，网络升级和行业转型成效显著，基于 3G、4G 网络和 RFID（射频识别，Radio Frequency Identification）等新技术快速发展，M2M（Machine 2 Machine）业务正加速普及，工业互联网发展已经拉开序幕。

二、推进两化深度融合面临的困难和问题

尽管当前我国信息化与工业融合发展已经取得一定程度的进展，但仍面临一系列突出问题。

一是发展水平较低。两化深度融合总体上处于起步阶段，大部分企业仍以信息化手段单项应用为主，面临集成应用跨越困难、智能装备不足、组织结构僵化、流程管理缺失等挑战，以及国产研发设计工具、制造执行系统、工业控制系统、大型管理软件缺失等一系列问题。

二是产业基础薄弱。无论是新一代信息技术还是智能制造关键装备，都面临标准和知识产权缺失、关键器件依赖进口、集成服务能力差、核心技术受制于人等问题，跨学科、跨领域政产学研协同、以企业为主体的制造业创新体系尚不健全。

三是法律体系滞后。新一代信息技术发展和应用带来新业态、新模式和新产业，促进电子商务、数据开放、信息安全、个人隐私、互联网金融等新业务健康发展亟待更加完善的法律环境。

四是政策缺乏合力。新一代信息技术与制造业融合发展过程中的技术、产品、

安全、应用协同互动机制尚未建立，政府采购政策对国内新产品、新服务发展支持不足，技术资本密集型产业融资体系不健全，支持融合发展的财政、税收、金融等政策仍需进一步协调配合。

三、推进两化深度融合的措施

中央经济工作会议强调要坚持稳中求进的工作总基调，推进两化深度融合是一项系统工程，也是我国当前和今后一个时期的重点任务，要主动适应经济发展新常态，以智能制造作为当前和今后一段时期推进两化深度融合的主攻方向，全面实施推进《两化深度融合专项行动计划（2013—2018）》，加快完善制造业国家创新体系和综合标准化体系，打造智能化生产体系和发展模式，做好两化深度融合这篇大文章，推动我国经济转型升级，重塑国际竞争优势。

（一）加快推进智能制造生产模式

研究论证国家级智能制造重大工程。优选基础条件好、需求迫切的行业、地区和企业，开展智能制造试点示范建设工程，推动物联网、大数据、云计算等在制造业领域的广泛深入应用，提升关键智能部件、装备和系统的自主化能力，建立健全智能制造标准化体系，全面提升制造业产品、装备、生产、管理和服务的智能化水平。

（二）大力发展工业互联网

研究出台互联网与工业融合创新指导意见，绘制工业互联网发展路线图。实施物联网专项工程，推进物联网在石化、冶金、食品、药品、大型装备、安全生产等领域的应用，培育智能检测、全产业链追溯等工业互联网新模式。研究制定鼓励车联网发展的政策措施，制订车联网创新发展行动计划。制订工业互联网整体网络架构方案，对工业互联网 IPv6 地址资源进行前期规划和部署。

（三）全面推广两化融合管理体系

坚持标准先行，推进两化融合管理体系标准的研制、发布和国际化，在全国范围内开展两化融合管理体系标准的贯标和评定试点，在重点领域开展宣贯和示范应用，进一步完善管理体系评定管理办法和第三方服务体系，促进企业在产品和服务全生命周期、生产管理全过程应用信息技术，增强企业核心竞争力。

（四）加快培育发展新业态和新模式

研究制定服务型制造发展的指导意见，支持企业积极发展在线监控诊断、融资租赁、全生命周期管理等新业务。鼓励有条件的大型企业设立设计中心，建设一批国家级工业设计中心。继续推进民爆、危险与监控化学品、应急药品储备、农药等领域智能监测监管体系建设。加快推进企业能源管理中心和绿色数据中心建设。组织工业电子商务试点示范，优化电子商务发展环境。制订工业云、工业大数据创新发展指导意见，开展工业云试点，加快工业大数据开发利用。

（五）加强两化融合支撑能力建设

实施宽带中国 2015 专项行动，推进“全光网城市”建设，加快 TD-LTE 网络建设和 4G 业务发展。落实国家集成电路产业发展推进纲要，完善相关政策。推进集成电路、基础软件、工业软件、新型显示、新型智能终端、TD-LTE、太阳能光伏等关键技术和产品的研发与产业化。实施工业强基专项行动，着力突破重点领域关键基础材料、核心基础零部件、先进基础工艺，创建一批产业技术基础平台，完善产业技术基础公共服务体系。

（六）完善促进两化深度融合的政策环境

推动出台支持两化融合的财税、金融以及产用结合等方面的特殊政策和急需标准，推进网络通信设备与工业设备互联互通。围绕工业控制系统信息安全风险评估、仿真测试等方面，健全工作体系和工作机制，提升技术保障能力。组织实施智能制造领军人才计划，支持部属高校开展学科体系和人才培养体系建设。加强与发达国家在两化融合领域的国际交流与合作。加快研究制定规范网络基础设施、电子商务、信息安全、互联网金融等领域的法律法规，创新财政支持方式，优化中小企业融资环境等。

（七）完善推进两化深度融合体制机制

统筹部内资源，加强部际协调，健全部省联动和政企联动机制，推动制定特殊的融合政策，加快培育复合型、融合型人才。鼓励各地先行先试，探索总结好的经验和做法。支持重点行业率先突破，发挥示范带动作用。充分发挥企业的应用主体作用，充分发挥社会中介组织的服务、沟通、咨询和评估的作用，调动各方面的积极性，形成多方参与、协力推进的工作格局。加快建立以企业为主体的产学研用协同创新体系，推进围绕国家战略性发展领域的国家制造业创新中心建设。

《中国制造 2025》解读之：

强化工业基础能力

工信部　规划司

工业基础能力主要包括核心基础零部件（元器件）、先进基础工艺、关键基础材料和产业技术基础等四个方面（简称“四基”），其发展水平直接决定着工业产品的性能、质量和可靠性，是整个工业赖以生存和发展的基础。强化工业基础能力，夯实“中国制造”发展基础，是适应制造业发展新阶段、培育新经济增长点的关键所在，也是建设制造强国的必由路径，对于保障我国社会经济和国防安全具有重要意义。为此，《中国制造 2025》中明确提出要强化工业基础能力建设，并将“工业强基工程”列为五大工程之一。

一、工业基础能力发展现状

近十年来，我国制造业持续快速发展，总体规模大幅提升，综合实力不断增强，国际地位明显提升，已成为具有影响力的制造业大国，为工业基础能力提升提供良好的产业基础和市场条件。

（一）工业基础领域产业规模不断壮大，形成较为完整的产业体系

我国已经形成了门类较为齐全、能满足主机行业一般需求的工业基础体系，

为制造业由小变大提供了重要支撑。工业基础产业规模不断壮大，部分产业规模高于同期工业增速。多种机械基础零部件、电子元器件产量（产值）居世界前列；铸造、锻造、焊接、热处理和切削加工能力以及钕铁硼永磁体、压电晶体材料、覆铜板材料等基础材料产量居世界首位。基础制造工艺取得明显进步，部分发电设备用大型铸锻件已具备走向国际市场的能力。一批产业集群已经初步形成，具有自主创新能力、具备国际竞争力的大型企业正在稳步成长。

（二）基础领域的前沿技术不断取得突破，核心竞争力显著增强

大直径硅材料、关键钢铁材料、钛合金材料、高性能碳纤维等材料加工技术水平显著提高，部分材料关键装备实现了自主设计和应用，相关成果得到推广应用，材料产业和发达国家的差距正在缩小。成功研制了“飞腾 1500”高性能处理器，并应用于“天河二号”超级计算机。基于 C-Core 的国产 SoC 芯片在机顶盒、数字电视、移动存储等领域实现了规模化应用。轨道交通装备 IGBT 自主研制成功，并实现产业化。8万吨模锻压力机和万吨级铝板拉伸机的成功研制，标志着我国航空构件制造步入世界先进行列。研制了焊接、高温铸造和自动化装配等装备，其中搅拌摩擦焊设备解决了高分运载火箭储箱、大型相控阵雷达面板的焊接难题。

（三）标准、计量、检测、认可体系初具规模，产业技术基础水平逐步提升

截至 2014 年底，我国国家标准总数共 32025 项，总体呈上升趋势。全国共有全国专业标准化技术委员会 529 个，分技术委员会 595 个，有超过 410 个标准化技术委员会与 ISO 和 IEC 的技术委员会相对应。我国计量测量能力居于世界前列，专用、新型、实用型计量测试技术研究水平和服务保障能力进一步增强，计量法律法规和监管体制逐步完善。2014 年我国检测市场规模达到 2105 亿人民币[1]，排在欧盟、美国之后，位居全球第三。截至 2015 年 2 月，我国检测机构总量 24847

---

[1] CCID 2010 年度检测市场分析报告

家，体系庞大。我国是世界认证大国，截止 2012 年底，我国质量管理体系认证证书为 328213 张[2]，占全球比例超过 30%，位居世界第一。

（四）工业基础领域的扶持力度不断加大，发展环境日趋完善

近年来，我国越来越重视工业基础领域发展。一是出台一系列支持工业基础领域发展的法律法规和政策措施。如 2005 年财政部、国家税务总局出台了《关于锻件产品增值税先征后退政策的通知》(财税[2006]151 号)、《关于模具产品增值税先征后返政策的通知》(财税[2006]152 号)、《关于数控机床产品增值税先征后退政策的通知)(财税[2006]149 号)；2011 年国务院办公厅发布了《国务院关于印发进一步鼓励软件产业和集成电路产业发展若干政策的通知》（国发〔2011〕4 号）等一系列支持基础产业发展的政策措施；2014 年工业和信息化部制定出台了《关于加快推进工业强基的指导意见》，加大对工业基础领域发展进行指导。二是提高资金支持力度，加强对基础领域的支持。国家在技术改造专项资金，863、973 等专项资金中进一步加大对工业基础领域的支持。联合财政部设立工业强基专项，对工业基础领域的薄弱环节进行重点支持。三是加强规划引导。《中国制造 2025》规划中把工业强基作为重点实施的工程之一。我部连续三年制定和实施“工业强基专项行动”。今年将制定和实施“工业强基实施方案（2016—2020）”，指导“十三五”时期工业基础领域发展。

二、强化工业基础能力势在必行

虽然我国工业基础领域发展取得了一定成就，但是关键基础材料、核心基础零部件（元器件）、先进基础工艺、产业技术基础（简称“四基”）等工业基础能力依然薄弱，严重制约工业整体竞争力和可持续发展能力，阻碍制造业由大变强。

[2] 摘自 ISO 网站 http://www.iso.org/iso/home.html

（一）基础能力薄弱严重制约了整机、系统创新能力和产品质量的提升

整机系统的创新能力和产品质量主要取决于关键基础材料、核心基础零部件的性能，基础产品和技术支撑不够，整机和系统集成创新空间不足，产品品牌难以确立。在滚动轴承 40 多项国际标准中，没有一项由我国主持或参与制定。自主设计的重载汽车变速箱自重大，断齿、断轴等重大机械事故时有发生，很难创立知名品牌。计算机升级换代基于芯片、操作系统等核心软硬件水平，而芯片和操作系统基本由国外掌控，整机无“基”而终。关键共性技术供给薄弱，技术基础体系缺失，产业自主创新缺乏内生动力。

（二）基础能力薄弱成为产业自主、可持续发展和提升核心竞争力的瓶颈

我国具有竞争力的高速铁路，其轮轴系统、高速轴承、高速齿轮传动系统等关键零部件都难以实现自主配套。我国锻件生产还普遍采用燃煤（油）加热工艺，“三废”排放量是国外电加热工艺的 10 倍，铸铁、铸钢、模锻的能耗比国外高一倍。基础产品低端过剩、高端不足，过度依赖要素成本，难以培育核心竞争优势。制造业长期被固化在中低端，战略性新兴产业发展也根基不牢。我国增材制造部分技术世界领先，但受基础材料制约，产业化应用与国际差距很大。

（三）基础能力薄弱对社会经济和国防安全构成重大挑战

在我国工业生产和水利、电力、通信、交通等关键基础设施中，大量使用国外工业控制系统，不仅价格高、供货和服务时间没有保证，设施安全稳定运行的控制权也基本掌握在他人手中，一旦国外实行禁运，后果难以想象。飞机发动机、核岛设备密封件还面临国外禁运，已成为两项重大国产化工程的卡脖子环节。

当前我国正处于经济结构调整和工业转型升级的关键时期，世界经济深度调整和新一轮科技革命在给我国工业发展带来战略机遇的同时也带来重大挑战。

（一）提升工业基础能力是工业发展新阶段的必然要求

我国工业发展的内生动力和环境正在发生深刻变化，主要依靠低成本要素投入实现规模扩张的粗放发展模式已难以为继，工业发展进入主要以质量、效益提高和结构优化、产业升级为特征的新阶段。提升工业基础能力，提高产品质量和可靠性，打造品牌竞争优势，推广绿色清洁工业已经成为促进产业结构调整和转型升级，加快工业向中高端迈进，实现经济健康可持续发展的必然要求。

（二）提升工业基础能力是培育竞争新优势的关键所在

新一轮技术革命和产业变革风起云涌，信息技术广泛渗透，推动关键领域技术的不断融合和加速应用，正在引发制造业发展理念、技术体系、制造模式的重大变革。国际金融危机后，制造业再次成为国际竞争的焦点，发达国家纷纷实施“再工业化”和“制造业回归”战略，以加强基础能力、构建制造业创新体系等为重点，制定有效措施，打造信息化背景下国家制造业竞争的新优势；一些新兴经济体也在加强谋划和布局，积极融入全球产业分工体系。当前形势下，必须抓住这次难得的战略机遇，加快推进工业强基，努力摆脱传统产业核心竞争力长期受制于人的局面，着力构筑新兴产业发展的良好根基，打造我国制造业竞争新优势。

三、促进工业强基主要任务和目标

深入贯彻党的十八届三中、四中全会精神，紧抓新一轮技术革命和产业变革机遇，深化改革，创新管理，坚持“问题导向、产需结合、协同创新、重点突破”。立足我国工业发展现状，紧抓新一轮技术革命和产业变革机遇，以提高工业核心竞争力为主题，以产业结构优化和转变发展方式为主线，以企业为主体、市场为导向、创新为动力、质量为基础，着力解决工业基础领域的关键问题，加快推动创新成果工程化、产业化，提升“四基”整体水平和国际竞争力，夯实工业发展基础，促进工业转型升级，推进制造大国向制造强国转变。力争通过5～10年的努力，70%的核心基础零部件（元器件）、关键基础材料实现自主保障，部分达到国际领先水平，建成较为完善的产业技术基础服务体系，形成整机牵引和基础支撑协调发展的产业格局，有力推进制造强国建设。

到 2020 年，建立起与工业发展相协调、技术起点高、专业化、大批量的工业基础，核心基础零部件、关键基础材料保障能力大幅提升，先进基础工艺得到广泛应用，产业技术基础支撑服务体系较为完善，基本实现关键材料、核心部件与整机、系统的协调发展，40%的核心基础零部件、关键基础材料实现自主化。

到 2025 年，开发 100 种关键基础材料、100 种核心基础零部件（元器件），实现工程化、产业化突破，开发并推广 80 种先进基础工艺，组建和认定 100 个产业技术基础公共服务平台。70%的核心基础零部件（元器件）、关键基础材料实现自主化，部分国际领先，能够满足战略性新兴产业和先进制造业对核心基础零部件（元器件）、关键基础材料、先进基础工艺和产业技术基础的需求，形成整机牵引与基础支撑协调发展的产业格局。

四、保障措施

全面深化改革，创新思路，充分发挥市场在资源配置中的决定性作用，加强政府引导和支持力度，创新实施机制，营造有利于工业基础发展的环境，加快制造强国建设步伐。

（一）统筹推进“四基”发展

围绕“一个中心、三个环节”体系化推进，一是以加强顶层设计为中心，开展工业强基战略研究，加强政策储备，制定工业强基工程实施方案，发布工业强基发展报告，对工业基础的重点领域和路径给予指导。制定工业“四基”的重点发展目录，发布重点产品和技术发展路线图，实施推进计划。二是开展工业强基示范应用，围绕具有自主知识产权，具备工程化、产业化基础的关键基础材料、核心基础零部件（元器件）和先进基础工艺，推动开展示范应用，以整机和系统用户为主体，推进产业链协作，鼓励整机、系统和基础企业合作研发、协同攻关。三是探索建立产业技术基础公共服务平台体系，探索创建和认证一批产业技术基础公共服务平台，推动建立产业技术创新服务体系，引导产业资源共享、协同突破，逐步解决行业发展基础技术积累和共性技术研发缺失的问题。四是组织实施重点突破，围绕重大装备和重大工程“四基”发展和迫切需要，组织一批示范公示，实现关键基础材料、核心基础零部件（元器件）、先进基础工艺和产业技术基础的工程化、产业化突破。

（二）完善配套政策体系

建立奖励或保险机制，鼓励基础材料、基础零部件（元器件）、基础工艺示范应用。按照国内基础材料和零部件的产业化进程，适时调整相应产品的进口减免税政策，给予国内基础生产企业平等竞争环境。逐步调整税收政策，支持关键基础材料、核心技术零部件（元器件）、先进基础工艺企业发展。

（三）提高人才保障水平

完善相关政策，引导科技人员向工业基础领域集聚。深入实施知识更新工程等重大人才工程和基地建设，加强技术领军人才、技术创新人才和紧缺人才的培养。深化职称制度改革，制定科学研究、技术研发、工程开发、产业化支撑、科技公共服务评价标准，畅通工业基础各环节人才职称评定通道。重视发展职业教育，借鉴德国“双元制”人才培养经验，深入开展校企合作，推进职业教育与从业资格的协同互认，加快培养高素质技能型人才。坚持自主培养人才和引进海外人才并重的方针，采取多种方式积极引进海外技术创新领军人才。建立行业和地方人才培养联动机制，以“企业经营管理人才素质提升工程”为重点，加强企业经营管理人才培训。

（四）加强“四基”创新能力建设

加强对工业基础领域的前瞻性研究，突出应用性，重点解决关键共性技术，以及关键零部件技术。通过与基础性研究机构联合攻关，建立关键性共性技术研发体系，重点突破重大工艺技术。加大基础专用材料的研发力度，提高专用材料自给保障能力和制备技术水平。建立国家工业基础数据库，采集相关数据，并利用数据管理，强化对技术的研发应用。加大对技术研发的资金支持，引导资金投向“四基”重点领域项目。

《中国制造 2025》解读之：

加强质量和品牌建设

工信部　科技司

《中国制造 2025》提出“质量为先”的基本方针，决定了质量和品牌要贯穿于建设制造强国的整个进程，要成为部署和落实各项任务的出发点和重要内容。

一、质量和品牌是中国制造竞争新优势的重要内涵

在经济全球化时代，质量和品牌已经成为制造业乃至国家核心竞争力的象征，代表着国家的信誉和形象。党的十八大提出“要把推动发展的立足点转到提高质量和效益上来，促进形成以技术、品牌、质量、服务为核心的竞争新优势”。质量与品牌代表着产品满足顾客需求的程度，代表着市场竞争力。“质量为先”本质上是顾客需求为先、市场竞争力为先，体现了“市场决定资源配置”的重要思想。

在新一轮全球产业化分工中，我国制造业面临着“双重挤压”。一方面，金融危机使美国、欧盟等发达国家和地区重新重视发展实体经济，加速“再工业化”和“制造业回归”。另一方面，受劳动力成本上升、人民币汇率升值等因素的影响，我国低附加值产品出口的价格优势弱化，其他发展中国家也在加快以更低的劳动力成本承接劳动密集型产业的转移。我国以往那种劳动力成本低，但资源、能源消耗大，甚至以牺牲环境为代价的比较优势难以为继。在这种形势下，我国要抢

占制造业新一轮竞争制高点，必须重塑中国制造业的核心竞争优势。从质量和品牌的竞争属性及美国、德国、日本等世界主要制造强国的发展实践看，这一核心竞争优势的重要内涵是质量和品牌。

伴随我国经济社会发展，无论是工业品、消费品还是国防装备，在产品功能特性、质量安全性、质量稳定性等方面的需求都在不断提高。同时，需求的个性化、多元化、品牌化特征也日趋明显。拉动和满足内需既是适应新常态的重要举措，也是制造强国的根基。质量和品牌建设与拉动内需形成良好互动，内需升级为质量和品牌建设提供内生动力，质量和品牌建设为扩大内需提供坚实保障。

新一轮科技革命为我国打造质量品牌竞争力提供了发展机遇。新一代信息技术广泛渗透，推动关键领域技术持续突破、不断融合和加速应用，引发制造业发展理念、技术体系、制造模式和价值链的重大变革。智能、绿色、协同、服务等理念不断丰富制造业质量价值观；泛在连接、虚拟化技术、3D 打印、工业互联网、大数据等技术赋予质量和品牌发展新空间；智能制造、协同设计、个性化订制、精准供应链管理等生产组织形式也为质量和品牌建设提供了新手段。特别是这些变化所带来的打破既有标准、技术和市场壁垒的机会，成为我国制造业质量和品牌创新突破的良好契机。

二、质量和品牌建设任务重要而紧迫

“十二五”以来，我国制造业质量水平显著提升，一批知名品牌脱颖而出，质量和品牌竞争力持续增强，在满足国内需求和参与国际竞争中发挥了越来越重要的作用。

一是产品质量水平稳步提升。原材料和装备类产品质量大幅提升。航天、发电、轨道交通等重大装备质量水平进入世界前列，钢铁、有色金属、石化和建材等主要产品技术标准和实物质量已与国际水平接轨，工程机械、通用装备质量与可靠性水平不断提高，与国际先进水平的差距进一步缩小。消费类产品质量和档次明显提高，纺织、家电等产品达到国际先进水平，移动通信、基础软件等信息技术产品的主要功能和性能达到或接近国际同类产品水平。从国家监督抽查结果看，2011—2014 年国家监督抽查合格率分别为 87.5%、89.8%、88.9%、92.3%，质量水平整体呈现稳步上升趋势。**二是质量管理水平明显提高。**根据 2013 年所做调查，82.2%的通用设备企业和 68%的食品企业获得了国际质量管理体系认证。企业质量损失率均值从 2009 年的 2.79%降低为 2.43%。工程机械产品平均无故障间隔时间（MTBF）普遍提高 2～3 倍，高档数控机床也提高了 1.6 倍以上。六西格玛管理、卓越绩效模式、精益生产等一批先进质量管理方法在企业广泛应用，涌现出“质量问题双归零”、“日清日高”等一批源于我国企业的质量管理成功实践。“十二五”期间，全国超过 200 万名企业员工参加了质量和品牌培训教育，提高了企业质量和品牌管理水平。**三是品牌影响力持续增强。**在国内消费品市场，自主品牌占据较大的市场份额，彩电、空调、冰箱、服装、家纺等产品都达到 80%以上。丝绸、陶瓷等民族文化特点显著的产品占有绝对市场优势。在工业品市场，主要产品国内自给率不断提高。机械、精细化工等产品自给率都达到 80%以上，乙烯自给率超过 90%，钢铁产品的大部分品种自给率达到 100%。在国际市场，自主品牌影响力不断提升。高铁、核电等产品已经成为中国制造的“国际品牌”，华为、中兴、海尔等一批自主品牌已经成为名副其实的国际品牌。企业品牌意识和品牌培育能力不断增强，4000 多家企业建立品牌培育管理体系，一批企业实现了从代工制造向培育自主品牌的跨越。

尽管取得这些成绩，但受传统粗放型发展方式长期影响，我国工业质量和品牌发展还存在一些突出问题。**一是产品质量发展不均衡**，部分产品质量档次不高，与国际先进水平相比仍有较大差距，突出体现在产品质量安全性、质量稳定性和质量一致性等方面。**二是标准结构不合理**，部分技术标准水平低、适用性差、贯彻实施不力，一些领域的产品标准、检测方法标准跟不上新产品研发的速度，高新技术、高附加值产品的关键技术标准缺乏，难以满足质量品牌竞争发展的需要。**三是品牌建设滞后**，我国制造业自主品牌达到 170 万个，但存在品牌数量多、市场认可度较低的矛盾。与国际知名品牌相比，品牌附加值低、竞争力弱，顾客美誉度和忠诚度有待提高。**四是企业主体作用发挥不充分**，部分企业质量意识薄弱，质量信誉不高，质量和品牌管理系统性不强，效率不高。**五是质量安全保障体系尚不完善**，部分产品质量检测能力不足，监督检查不到位，产品质量安全事件时有发生，损害了我国制造业质量形象和消费信心。**六是基础能力建设投入不足。**

质量检测、质量控制和技术评价等质量基础能力滞后，一批影响质量的关键、共性技术问题长期得不到解决，质量和品牌公共服务能力与企业的需求也存在明显差距。

在建设制造强国的进程中，质量和品牌建设任务重大，需要解决的问题依然很多。我们要加快步伐，紧紧围绕质量为先的战略主线，以增强企业质量提升和品牌培育能力为重点，全面推进质量和品牌建设，实现制造强国的战略目标。

三、加强质量和品牌建设的重点任务

《中国制造 2025》框架下质量和品牌工作的核心是竞争力提升和效益改善，打造中国制造的质量成本新优势。在九大战略任务中，加强质量和品牌建设是其中之一，但质量和品牌建设的任务不仅仅体现在第四项任务中，而是贯穿于各项任务之中。提高制造业创新能力、推进两化深度融合、强化工业基础能力、推行绿色制造等重点任务都应把提升质量、培育品牌作为重要方向。通过质量和品牌建设，将各项任务取得的成果转化为满足市场和顾客需求的产品，以及蕴含丰富自主知识产权的品牌，在市场竞争力中实现价值转化和提升。

《中国制造 2025》指出，要提升质量控制技术，完善质量管理机制，夯实质量发展基础，优化质量发展环境，努力实现制造业质量大幅提升，鼓励企业追求卓越品质，形成具有自主知识产权的名牌产品，不断提升企业品牌价值和中国制造整体形象。

（一）推广先进质量管理技术和方法

我国制造业企业整体质量管理水平仍然不高。一些企业还没有在设计开发、生产制造和营销服务全过程实现系统化质量和品牌管理。企业在质量和品牌管理方法，特别是质量工程技术、市场研究技术应用等方面还有明显差距。中小企业质量和品牌管理能力缺口更大，从全国质量监督抽查数据看，国内制造业中、小型企业批次抽样合格率明显低于大型企业。如果保证产品合格都存在困难，就无法追求有竞争力的质量水平。同时，伴随两化深度融合以及十大产业重点突破，质量品牌呈现问题复杂化、方法多样化的趋势，对质量品牌管理方法的应用提出了新要求。因此，推广先进的质量品牌管理技术和方法是一项重要而紧迫的举措。

《中国制造 2025》提出，要建设重点产品标准符合性认定平台，推动重点产品技术、安全标准全面达到国际先进水平；开展质量标杆和领先企业示范活动，普及卓越绩效、六西格玛、精益生产、质量诊断、质量持续改进等先进生产管理模式和方法；支持企业提高质量在线监测、在线控制和产品全生命周期质量追溯能力；组织开展重点行业工艺优化行动，提升关键工艺过程控制水平；开展质量管理小组、现场改进等群众性质量管理活动示范推广；加强中小企业质量管理，开展质量安全培训、诊断和辅导活动。

（二）加快提升产品质量

尽管我国很多产品质量达到国际先进水平，但总体水平依然不高，与国内外消费者的期望，以及制造强国的地位相比，尚有明显差距。汽车、数控机床、工程机械、农用机械、特种设备等产品的质量稳定性、可靠性不高，使用效率低。钢铁、有色、化工等产品功能档次、质量一致性和质量稳定性有待提高，部分高附加值、高功能特性的产品仍依赖进口。基础零部件、消费电子产品等可靠性不高、使用寿命短。部分食品、药品、婴童用品等涉及人身安全的产品还没有建立完善的全生命周期质量安全追溯体系。特别是一批影响质量提升的关键、共性质量问题的长期存在，极大地影响了质量进步和竞争提升。

《中国制造 2025》指出，要实施工业产品质量提升行动计划，针对汽车、高档数控机床、轨道交通装备、大型成套技术装备、工程机械、特种设备、关键原材料、基础零部件、电子元器件等重点行业，组织攻克一批长期困扰产品质量提升的关键共性质量技术，加强可靠性设计、试验与验证技术开发应用，推广采用先进成型和加工方法、在线检测装置、智能化生产和物流系统及检测设备等，使重点实物产品的性能稳定性、质量可靠性、环境适应性、使用寿命等指标达到国际同类产品先进水平。在食品、药品、婴童用品、家电等领域实施覆盖产品全生命周期的质量管理、质量自我声明和质量追溯制度，保障重点消费品质量安全。大力提高国防装备质量可靠性，增强国防装备实战能力。

（三）完善质量监管体系

当前，我国质量监督监管机制仍不健全，监督监管的覆盖面和技术手段需要加强。假冒伪劣产品还有一定市场，执法打假等活动难以彻底消灭制假售假现象。质量安全风险较高，特别是区域性、行业性质量安全风险依然存在。这些现象，造成国内消费信心不足，国际市场信誉不佳，弱化了制造业整体提升形成的竞争优势。

《中国制造 2025》指出，要健全产品质量标准体系、政策规划体系和质量管理法律法规。加强关系民生和安全等重点领域的行业准入与市场退出管理。建立消费品生产经营企业产品事故强制报告制度，健全质量信用信息收集和发布制度，强化企业质量主体责任。将质量违法违规记录作为企业诚信评级的重要内容，建立质量黑名单制度，加大对质量违法和假冒品牌行为的打击和惩处力度。建立区域和行业质量安全预警制度，防范化解产品质量安全风险。严格实施产品“三包”、产品召回等制度。强化监管检查和责任追究，切实保护消费者权益。

（四）夯实质量发展基础

当前我国的工业标准体系、计量体系、检测能力、认证认可体系等与制造业发展需要存在差距。部分产品技术标准的水平低，对安全和环保等方面限定性规定较少，对竞争性质量导向性不足。计量、检测、认证认可等前沿性技术研究有待加强，相关公共服务能力不足且分布不均衡。特别是对工业产品质量控制和技术评价能力重视不够，导致缺乏对企业质量提升的专业性支持。

《中国制造 2025》指出，要制定和实施与国际先进水平接轨的制造业质量、安全、卫生、环保及节能标准。加强计量科技基础及前沿技术研究，建立一批制造业发展急需的高准确度、高稳定性计量基标准，提升与制造业相关的国家量传溯源能力。加强国家产业计量测试中心建设，构建国家计量科技创新体系。完善检验检测技术保障体系，建设一批高水平的工业产品质量控制和技术评价实验室、产品质量监督检验中心，鼓励建立专业检测技术联盟。完善认证认可管理模式，提高强制性产品认证的有效性，推动自愿性产品认证健康发展，提升管理体系认证水平，稳步推进国际互认。支持行业组织发布自律规范或公约，开展质量信誉承诺活动。

（五）推进制造业品牌建设

与制造业发展的速度和规模相比较，制造业品牌建设明显滞后。知名品牌数量及影响力与发达国家相比存在较大差距，与制造大国的地位、制造强国的需要极不相称。多数企业市场营销和战略管理能力弱，缺乏面对国际竞争的经验。部分企业以代工制造为主业，没有建立自主的营销渠道和品牌。部分企业对品牌的认知还停留在形象和广告上，没有认识到品牌的价值内涵。很多企业品牌培育能力不足，难以把所具备的能力和优势转化为顾客感知的品牌价值。

《中国制造 2025》指出，要引导企业制定品牌管理体系，围绕研发创新、生产制造、质量管理和营销服务全过程，提升内在素质，夯实品牌发展基础。扶持一批品牌培育和运营专业服务机构，开展品牌管理咨询、市场推广等服务。健全集体商标、证明商标注册管理制度。打造一批特色鲜明、竞争力强、市场信誉好的产业集群区域品牌。建设品牌文化，引导企业增强以质量和信誉为核心的品牌意识，树立品牌消费理念，提升品牌附加值和软实力。加速我国品牌价值评价国际化进程，充分发挥各类媒体作用，加大中国品牌宣传推广力度，树立中国制造品牌良好形象。

这五项工作中，包含了两个层次、两个途径和一个突破，体现了全面推进与重点提升相结合的思路。两个层次是保质量底线与促质量竞争，两个途径是以企业为主体和营造外部环境。

一个重要突破是明确提出实施工业产品质量提升行动计划，重点提升一批长期困扰质量提升的关键共性质量技术问题，这是质量和品牌实现突破发展的重要保障。质量提升行动是系统化、多层次的。在国家层面，工业和信息化部将会同有关部门，针对那些影响制造业整体质量水平，特别是需要跨行业协同解决的质量技术问题，制定计划实施行动。行业组织应针对那些在行业内影响较大，特别是由企业难以独立解决的共性质量问题采取行动。工业企业和其他质量组织应积极参与质量提升行动，并结合自身情况，自主攻关解决突出的质量问题。

《中国制造 2025》解读之：

全面推行绿色制造
加快建设生态文明

工信部　节能与综合利用司

《中国制造 2025》作为我国实施制造强国战略第一个十年的行动纲领，明确提出了“创新驱动、质量为先、绿色发展、结构优化、人才为本”的基本方针，强调坚持把可持续发展作为建设制造强国的重要着力点，走生态文明的发展道路。同时把“绿色制造工程”作为重点实施的五大工程之一，部署全面推行绿色制造，努力构建高效、清洁、低碳、循环的绿色制造体系。

一、绿色发展是大势所趋、潮流所向

绿色发展，就是要发展环境友好型产业，降低能耗和物耗，保护和修复生态环境，发展循环经济和低碳技术，使经济社会发展与自然相协调。绿色发展、循环发展和低碳发展是相辅相成、相互促进的，构成一个有机整体。绿色是发展的全面要求和转型主线，循环是提高资源效率的途径，低碳是能源战略调整。三者目标都是形成节约资源能源和保护生态环境的产业结构、生产方式和消费模式，促进生态文明建设。从内涵看，绿色发展更为宽泛，涵盖循环发展和低碳发展的核心内容，循环发展、低碳发展则是绿色发展的重要路径和形式，因此，可以用绿色发展来统一表述。绿色发展的理念是经济社会发展到一定阶段的必然选择。当今世界，各国都在积极追求绿色、智能、可持续的发展，绿色已经成为世界发展的潮流和趋势。特别是进入新世纪以来，绿色经济、循环经济、低碳经济等概念纷纷提出并付诸实践。绿色经济或绿色发展的内涵并非一成不变，但其核心目的是为了突破资源环境承载力的制约，谋求经济增长与资源环境消耗的和谐统一，实现发展与环境的双赢。

我国在工业化进程中一直高度重视资源节约和生态环境保护工作，坚持节约资源和保护环境的基本国策。党的十五大报告明确提出实施可持续发展战略。十六大以来，在科学发展观指导下，党中央相继提出走新型工业化发展道路，发展低碳经济、循环经济，建立资源节约型、环境友好型社会，建设生态文明等新的发展理念和战略举措。十七大强调，到2020年要基本形成节约能源资源和保护生态环境的产业结构、增长方式和消费模式。十七届五中全会明确要求树立绿色、低碳发展理念，发展绿色经济。“十二五”规划中，“绿色发展”独立成篇，进一步彰显我国推进绿色发展的决心。十八大报告中首次单篇论述了“生态文明建设”，把可持续发展提升到绿色发展高度。全国党代会报告第一次提出“推进绿色发展、循环发展、低碳发展”和“建设美丽中国”，这是对当今世界和当代中国发展大势的深刻把握和自觉认知，是执政理念的新发展。

最近，中央又印发了《关于加快推进生态文明建设的意见》，这是我国第一个以党中央、国务院名义对生态文明建设进行专题部署的文件，是对十八大、十八届三中和四中全会关于生态文明建设的顶层设计和总体部署的进一步细化和落实，明确了生态文明的总体要求、目标愿景、重点任务和建立系统、完整制度体系的方向性要求，是今后一个时期推动我国生态文明建设的纲领性文件。《意见》中首次将“绿色化”作为“新五化”（即“新型工业化、信息化、城镇化、农业现代化和绿色化”）之一，要求把绿色发展转化成为综合国力和国际竞争新优势，这是我国经济社会发展全方位绿色转型的最新概括和集中体现。

二、全面推行绿色制造是建设生态文明的必由之路

生态文明是人类社会与自然界和谐共处、良性互动、持续发展的一种文明形

态，是工业文明发展到一定阶段的产物，其实质是建设以资源环境承载能力为基础、以自然规律为准则、以可持续发展为目标的资源节约型和环境友好型社会，形成人与自然和谐发展的现代化建设新格局。党的十八届三中全会明确提出，要紧紧围绕建设美丽中国深化生态文明体制改革，加快建立生态文明制度，推动形成人与自然和谐发展的现代化建设新格局。这对我国工业发展提出了新的更高要求，一方面，要加快推进工业化进程，到2020年基本实现工业化；另一方面，也要更加重视生态文明建设，切实转变发展方式，形成节约资源和保护环境的空间格局、产业结构、生产方式和生活方式。

进入新世纪以来，我国工业化进程加快，工业整体素质明显改善，工业体系门类齐全、独立完整，国际地位显著提升，已成为名副其实的工业大国。在500多种主要的工业品当中，我国有220多种产品产量居全球第一位。但我国工业发展依然没有摆脱高投入、高消耗、高排放的粗放模式，工业仍然是消耗资源能源和产生排放的主要领域，资源能源的瓶颈制约问题日益突出。据初步核算，2014年我国能源消费总量达42.6亿吨标准煤，其中煤炭消费量约占全球一半；原油进口3.1亿吨，占国内消费量的59%；铁矿石进口9.33亿吨，占国际贸易量的69%；天然橡胶、铜、镍、铝土矿、铅锌等对外依存度超过50%，有的高达85%。人均水资源量只有2100立方米，仅为世界平均水平的四分之一左右。主要污染物二氧化硫、氮氧化物排放量分别占全国的90%、70%，烟尘、粉尘排放量约占全国的85%以上，特别是对人民群众危害严重的非常规污染物如持久性有机污染物、重金属等几乎都来源于工业领域。与此同时，我国工业能效、水效与发达国家仍有差距，其中钢铁行业国内平均能效水平与国际先进水平相比还落后6%～7%，建材落后10%左右，石化化工落后10%～20%。我国万美元工业增加值用水量为569立方米，还远高于日本的88立方米、韩国的55立方米、英国的89立方米。

改革开放几十年以来，我国的工业文明发展成果丰硕，但是从工业文明迈向生态文明是社会发展的必然趋势。生态文明是工业文明发展的新阶段，是对工业文明的发展与超越。建设生态文明并不仅仅是简单意义上的污染控制和生态恢复，而是要克服传统工业文明的弊端，探索资源节约型、环境友好型的绿色发展道路。建设生态文明，必须全面推行绿色制造，不断缩小与世界领先绿色制造能力的差距，加快赶超国际先进绿色发展水平。全面推行绿色制造，加快构建起科技含量高、资源消耗低、环境污染少的产业结构和生产方式，实现生产方式“绿色化”，既能够有效缓解资源能源约束和生态环境压力，也能够促进绿色产业发展，增强节能环保等战略性新兴产业对国民经济和社会发展的支撑作用，推动加快迈向产业链中高端，实现绿色增长。

三、全面推行绿色制造是建设制造强国的内在要求

工业是立国之本，是我国经济的根基所在，也是推动经济发展提质增效升级的主战场。工业要主动适应新常态，把绿色低碳转型、可持续发展作为建设制造强国的重要着力点，放在更加重要的位置，大幅提高制造业绿色化、低碳化水平，加快形成经济社会发展新的增长点。

全面推行绿色制造是参与国际竞争、提高竞争力的必然选择。2008年国际金融危机后，为刺激经济振兴，创造就会机会，解决环境问题，联合国环境署提出绿色经济发展议题，在2009年的20国集团会议上被各国广泛采纳。各主要国家把绿色经济作为本国经济的未来，抢占未来全球经济竞争的制高点，加强战略规划和政策资金支持，绿色发展成为世界经济重要趋势。欧盟实施绿色工业发展计划，投资1050亿欧元支持欧盟地区的“绿色经济”；美国开始主动干预产业发展方向，再次确认制造业是美国经济的核心，瞄准高端制造业、信息技术、低碳经济，利用技术优势谋划新的发展模式。同时，一些国家为了维持竞争优势，不断设置和提高绿色壁垒，全球化面临新的挑战，绿色标准已经成为国际竞争的又一利器。

我国制造业总体上处于产业链中低端，产品资源能源消耗高，劳动力成本优势不断削弱，加之当前经济进入中高速增长阶段，下行压力较大，在全球“绿色经济”的变革中，要建设制造强国，统筹利用两种资源、两个市场，迫切需要加快制造业绿色发展，大力发展绿色生产力，更加迅速地增强绿色综合国力，提升绿色国际竞争力。这就要求我们形成节约资源、保护环境的产业结构、生产方式，改变传统的高投入、高消耗、高污染生产方式，建立投入低、消耗少、污染轻、产出高、效益好的资源节约型、环境友好型工业体系，这既是强国制造的基本特征，也是制造强国的本质要求。只有制造业实现了绿色发展，才能既为社会创造“金山银山”的物质财富，又保持自然环境的“青山绿水”，实现制造强国的梦想。

四、全面推行绿色制造要突出“绿色”主题

绿色、智能是制造业转型的主要方向。《中国制造 2025》中，“绿色”作为一个关键词出现了 46 次。全面推行绿色制造，必须聚焦“绿色”主题，按照全生命周期的理念，革新传统设计、制造技术和生产方式，全面实现“绿色化”，加快构建起以“绿色”为特征的制造体系。

（一）加快实施传统行业绿色改造升级

全面推进钢铁、有色、化工、建材、造纸、印染等传统制造业绿色化改造，加快新一代可循环流程工艺技术研发，大力开发推广具备能源高效利用、污染减量化、废弃物资源化利用和无害化处理等功能的工艺技术，积极采用高效电机、锅炉等先进设备，用高效绿色生产工艺技术装备改造传统制造流程，加快实现重点行业绿色升级。要广泛应用清洁高效铸造、锻压、焊接、表面处理、切削等加工工艺，实现绿色生产；加强绿色产品研发应用，推广轻量化、低功耗、易回收等技术工艺，持续提升电机、锅炉、内燃机及电器等终端用能产品能效水平。

（二）积极引领新兴产业高起点绿色发展

努力在新兴领域打造绿色全产业链，增强企业绿色设计、绿色生产、绿色技术、绿色管理能力，提高产品绿色运行、绿色回收、绿色再生水平，鼓励应用绿色能源、使用绿色包装、实施绿色营销、开展绿色贸易。加快发展绿色信息通信产业，大幅降低电子信息产品生产、使用、运行能耗，推广无铅化生产工艺，发展绿色新型元器件，有效控制铅、汞、镉等有毒有害限用物质含量。积极建设绿色数据中心和绿色基站，统筹应用节能、节水、降碳效果突出的绿色技术和设备，加强可再生能源利用和分布式供能。加快推进新材料、新能源、高端装备、生物产业绿色低碳发展，推广应用近净成形、快速成型、表面工程等绿色节材工艺技术，大力研发高性能、轻量化绿色新材料和绿色生物工艺、近净成形绿色生物制品。加快推进信息通信技术应用，带动智能电网、智能建筑、多网融合、智能物

流等建设，促进节能减碳。

（三）推进资源高效循环利用

支持企业强化技术创新和管理，增强绿色精益制造能力，大幅降低能耗、物耗和水耗。不断提高绿色低碳能源使用比率，开展工业园区和企业分布式绿色智能微电网建设，控制和削减化石能源消费量。全面推行循环生产方式，促进企业、园区、行业间链接共生、原料互供、资源共享。推进资源再生利用产业规范化、规模化发展，强化技术装备支撑，提高大宗工业固体废弃物、废旧金属、废弃电子产品等综合利用水平。大力发展再制造产业，针对航空发动机、燃气轮机、盾构机、重型矿用载重车等大型成套设备及关键零部件实施高端再制造，利用信息化技术对传统机电产品以及通用型复印机、打印机实施智能再制造，对老旧和性能低下、故障频发、技术落后的在役机电装备实施在役再制造。推进再制造产品认定，进一步规范再制造产品生产，引导再制造产品消费，推动建立再制造产品认定国际互认机制，促进再制造产业持续健康发展。

（四）积极构建绿色制造体系

要大力支持企业开发绿色产品，推行生态设计，显著提升产品节能环保低碳水平，引导绿色生产和绿色消费。建设绿色工厂，推动在重点行业建设千家绿色示范工厂，实现厂房集约化、原料无害化、生产洁净化、废物资源化、能源低碳化，探索可复制推广的工厂绿色化模式。发展绿色园区，推进工业园区（集聚区）按照生态设计理念、清洁生产要求、产业耦合链接方式发展，加强园区规划设计、产业布局、基础设施建设和运营管理，培育 100 家示范意义强、具有鲜明特色的“零”排放绿色工业园区。打造绿色供应链，引导企业不断完善采购标准和制度，综合考虑产品设计、采购、生产、包装、物流、销售、服务、回收和再利用等多个环节的节能环保因素，与上下游企业共同践行环境保护、节能减排等社会责任。壮大绿色企业，支持企业实施绿色战略、绿色标准、绿色管理和绿色生产。推动发展绿色金融，加强信贷政策与产业政策的衔接配合，引导资金流向节能环保技术研发应用和生态环境保护治理领域。强化绿色监管，健全节能环保法规、标准体系，加强节能环保监察。进一步转变职能，创新行业管理方式，推行企业社会责任报告制度，开展绿色评价。践行绿色理念，大力加强绿色产品和绿色服务供给能力，创造绿色需求，带动绿色消费，引领绿色时尚，弘扬绿色文化。

五、全面推行绿色制造要强化绿色科技支撑

十八大明确提出了实施创新驱动发展战略，把科技创新摆在国家发展全局的核心位置。工业是实施创新驱动发展战略的主要领域。欧美发达国家经验和我国发展实践表明，工业是研发投入的主要阵地，是创新最活跃、成果最丰富的领域，从根本上决定了国家整体创新水平。我国工业既要保持中高速增长、支撑国民经济合理增速，又要实现产业结构和生产方式绿色化，以应对资源能源约束和生态环境压力，只有坚持把创新摆在工业发展全局的核心位置，进一步强化工程科技的支撑地位，才能够实现质量更优、效率更高、消耗更少、污染更小、排放更低的绿色发展。

全面推行绿色制造，推进工业转型升级，实现绿色循环低碳发展，技术进步和创新仍将是决定性因素之一。预计钢铁、建材、造纸等行业资源能源消耗和主要污染物排放总量在未来几年将出现拐点，进入发展的平台期。这正是实施结构调整、推进转型升级的难得历史机遇。不能再以简单的数量增加和规模扩张去实现发展，而是要大力实施绿色技术创新，下大力气推动生产能力更新和绿色化。

未来工业发展的重要方向是绿色化、智能化，而绿色化、智能化关键在于重大绿色技术的不断创新和推广应用，在于先进工程科技的不断突破和坚实支撑。工业发展的历史，也是一部科学技术进步的历史。科学技术的迅猛发展，极大地提高了社会生产力，决定着工业发展的水平和质量，工程科技的集中创新和推广应用更是推动生产力发展最直接的动力。要把全面推行绿色制造作为一项系统工程，进一步突出绿色工程科技的战略支撑作用，加强绿色科技创新，加快研发应用技术先进、经济可行的实用技术，积极组织实施能够统筹节能、降耗、减排、治污的集成化、系统化绿色解决方案。

《中国制造 2025》解读之：

持续推进企业技术改造

工信部　规划司

技术改造是企业采用新技术、新工艺、新设备、新材料对现有设施、工艺条件及生产服务等进行改造提升，淘汰落后产能，实现内涵式发展的投资活动，是实现技术进步、提高生产效率、推进节能减排、促进安全生产的重要途径。加强企业技术改造，对优化投资结构、培育消费需求、推动自主创新、加快产业升级具有重要意义，是加快制造强国建设的重要举措。《中国制造 2025》明确提出要持续推进企业技术改造，加快制造强国建设。

一、技术改造工作取得显著成效

技术改造是推动我国工业持续快速健康发展一条行之有效的宝贵经验，在我国成为世界制造大国过程中发挥了重要作用。“十二五”以来，党中央、国务院把技术改造作为推动工业转型升级和经济结构调整的重要抓手，不断完善技术改造政策体系，制定出台了《国务院关于促进企业技术改造的指导意见》（国发〔2012〕44 号），明确了新时期技术改造指导思想、主要任务、保障措施等，各地区相继出台实施意见，全国工业企业技术改造步伐不断加快。

（一）工业结构调整步伐明显加快

近年来，工业企业技术改造主要针对我国制造业中的薄弱环节，加快新工艺、新技术、新装备的应用转化，重视发展多项技术集成、具有市场竞争力的优势产品和产业，使我国制造业产业升级发展取得明显成效。例如，通过实施工业企业技术改造，国内36家大中型炼油企业油品质量升级改扩建取得重要进展，拉开了我国加快油品升级、应对大气污染的序幕；400多家药品生产企业实施了新版GMP（药品生产质量管理规范）改造，企业工艺控制过程和质量管理水平得到明显改善；卤化丁基橡胶、ABS技术、打复印机低温定影碳粉专用合成树脂等技术和产品实现自主化，国内高端化学品供应能力明显提升；钢铁行业品种质量不断提升优化；建设了乳制品、屠宰及肉制品、粮油等一批食品加工企业检测系统和追溯信息平台、ERP信息化系统，促进我国食品安全保障水平的提升。

（二）重点行业竞争力明显提升

“十二五”时期，轨道交通、汽车、高端装备、石化、医药等行业深入推进企业技术改造，促进产业竞争力明显提升。在轨道交通领域，主要围绕高速客运铁路、重载货运铁路、新型城市轨道交通发展需要，通过实施包括高速动车组、大功率机车、大型铁路施工装备、信号系统以及关键零部件等方面的技术改造，一批高技术产品已经达到国际先进水平，实现了批量出口。在汽车领域，重点围绕关键零部件产业化、整车开发能力建设、生产线升级、研发检测能力建设、企业信息化等方面，有效构建了自主品牌汽车核心竞争力。在高端装备领域，瞄准市场需求，实施数控机床、智能化仪器仪表、海工装备和高技术船舶关键配套等领域技术改造，大大提升了我国高端装备制造能力和核心配套能力，加快高端化进程。在石化行业，主要面向品种质量、节能减排、装备改善三个领域实施技术改造，建设先进有效产能，推动产业升级发展。在医药行业，技术改造围绕提高制剂水平、推行清洁生产、支持药品GMP改造、支持我国首台套高端产品及核心部件的自主研发，推动了一批新药和新型医疗器械产业化和中（民族）药产业发展。

（三）产业技术进步明显加快

应用高新技术和先进适用技术改造提升企业工艺、装备和管理水平，推动了信息技术应用，突破了一批制约工业发展的重大关键技术和重大装备，主要行业关键生产技术与国际先进水平差距明显缩短。通过实施企业技术改造，我国装备制造国产化水平不断提高，自主研发制造的 8 万吨大型模锻液压机成功投产，大型高质量铸件的材料冶炼与成型控制技术获重大突破，百万吨乙烯压缩机组正式投产。原材料工艺技术水平不断提升，高档特种钢材国产化率显著提高，锂离子电池材料、高纯硅材料、纳米材料、医用形状记忆合金、高性能铝合金等一大批具有特殊结构和功能的新材料实现了产业化，缩小了与国际先进水平的差距。纺织行业技术创新不断突破，高新技术纤维取得重大进展，碳纤维 T-300 质量日趋稳定，超高分子量聚乙烯国产化能力大大提高，干法纺丝技术实现产业化。电子信息产业核心技术取得突破，高世代平板显示器件规模生产技术取得重大进展，集成电路大规模生产工艺技术水平达 65 纳米。

（四）节能降耗取得明显成效

“十二五”时期，围绕钢铁、建材、纺织印染等高耗能、高排放行业，实施了一批资源综合利用和节能减排技术改造项目，对推动我国工业节能降耗、资源综合利用、循环经济和清洁生产发挥了重要作用。钢铁行业实施技术改造，积极推广应用二次能源及资源高效利用、余热余压利用、焦炉煤调湿、烧结余热发电循环利用等先进节能技术，带动了产业的节能降耗。建材行业侧重于支持水泥、玻璃、陶瓷生产线实施余热发电改造、水泥窑脱硝技术改造和水泥窑协同处理废弃物等节能减排新技术应用，对传统建材行业节能减排技术的发展起到了很大的推动作用，目前国内可实施余热发电改造的水泥生产线 85%以上已实施。纺织行业重点推广应用一批新型节能减排及资源循环利用技术，印染行业的高效短流程前处理技术推广应用比例达 20%～30%，少水及无水印染加工技术推广应用比例达 10%～20%，废水深度处理及回用、废水分质分流及处理回用技术广泛应用使印染行业水重复利用率达到 35%，冷凝水、冷却水、废水余热、废碱液等回收利用技术的推广应用面积达到 70%～80%，引导着行业节能减排和资源循环利用水平明显提高。

（五）产业布局逐步优化

“十二五”时期，通过实施企业技术改造，引导和鼓励东部地区着力发展高端制造业的同时，积极支持中西部地区和东北老工业基地承接产业转移和特色、优势产业集群化发展，有效引导资源密集型产业向资源富集地区转移，促进各区域之间分工合作、优势互补、协调发展。例如，通过实施企业技术改造，四川、湖北、安徽等中西部省市有效承接东部地区产业转移，轻工业得到快速发展；纺织业从东部沿海向新疆、重庆等中西部地区转移趋势更加明显，中西部纺织服装产业加快发展；东部老工业基地的重大装备制造、农产品深加工等领域的竞争力显著提高；内蒙古、新疆、黑龙江等煤炭资源丰富地区建设了一批大型合成氨尿素项目，使我国氮肥工业原料路线更趋合理。

（六）企业竞争力显著提升

通过实施技术改造，积极推动企业自主创新和科研成果产业化，鼓励企业开发品种、提升质量，显著增强了企业创新能力。大型骨干工业企业规模、技术水平和国际竞争力显著提升，2014 年 100 家企业进入全球财富 500 强，比 2008 年增加了 65 家；徐工集团、中联重科等 11 家企业入选全球工程机械 50 强；华为、中兴位列“最具全球竞争力中国公司 20 强”榜首，过去三年两家公司平均海外业务收入增长超过 70%。中小企业向“专精特新”方向发展，2014 年，我国中小企业数量占到全部企业总数的九成以上，共吸纳了 60%左右的工业产值、50%的税收、80%的就业人口，已成为我国经济发展的重要增长点，也是未来带动我国市场经济活力的主要力量。

总体看来，企业技术改造为我国成为制造大国发挥了重要作用，但是面对当前建设制造强国的需求，技术改造仍存在一些亟待改善的问题，如对技术改造重视不够、有效投入不足、法律政策支撑体系有待于进一步完善等。

二、加强技术改造的总体思路和方向

新一轮技术革命和产业变革正在兴起，为我国制造业由大变强提供了难得的发展机遇。同时，全球产业格局面临重大调整，国际贸易规则正在重构，发达国家高端制造回流与中低收入国家争夺中低端制造转移同时发生，对我国形成“双向挤压”的严峻挑战。我国制造业规模全球领先，国际地位大幅提升，已经成为世界制造业第一大国，但仍存在自主创新能力薄弱、结构性矛盾突出、资源环境和要素约束日益趋紧等问题，面临着建设制造强国的艰巨任务。在当前背景下，继续加强企业技术改造，对于把握新一轮科技革命和产业变革的重大战略机遇，示范引领重点产业技术创新和优化升级，推动产业发展既保持中低端产业竞争优势又向全球价值链中高端延伸，推进制造业向高端化发展，加快产业结构调整和发展方式转变，提高产业全球竞争力，加快制造强国建设，具有重要的战略意义。

企业技术改造要以《中国制造 2025》为纲领，聚焦提高制造业创新能力、促进信息化与工业化深度融合、质量品牌、绿色制造、服务型制造、国际化等关键环节，促进工业做大做强。支持重点行业、高端产品、关键环节进行技术改造，引导企业采用先进适用技术，优化产品结构，全面提升设计、制造、工艺、管理水平，促进钢铁、石化、工程机械、轻工、纺织等产业向价值链高端发展。围绕两化融合、节能降耗、质量提升、安全生产等传统领域改造，推广应用新技术、新工艺、新装备、新材料，提高企业生产技术水平和效益。

三、加强技术改造的保障措施

根据《中国制造 2025》的要求，进一步制定落实促进企业技术改造的各项保障措施，推动企业技术改造工作，加快制造强国建设步伐。

（一）进一步营造重视技术改造的氛围

技术改造是促进我国工业发展的重要制度，也是制造强国建设的重要抓手。

不断加大对技术改造的宣传，包括国家产业政策导向、地方先进经验、项目建设成果等，增强人们对技术改造重要性的认识，为技术改造工作营造良好的氛围。推动技术改造相关立法，强化激励约束机制，完善促进企业技术改造的政策体系，确立坚持走以内涵发展为主的新型工业化道路的法律地位。加快制定《企业技术进步法》和《企业技术改造工作管理条例》，保障技术改造工作的有效持续推进。

（二）建立支持企业技术改造的长效机制

加快建立引导企业实施技术改造的配套政策体系，切实保障技术改造政策的连续性和稳定性。明确支持战略性重大项目和高端装备实施技术改造的政策方向，稳定中央技术改造引导资金规模，通过贴息等方式，建立支持企业技术改造的长效机制。

（三）拓宽企业技术改造的融资渠道

研究制定重点产业技术改造投资指南和重点项目导向计划，吸引社会资金参与，优化工业投资结构。建立多层次的资本市场，发挥各类金融工具的作用，扩大企业技术改造的融资渠道。大力推动金融产品和服务方式创新，发展适合企业技术改造资金需求特点的金融产品和服务模式。

（四）建立健全管理机制

建立职责明确、科学高效的企业技术改造工作管理机制，优化工作流程，提高技术改造工作管理水平。完善技术改造项目管理制度，建立投资效果考核机制，加强投资效益分析评价和政府投资项目的监督检查。

《中国制造 2025》解读之：

大力促进中小企业发展

工信部　中小企业局

中小企业是推动“大众创业、万众创新”的基础，在增加就业、促进经济增长、科技创新与社会和谐稳定等方面具有不可替代的作用，对国民经济和社会发展具有重要的战略意义。《中国制造 2025》把促进大中小企业协调发展作为深入推进制造业结构调整的工作重点，把进一步完善中小企业政策作为战略支撑和保障，这是新常态下全面促进中小企业发展的重要部署。要充分认识大力发展中小企业的重大意义，努力完成《中国制造 2025》提出的任务和措施。

一、全面认识中小企业的重要地位和作用

大力发展中小企业，是我国一项长期的战略任务。党中央、国务院始终高度重视中小企业发展问题，中央领导多次就中小企业发展问题作出重要指示和批示。近年来，国务院制定了一系列促进中小企业发展的政策措施，各地区、各部门认真贯彻落实，并结合本地区、本部门实际出台了一系列配套办法和实施意见。对中小企业财税扶持力度不断加大，中小企业发展环境进一步改善，中小企业融资难问题有所缓解，公共服务体系得到加强。在各级政府和各项政策支持下，经过中小企业自身的努力，近年来中小企业稳步发展，在国民经济和社会发展中的地位作用进一步增强。

（一）中小企业是保持国民经济平稳较快发展的重要力量

中小企业是数量最大、最具活力的企业群体，是社会主义市场经济的重要组成部分，是我国实体经济的重要基础。根据中小企业划型标准和第二次经济普查数据测算，目前中小微企业占全国企业总数的 99.7%，其中小微企业占 97.3%。同时，中小企业创造的最终产品和服务价值已占到国内生产总值的 60%，纳税约为国家税收总额的 50%。中小企业所占 GDP 比重、纳税比例，充分说明在经济建设中不仅要重视发展“顶天立地”的大企业，更要重视发展“铺天盖地”的中小企业。

（二）中小企业是关系改善民生与社会稳定的重要基础

就业是民生之本，是社会和谐之基，促进中小企业发展就是最大的民生工程。中小企业量大面广，提供就业岗位多，吸纳就业人员多，这对缓解就业压力具有非常重要作用。目前，中小企业提供了 80%以上的城镇就业岗位。国有企业下岗失业人员 80%以上在中小企业实现了再就业，大量农民工主要在中小企业务工。近年来不少高校毕业生也把中小企业作为就业的重要选择，相当数量军队退役人员在中小企业实现就业。大企业随着自动化程度越来越高，在提高生产效率和增加财政收入方面作用突出，但在解决就业方面的作用却逐渐减小。所以，缓解就业压力，仅指望大企业是不行的，就是要鼓励“大众创业、万众创新”，就是要大力发展中小企业。中小企业发展得好，人们的收入就能提高，社会就更加和谐稳定。

（三）中小企业是推动创新和转变发展方式的关键

中小企业是推动创新的生力军。近年来，我国 65%的发明专利、75%以上的新产品开发都是由中小企业完成的。当前，中小企业创新活动更加活跃、创新领域更加广泛，不仅在原有的传统产业中保持旺盛活力，而且在信息、生物、新材料等高新技术产业和信息咨询、工业设计、现代物流、电子商务等服务业中成为新兴力量。2014 年我国电子商务交易额达到 13 万亿元，同比增长 25%，其中网络零售额增长 49.7%，绝大部分都是中小企业贡献的。目前，中小企业已占全国经济总量的半壁江山以上，要完成转变发展方式、提高发展质量的任务，就必须大力支持中小企业发展，充分调动和发挥中小企业在促进经济发展方式转变和实施创新发展战略中的重要作用。

（四）中小企业在改革开放中的作用日益增强

中小企业发展，既是改革开放的重要成果，也是改革开放的重要力量。量大面广、机制灵活的中小企业参与竞争，形成了充满活力的市场环境，为充分发挥市场在配置资源中的基础性作用创造了条件。中小企业贴近市场，活跃在市场竞争最激烈的领域，与市场有着本质的联系，是构建市场经济体制的微观基础，它的发展为社会主义市场经济创造了多元竞争、充满活力的环境。实践证明，中小企业发展好的地区，往往也是人民生活较为富裕的地区，也是率先实现小康的地区。发展中小企业，使广大人民群众从发展中得到实惠，过上更加富裕的生活，有利于促进社会的和谐安定。

二、促进中小企业发展的战略任务和重点

《中国制造 2025》对促进中小企业结构调整与转型升级提出了明确的工作任务，为新时期促进中小企业发展工作赋予了新的内涵。

（一）激发中小企业创业创新活力

李克强总理在十二届三次会议上所做的《政府工作报告》中提出，推动大众创业、万众创新，这是创业创新的“升级版”。当前经济增长的传统动力减弱，必须加大结构性改革力度，培育和催生经济社会发展新动力，根本上讲就是要大力创设和发展小微企业。要靠连续不断地开办新企业、开发新产品、开拓新市场，来改造传统引擎，打造新引擎。我国有 13 亿多人口，9 亿多劳动力，6000 多万企业和个体工商户，蕴藏着无穷的创造力，千千万万的小微企业活跃起来，必将汇

聚成发展的巨大动能，打造中国经济发展的新一代发动机。随着商事制度、行政审批、项目核准等方面的改革不断深化，创业环境不断改善，市场主体持续大幅增加。2015 年一季度，新登记注册企业 84.4 万户，同比增长 38.4%；新增注册资本 4.8 万亿元，增长 90.6%，创业主体更加多元，大众创业、万众创新的氛围越来越浓厚，创业创新的引擎作用进一步增强。

要激发中小企业创业创新活力，就是要鼓励创办小企业，开发新岗位，以创业促就业，力争使中小企业数量持续增加，向社会提供更多的就业机会和岗位。要最大限度减少对微观事物的管理，市场机制能有效调节的经济活动一律取消审批，对保留的行政审批事项规范管理、提高效率。直接面对基层、量大面广、属于能交由市场解决或交由地方管理更方便有效的经济社会事项，一律下放地方和基层管理。同时，注重放管结合，切实防止审批事项边减边增、明减暗增现象发生。进一步加大商事制度改革的政策宣传，尽快建立与商事制度改革相配套的后续市场监管体系，加强部门间的沟通衔接，明确监管责任，规范监管行为。

（二）促进中小企业转型升级，实现“专精特新”发展

进一步提高中小企业“专精特新”水平，发展一批主营业务突出、竞争力强、成长性高、专注于细分市场的专业化“小巨人”企业，不断提高发展质量和水平，走专业化、精细化、特色化、新颖化发展之路，是实现中小企业转型升级的重要途径。要积极引导中小企业专注核心业务，提高专业生产、服务和协作配套能力，为大企业、大项目和产业链提供零部件、配套产品和配套服务，促进大中小企业协调发展；引导中小企业精细化生产、精细化管理、精细化服务，以美誉度高、性价比好、品质精良的产品和服务在细分市场中占据优势；引导中小企业利用特色资源，弘扬传统技艺和地域文化，采用独特工艺、技术、配方或原料，研制生产具有地方或企业特色的产品，引导中小企业开展技术创新、管理创新和商业模式创新，培育新的增长点，形成新的竞争优势。通过培育和扶持，不断提高“专精特新”中小企业的数量和比重，提高中小企业的整体素质。

（三）提高中小企业产业集群发展水平

近年来，产业集群已经成为我国中小企业发展的重要组织形式和载体，对于提高专业化分工与协作配套、促进生产要素有效集聚和优化配置、降低创业创新成本以及节约社会资源等方面具有重要作用，是工业化和信息化发展到一定阶段的必然趋势。目前，产业集群已覆盖了纺织、服装、皮革、五金制品、工艺美术等大部分传统行业，在信息技术、生物工程、新能源、新材料以及文化创意产业等新技术领域发展加速，涌现出一批龙头骨干企业和区域品牌，在县域经济发展中作用显著。

实践表明，促进中小企业产业集群发展，有利于集约使用土地，集中治理环境，有利于统筹区域和城乡发展，加速工业化、信息化、城镇化和农业现代化进程，有利于转变中小企业发展方式，提高产业竞争力。在当前形势下，要充分认识到促进产业集群发展，对于当前缓解中小企业运行的下行压力，拉动经济、稳定就业形势和扩大出口的重要意义。要切实加强对产业集群发展的宏观管理、规划引导和协调服务，优化产业集聚环境，提高专业化协作水平，积极培育龙头骨干企业，加强区域品牌建设，鼓励创新资源向集群集聚。利用现代信息技术建设智慧集群，提升中小企业产业集群核心竞争力。要进一步提升专业化协作，鼓励和引导大企业与中小企业通过专业分工、服务外包、订单生产等多种方式，建立协同创新、合作共赢的协作关系。发挥龙头骨干企业的技术引领和示范带动效应，鼓励龙头骨干企业将配套企业纳入共同的供应链管理、质量管理、标准管理、合作研发管理等，提高专业化协作和配套能力。

（四）支持中小企业走出去和引进来

当前我国对外开放进入新阶段，必须加快构建开放型经济新体制，实施新一轮高水平对外开放，以开放的主动赢得发展的主动、国际竞争的主动。从中小企业情况看，要以建设“一带一路”为契机，积极支持中小企业稳定和开拓国际市场。鼓励有实力的中小企业参与境外基础设施合作和产能合作，推动中国装备走向世界，促进冶金、建材等产业对外投资。加大出口信用保险以及各类出口信贷对中小企业的支持力度。鼓励中小企业到境外收购技术和品牌，带动产品和服务出口。指导和帮助中小企业运用世界贸易组织规则维护企业合法权益，为中小企业提供应对反补贴、反倾销等方面的法律援助。发挥行业协会作用，加强行业自律，规范中小企业进出口经营秩序，从源头上避免恶性竞争和贸易纠纷。

支持建立各类中小企业产品技术展示中心，鼓励中小企业利用电子商务拓展市场，降低市场开拓成本。继续办好中国国际中小企业博览会，重点培育和发展一批适合中小企业开拓市场的品牌展会。支持中小企业参加各类展览展销活动，鼓励减免中小企业参展展位费。

坚持中小企业“走出去”和“引进来”相结合，坚持引进资金、引进技术和引进智力相结合。发挥已签署的合作协议和已建立的政策对话机制作用，深化中欧、中美等中小企业政策对话与合作，中德培训等方面的务实合作。发挥中外中小企业合作园区示范作用，积极探索中小企业国际合作新途径和新机制，加强与国外政府、国际机构和中小企业组织之间的双边和多边合作及政策对话。

三、进一步落实和完善中小企业政策

为解决中小企业生存发展中存在的突出问题，需要进一步落实和完善政策，加强帮扶，强化服务，营造更加有利于中小企业创业兴业的良好环境，按照党中央、国务院的总体部署，做好工作，确保取得实效。

（一）抓好政策落实

工业和信息化部将继续发挥国务院促进中小企业发展工作领导小组办公室协调作用，加强部门联动，推进统筹规划和政策协调，建立评估机制，保障相关政策顺利实施。推动建立落实小微企业政策年度督促检查长效机制，严格各地小微企业工作考核制度，确保中央政令畅通，切实将财税、金融等扶持政策落到实处。进一步细化、实化和补充完善促进小微企业发展的政策措施，确保已出台的各项政策取得实效。结合经济形势变化和小微企业反映的问题，有针对性地研究提出新措施、新办法。同时，各地也要大胆实践，积极创新，积累经验，加强对相关政策的补充完善。

（二）加强财税扶持

按照深化预算管理制度改革的要求，改进和完善财政资金分配方式，减少行政性审批，优化中小企业发展专项资金支持重点、方式和范围，做好小微企业创业创新基地城市示范工作。积极推进设立并用好国家中小企业发展基金，充分发挥中央财政资金的政策引导作用，创新投融资体制机制，引导和带动社会资金支持中小企业发展。研究提出进一步加大面向中小企业的税收政策扶持力度和覆盖面的建议。加快推进营业税改征增值税工作，强化税收优惠政策落实督查，方便纳税人办理涉税事宜。做好涉企减负工作，推动全国和各省市涉企收费清单对外公开，完善涉企收费公示制度，清单外一律不得收费。

（三）加强融资支持

以改革的方式，着力解决小微企业融资难、融资贵问题。加强和改进小微企业服务。认真落实国务院关于金融支持实体经济特别是小微企业的各项政策。鼓励商业银行加大小微企业金融服务专营机构建设力度，创新产品服务，不断提高金融服务小微企业的能力。鼓励发展中小金融机构，推动具备条件的民间资本依法发起设立中小型银行等金融机构。加强多层次资本市场体系建设，支持中小企业依托全国中小企业股份转让系统开展融资。推动信贷资产证券化，扩大企业债券发行规模，发展金融衍生品市场。继续推进中小企业担保体系建设，大力发展政府支持的担保机构和再担保机构，引导担保机构提高小微企业担保业务规模。清理整顿各种不合理金融服务收费。积极发展面向小微企业的融资租赁、知识产权质押、信用保险保单质押贷款。完善互联网金融相关标准和制度，促进互联网金融健康发展。大力发展普惠金融，让所有市场主体都能分享金融服务的雨露甘霖。

（四）强化创业创新公共服务

增加公共产品、公共服务是 2015 年政府工作报告确定的双引擎之一，要加强创业服务和创业导师队伍建设，大力发展众创空间，支持各地小企业创业基地建设，培育一批示范带动作用强的国家小微企业创业示范基地。以中小企业公共服务平台网络建设和国家中小企业公共服务示范平台培育认定为重点，推进中小企业服务体系建设。完善中小企业公共服务平台网络建设，实现互联互通、信息共享、服务协同，为中小企业提供“找得着、用得起、有保证”的公共服务。加快推进科研设施和仪器向高校、科研院所、企业、社会研发组织等社会用户全面开放，实现资源共享，进一步提高科技资源利用效率。提高小微企业经营管理水平，抓好中小企业银河培训工程和领军人才培训，开展职工技能培训和创业培训。

（五）营造小微企业发展的良好环境

加强组织领导和统筹协调，形成全社会促进小微企业发展工作的良好氛围，营造更好的大众创业、万众创新的发展环境。进一步完善小微企业统计调查工作，加强对新创设小微企业的跟踪调查。积极构建和谐劳动关系，完善中小企业社会保障。进一步做好有关政策文件的宣传解读工作，充分发挥政府部门网站、新闻媒体、办事窗口的宣传作用，采取报刊、网络、微博、微信等多种方式让企业知晓政策，享受政策。

《中国制造 2025》解读之：

加快发展服务型制造

工信部　产业政策司

在新一轮科技革命和产业变革背景下，为实现中国制造由大变强的战略任务，《中国制造 2025》提出了制造业强国建设三个十年“三步走”的战略，并重点对第一个十年的目标、任务进行了部署。《中国制造 2025》明确提出，要加快制造与服务的协同发展，推动商业模式创新和业态创新，促进生产型制造向服务型制造转变。发展服务型制造，对推动制造业跨越发展并实现由大变强具有重要战略意义。

一、准确把握发展服务型制造的内涵和意义

服务型制造，有别于传统的生产型制造，是制造与服务深度融合的一种先进制造模式，是面向制造的服务和面向服务的制造协同发展的新型产业形态。发展服务型制造，推动制造业服务化进程，实现从以产品为中心向以服务为中心的转型，有两方面含义：一是投入服务化，即服务要素在制造业的全部投入中占据着越来越重要的地位；二是业务服务化（即产出服务化），即服务产品在制造业的全部产出中占据越来越重要的地位。

大力发展服务型制造，对企业提质增效、形成产业竞争新优势、更好地满足市场需求具有重要意义，是坚持走中国特色新型工业化道路、推动工业转型升级、建设“制造强国”的战略选择。

（一）发展服务型制造是全球制造业的大势所趋

发达国家制造业服务化的实践始于上世纪60、70年代，进入90年代后，随着生产过程自动化、智能化程度的提高，以及大型装备复杂化程度的加深，制造环节在整个价值链中的比重日趋下降，产品的研发设计、交付、安装、维护和服务等服务环节所占价值愈加提升。2010年，德勤公司曾在《基于全球服务业和零件管理调研》中访问80家全球领先制造业公司，调查结果显示其服务收入占总销售收入的平均值为26%，服务净利润贡献率平均值达到46%。

近年来，全球经济进入新的发展机遇期，以互联网、宽带无线通信、物联网、云计算、大数据等信息网络技术为代表的新一代科技革命更是广泛而深刻地改变着传统的制造业生产方式，全球制造业发展模式呈现出智能化、绿色化、服务化趋势，特别是服务型制造进入加速发展新阶段。众包设计、网络协同研发、基于工业云的供应链管理、网络精准营销、便捷化电子商务、全生命周期运维等新技术、新模式、新业态的涌现，加速推动制造业价值链向微笑曲线的两端延伸。全球制造业竞争格局正在重塑，制造业服务化成为全球制造业发展的大趋势。

（二）发展服务型制造是经济社会发展到一定程度的内在要求

一方面，随着人类技术进步和社会发展，市场消费能力加快提升，需求日益多样化、个性化。同时，产品技术和功能越来越复杂也催生了新的服务需求，社会消费群体不再单纯满足于企业提供的产品本身，而是更加注重与产品相伴随的服务。

另一方面，我国制造业经过多年持续快速发展，建成了门类齐全、独立完整的产业体系。伴随着先进制造技术、现代生产管理技术、知识管理技术的推广应用，初步建立了产品销售与服务、生产作业与控制、产品设计与管理等协同机制，特别是通过推进两化深度融合和服务业发展，服务和商务新模式、新业态不断涌现，为制造业转型升级创造了客观条件。但我国仍处于工业化进程中，大而不强的问题依然突出，许多关键领域研发设计能力不强，传统产业主要集中在价值链低端的劳动密集型制造环节，企业市场竞争力弱、产品附加值较低。在市场竞争日益激烈和经济下行压力加大的形势下，一些地区和企业探索发展服务型制造，取得一定成效。2014 年，江苏省制造业中的生产性服务增加值达 2531.3 亿元，同比增长 9.3%，占全省地区生产总值的 3.9%。抽样调查显示，全省三成左右的规模以上工业企业开展服务型制造已经取得一定成效，多数企业已逐步由单纯制造向制造加服务的模式转变。

（三）发展服务型制造是提升我国制造业核心竞争力的重要途径

金融危机发生以后，以美国、德国、法国、日本为代表的发达国家为抢占经济制高点，掀起再工业化浪潮，重新审视制造业战略定位，制造业重新成为国际竞争的制高点。发展中国家和新兴经济体也加快产业结构调整步伐，加紧与我国在传统市场展开竞争。我国工业发展面临着发达国家在中高端制造业和新兴经济体在我国传统优势领域的双重竞争压力。

服务型制造是实现创新发展的一种先进制造模式，是制造业的升级而不是衰退，更不是所谓的“去制造化”，是以制造为基础，以服务为导向，使制造业由提供“产品”向提供“产品+服务”转变。和传统模式相比，服务型制造具有科技含量高、资源环境友好等特点。实践证明，推进制造业服务化还能够有效提升制造业对服务业中间投入产品的需求，扩大服务业特别是生产性服务业的产业规模，催生新的服务业态。

发展服务型制造，是提升我国制造业价值链和构建核心竞争力的重要途径。特别是在当今新一轮科技革命和产业变革风起云涌的形势下，发展服务型制造显得尤为迫切。

二、我国服务型制造发展现状和制约因素

国家一直非常重视发展服务型制造。2011 年国务院印发的《工业转型升级规划（2011—2015 年）》，明确提出要加快推进服务型制造，不断提升对工业转型升级的服务支撑能力。《国务院关于加快发展生产性服务业 促进产业结构调整升级的指导意见》等相关文件，在深化服务领域体制改革、降低服务业门槛、扩大出口退税政策等方面，出台了一系列政策措施，为服务型制造业发展创造了良好的市场环境。一些地方政府也根据地区发展实际，制定了当地发展服务型制造的政策措施，并取得了较明显的成效。

（一）领军企业探索步伐不断加快

在市场需求和政策推动下，一些行业龙头企业在发展服务型制造方面开展了富有成效的探索，我国服务型制造呈现出积极的发展态势，在装备制造、通讯设备、信息技术、汽车、智能设备等制造领域涌现出一批成功的案例。有的工程机械企业在提供基本的产品与售后服务之外，同时提供融资支持、二手机交易、产品租赁、工程信息咨询与整体施工方案设计、设备的翻新与改造、特约服务、定点服务等业务支持与拓展服务，从单纯的产品供应商向提供全生命周期健康管理、工程总承包与系统解决方案等高端服务延伸。在电气设备领域，一些企业由能源设备生产扩展至合同能源管理等现代服务领域，为数字化电厂提供全面解决方案。在消费品制造领域，有的企业开展众包设计、个性化定制、社交化营销等服务，极大地提升了企业的竞争力。在节能环保领域，部分企业以设备制造为依托，向污水处理、工程建设、投融资、运营服务等产业链高端领域延伸，成为环保产业整体解决方案提供商。在通讯设备与信息技术领域，有的企业销售模式采用“线上线下”营销模式，业务范围涵盖通讯设备制造、咨询服务、客户体验管理以及整体解决方案等全产业链条。在智能装备领域，一些企业推出跨品牌、跨终端的智慧操作系统，提供产品无故障运转监测、智能化维保服务。

（二）企业转型仍然存在诸多制约因素

虽然我国服务型制造发展取得了一定的成效，但总体而言，依然处于初级阶段，多数制造企业研发设计投入不足，基于客户需求的整体解决方案业务所占比重较小，服务活动所带来的质量品牌效益尚不明显。

一是制造业企业自主开展服务化的动力不足。受传统粗放式工业发展思维模式影响，我国制造业企业还普遍存在重规模轻质量、重速度轻效益、重批量生产轻个性化定制、重制造轻服务的现象，发展服务业务的动力还不足。此外，由于开展服务业务需要大量的资金与人力支持，短期投入较大，而长期面临诸多不确定因素，如市场风险、技术开发风险、经营风险等，导致生产企业在推进服务型制造转型时比较谨慎。

二是部分关键领域自主研发设计能力欠缺制约了服务型制造发展。目前，我国自主创新能力不强，设计水平仍较低，难以形成提供差异化、个性化集成服务的技术支撑，难以提供独创性的产品和服务，区域和行业发展不平衡，直接影响到企业向服务型制造转型的程度和效果。

三是促进制造业服务化的政策环境有待完善。目前，国家虽然出台了一系列支持服务业发展的政策措施，但在制造业企业发展服务业务时还难以享受到服务业的优惠政策，比如制造业企业普遍缺少服务类资质，在拓展服务业务时存在政策障碍。缺少统一的服务型制造统计口径和标准，也一定程度上制约了服务型制造的发展。

四是高端复合型人才缺乏。长期以来，制造业在以产品为核心的模式下，人才的培养方式比较简单，人才储备大多围绕产品本身开展，适应服务型制造的创新人才培养体制机制尚不完善，缺乏复合型高端人才成长环境，人才保障和智力支持有待加强。

三、《中国制造 2025》为发展服务型制造指明方向

《中国制造 2025》提出，加快制造与服务的协同发展，推动商业模式创新与

业态创新，促进由生产型制造向服务型制造转变，主要涉及四方面内容。

（一）完善制造和服务协同发展的政策体系

目前，工业和信息化部正积极研究制定促进我国服务型制造发展的指导意见，着力破解我国服务型制造发展的制约因素，营造良好的市场环境，加大创新人才的培养力度，加快推动服务型制造与生产性服务业协同发展。重点实施服务型制造行动计划，开展示范试点，引导和支持有条件的企业由提供设备向提供系统集成总承包服务转变，由提供产品向提供整体解决方案转变。鼓励制造企业以增加服务环节投入、再造业务流程等形式培育新的业务形态与商业模式，发展个性化定制服务、融资租赁、网络精准营销、全生命周期管理以及在线支持服务、整体解决方案、工程总承包和供应链管理、服务外包等商业模式。鼓励优势制造企业“裂变”专业优势，通过业务流程再造，面向行业提供社会化、专业化服务。

（二）提升创新设计能力

发展工业设计是促进我国从制造大国向制造强国转变的重要抓手，我国一直高度重视制造业创新设计能力建设。国务院在《工业转型升级规划（2011—2015年）》等政策文件中，明确提出要加快发展研发设计业，促进工业设计从外观设计向高端综合设计服务转变，引导民间资本投资设计服务领域。2010 年 7 月，工业和信息化部会同有关部门颁布《关于促进工业设计发展的若干指导意见》，明确促进工业设计发展的指导思想、基本原则和发展目标，提出提高自主创新能力、加大政策支持力度等六方面措施推进工业设计发展。2012 年开展了中国优秀工业设计奖评选活动，2013 年组织开展了首批国家级工业设计中心认定工作。

目前，我国工业设计发展良好，产业规模和发展水平不断提高，环渤海、长三角、珠三角、成渝经济区等核心发展高地已经逐步形成。另外，在一些中心城市已经聚集了一批工业设计的重点企业，形成了较好的工业设计人才梯队。

《中国制造 2025》提出将进一步推动制造业创新设计能力提升。在传统制造业、战略性新兴产业、现代服务业等重点领域开展创新设计示范，全面推广应用以绿色、智能、协同为特征的先进设计技术。加强设计领域共性关键技术研发，攻克信息化设计、过程集成设计、复杂过程和系统设计等共性技术，开发一批具有自主知识产权的关键设计工具软件，建设完善创新设计生态系统。建设若干具有世界影响力的创新设计集群，培育一批专业化、开放型的工业设计企业，鼓励代工企业建立研究设计中心，向代设计和出口自主品牌产品转变。发展各类创新设计教育，设立国家工业设计奖，激发全社会创新设计的积极性和主动性。

（三）强化信息技术和生产性服务业的支撑作用

信息技术广泛渗透于制造业和服务业领域，已成为全球各国制造企业服务化的重要驱动力量，对制造业和服务业融合起到“黏合”作用。《中国制造 2025》提出大力发展面向制造业的信息技术服务，提高重点行业信息应用系统的方案设计、开发、综合集成能力。鼓励互联网等企业发展移动电子商务、在线定制、线上到线下等创新模式，积极发展对产品、市场的动态监控和预测预警等业务，实现与制造业企业的无缝对接，创新业务协作流程和价值创造模式。

同时，《中国制造 2025》明确要加快发展研发设计、技术转移、创业孵化、知识产权、科技咨询等科技服务业，发展壮大第三方物流、节能环保、检验检测认证、电子商务、服务外包、融资租赁、人力资源服务、售后服务、品牌建设等生产性服务业，提高对制造业转型升级的支撑能力。

（四）建立健全服务功能区与公共服务平台

要进一步发挥服务功能区与公共服务平台的创新载体和服务辐射功能。在服务功能区建设方面，重点发展研发设计、信息、物流、商务、金融等现代服务业，提升产业结构层次，加强产业配套能力建设，增强区域辐射能力。在生产性服务业公共服务平台建设方面，主要依托制造业集聚区，着力推进研发设计、物流服务、质量检验检测认证、市场营销、供应链管理等生产性服务公共平台建设。同时，结合我国当前产业布局，以及东西部不平衡现状，实施差异化发展策略，鼓励东部地区企业加快制造业服务化转型，加快发展生产服务基地，支持中西部地区发展具有特色和竞争力的生产性服务业，加快产业转移承接地的服务配套设施和能力建设。

《中国制造 2025》解读之：

加快制造业“走出去”促进国际化发展

工信部 规划司

经过几十年的快速发展，我国制造业规模跃居世界第一位，建立起门类齐全、独立完整的制造体系，成为支撑我国经济社会发展的重要基石。当前，经济全球化深入发展，全球产业结构加速调整，基础设施建设方兴未艾，发展中国家大力推进工业化、城镇化进程，为推进制造业国际化发展提供了重要机遇。《中国制造2025》将提高制造业国际化发展水平作为重要任务之一，我国必须加快制造业企业“走出去”的步伐，积极参与全球竞争，不断提高在国际产业分工中的地位，打造“中国制造”国际品牌，助力制造强国建设。

一、推动制造业“走出去”的重要意义

（一）是促进我国经济结构调整的重大举措

当前，我国经济发展进入新常态，对转变发展方式、调整经济结构提出了新要求。积极推进制造业“走出去”，实现国际化发展，有利于促进优势产能对外合作，形成我国新的经济增长点，有利于促进企业不断提升技术、质量和服务水平，

增强整体素质和核心竞争力，推动经济结构调整和产业转型升级，实现从产品输出向产业输出的提升，实现我国经济中高速增长和迈向中高端水平。

（二）是建设制造强国的内在要求

近年来，我国工业实现了持续快速发展，总体规模位居世界前列，综合实力和国际竞争力显著增强，工业发展已站到新的历史起点上。在国际标准行业分类的 22 个行业中，我国的产值均居第一或第二。在 500 余种主要工业产品中，我国有 220 多种产量位居世界第一。然而，我国工业大而不强的特征十分突出，面临着由大到强转变的艰巨任务。大力推动制造业企业“走出去”，实现跨国研发生产经营，统筹国内国际两个大局，充分利用两种资源和两个市场，积极参与全球竞争，提高在国际产业分工中的地位，打造“中国制造”国际品牌，助力制造强国建设。从世界制造强国发展历程来看，基本都经历了制造业企业大规模“走出去”、加强对外投资与合作、实现国际化发展的阶段。

（三）是培育制造业竞争新优势的必由之路

新一轮技术革命和产业变革风起云涌，信息技术广泛渗透，推动关键领域技术的不断融合和加速应用，正在引发制造业发展理念、技术体系、制造模式的重大变革。国际金融危机后，制造业再次成为国际竞争的焦点，发达国家纷纷实施“再工业化”和“制造业回归”战略，制定有效措施以加强基础能力。以构建制造业创新体系等为重点，加大支持力度，打造信息化背景下国家制造业竞争的新优势。一些新兴经济体也在加强谋划和布局，积极融入全球产业分工体系。同时，我国工业长期以来依靠投资驱动和规模扩张的发展道路已经难以为继，资源环境约束不断强化，国内生产成本不断上升，产能过剩问题日益突出，当前正在全力推进我国制造业由大到强转变。在当前形势下，必须大力推动工业企业“走出去”，提高产品技术水平，提升国际化运营管理能力，充分利用国外资源能源和人才，开拓发展空间，打造我国制造业竞争新优势，加快制造强国建设步伐。

二、我国制造业“走出去”的现状和问题

近年来，我国制造业企业“走出去”稳步推进，已经从改革开放初期的产品出口为主，逐步向技术和资本输出领域拓展；“走出去”形式也更加多样，海外工程承包带动产业链上下游配套企业“走出去”，跨国并购、绿地投资、境外工业园建设等新型模式取得新进展，推动制造业实力不断增强。

（一）产品出口持续增长，对外投资合作稳步推进

2014 年我国工业制成品出口总额达到 2.23 万亿美元，同比增长 6.1%，其中，钢铁、有色、化学制品、纸制品、特种工业专用机械均实现两位数的增长。制造业对外直接投资活跃，对外投资流量从 2004 年的 7.6 亿美元增长到了 2014 年 60.4 亿美元,占我国同期非金融类对外直接投资总额的 6.7%。截至 2013 年，我国对外直接投资累计净额达到 6604.8 亿美元，全球排名第 11 位，连续两年成为全球三大对外投资国之一。2014 年 1—11 月，我国实现对外直接投资 898 亿美元，同比增长 11.9%。

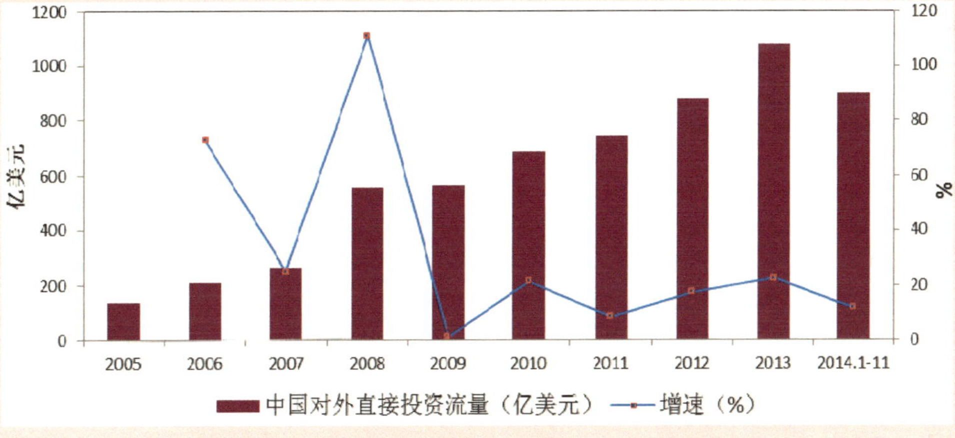

图 1　2005—2014 年 11 月我国对外直接投资情况

（二）我国对外投资领域不断拓宽

我国对外投资最初主要集中在商贸服务及能源矿产领域。经过多年的发展，对外投资领域逐步拓宽。截至 2013 年底，对外投资已涵盖国民经济所有行业类别，其中，租赁和商务服务业、金融业、采矿业、批发和零售业、制造业等五大行业累计投资达 5486 亿美元，占到我国对外直接投资总额的 83%。特别是制造业领域，最近几年对外投资比较活跃，并已涌现出一批成功案例。比如，吉利并购沃尔沃轿车，三一重工并购德国普茨迈斯特，以及中联重科并购意大利 CIFA 等。

（三）企业“走出去”市场广阔

根据商务部的相关统计数据，截至 2013 年底，我国 1.53 万家境内投资者在国（境）外设立 2.54 万家企业，分布在全球 184 个国家和地区。从地域来看，主要集中于欧、美、亚发达国家和地区。其中，欧美发达国家和地区的非贸易性投资占 70%以上。从国别来看，美国、俄罗斯、日本、德国、澳大利亚聚集程度最高，集中了我国境外企业的 43%。近年来，随着国际经济形势的变化，我国对欧洲地区投资出现下滑，在其他地区均有不同程度的增长。2013 年，我国对欧洲地区投资下降 15.4%，对拉丁美洲的投资增长最快，达到 132.7%。

（四）“走出去”方式日趋多元化

随着我国经济的快速发展，对外开放力度不断加大，我国企业“走出去”日趋多元化，由以产品出口、销售渠道建设为主要形式的“贸易阶段”转变为以跨国股权投资、海外投资建厂、海外研发中心设立、经贸合作区建立为主要形式的“股权投资阶段”，国企海外投资目标从以开发能源和资源向提高自身技术、品牌和市场实力转变。据统计，2013 年我国企业共实施对外投资并购项目 424 个，实际交易金额 529 亿美元。

（五）民营企业对外投资日趋活跃

改革开放初期，我国对外投资以国有企业为主，其中央企占据了绝对主导地位。近年来，民营企业在对外投资者中表现非常活跃，主体地位渐显，涌现出华为、奇瑞、吉利、海尔、腾讯等一大批具有国际影响力的民营企业，民营企业日益成为我国企业海外并购的生力军，国有企业在对外直接投资中的占比却不断下降。据商务部统计，截至 2013 年底，在我国非金融类对外直接投资 5434 亿美元存量中，非国有企业占比 44.8%，同比上升 4.6 个百分点。同时，部分企业开始注重全球产业链整合，从全球产业链参与者逐渐向产业链主导者转变。

（六）推动企业“走出去”的环境日益改善

我国高度重视加强推动制造业“走出去”，国务院于 2007 年和 2014 年分别发布了指导对外投资合作的纲领性文件。我国也陆续出台了与周边国家基础设施互联互通、“一带一路”等区域合作规划以及中非“三网一化”等多边经贸产业合作框架。我国已经建立由发改委、商务部牵头，50 多个部门参加的“走出去”工作部际联席会议制度，负责协调重大事项和重要政策。我国建立了包括外交部门、驻外领事馆和境外中资企业商会的信息服务、风险防范以及领事保护等服务保障体系。国家开发银行、进出口银行、出口信息保险公司等金融机构为企业境外投资提供贷款和保险服务等。

我国制造业“走出去”已经初见成效，但仍存在着一些亟待解决的问题，如企业国际竞争力不强，海外运营管理能力有待提高；融资渠道较为单一，海外金融服务体系需要进一步完善；“走出去”面临人才瓶颈，中介、标准、信息服务等服务保障体系支持力度不足等。

三、推进制造业“走出去”的思路

全面贯彻落实党的十八大和十八届二中、三中、四中全会精神，按照党中央、国务院决策部署，适应经济全球化新形势，着眼全球经济发展新格局，把握国际经济合作新方向，以《中国制造2025》为导向，将我国制造优势和资金优势与国外市场相结合，以企业为主体，以市场为导向，加强顶层设计，实施更加积极主动的开发战略，完善政策体系，强化服务保障，提高利用外资和合资合作水平，推动重点产业国际化布局，促进产业转型升级，加快制造强国建设步伐。

力争到2020年，全方位、多层次、高效有序的制造业“走出去”体系初步形成，制造业全球化布局初具成效，重点区域形成产业集群式发展，制造业对外投资合作更趋活跃，产品国际市场份额显著提升，对外投资水平不断提高，“中国制造”的品牌形象明显提升，企业国际竞争力持续增强，打造若干家具备国际重大影响力的制造业企业。

四、推动制造业“走出去”的战略举措

（一）加强政府引导和推动

根据国家经济社会发展总体规划，结合“一带一路”建设、周边基础设施互联互通、中非“三网一化”合作等，研究制定“走出去”的国家战略规划，深化产业合作。充分发挥现有多双边高层合作机制的作用，与重点国家建立产能合作机制，加强政府间交流协调以及与相关国际和地区组织的合作，搭建政府和企业对外合作平台，推动国际产能合作取得积极进展。建立统筹协调机制，加强对我国企业“走出去”的宏观指导，针对高铁、核电、工程机械等高技术产业，纺织、服装、家电、食品等传统优势产业，以及钢铁、水泥、电解铝、平板玻璃等产能过剩产业“走出去”，实施分类指导，研究制定有针对性的对外投资策略，明确重点方向，提高企业对外投资的针对性、有序性。

（二）完善政策和法律法规

研究制定促进境外投资的法律条例及实施细则，研究完善税收、金融、海关、

检验检疫、知识产权等方面的法律制度，为企业“走出去”提供有力的法律保障。适应形势发展需要，进一步完善境外投资产业指导相关政策。研究完善税收、金融、海关、检验检疫、知识产权等方面的法律政策，为企业“走出去”提供法律保障。进一步简化项目备案、核准、出入境管理等相关审批程序，逐步放宽外汇管制，简化和放宽因公外事审批。

（三）加大财税金融支持力度

完善财税支持政策。加快与有关国家商签避免双重征税协定，实现重点国家全覆盖。根据制造业企业“走出去”的实际需要，适度扩大现有专项资金规模和支持范围，研究设立企业“走出去”发展基金。发挥政策性银行和开发性金融机构的积极作用，通过银团贷款、出口信贷、项目融资等多种方式，加大对制造业企业“走出去”的融资支持力度。加强与国际金融机构的对接与协调，共同开展境外重大项目合作。支持国家开发银行、中国进出口银行和境内商业银行在境外发行人民币债券并在境外使用，取消在境外发行人民币债券的地域限制，发挥人民币国际化积极作用。支持符合条件的企业和金融机构通过发行股票、债券、资产证券化产品在境内外市场募集资金，用于“走出去”项目。进一步完善进出口信贷、出口信用保险等政策，加大对境外投资保险的支持力度。

（四）增强企业竞争实力

引导企业做好与同行企业之间、产业链上下游之间，以及国企与民营企业之间的协调分工，避免同行之间进行恶性竞争，要形成合力实现“走出去”，提高我国企业的整体国际竞争力。强化技术创新，鼓励和引导企业在国外设立研发中心，提高适应本地化产品或方案的水平，实现从注重规模扩张向提升质量效益转变，更好地满足当地市场需求。鼓励和引导企业并购国外研发机构、国外品牌和营销渠道，不断提高企业研发设计能力、品牌知名度和市场占有率，为企业创造新的比较优势，加快企业“走出去”步伐，实现产品升级换代。

（五）完善配套服务体系

强化外交援助和救济保障体系，完善境外投资风险评估和预警机制，以及突发事件应急处理机制，加强境外风险防控体系建设。建立“走出去”公共信息平台，全面整合政府、商协会、企业、金融机构、中介服务机构等信息资源，及时发布国家“走出去”有关政策，以及全面准确的国外投资环境、产业发展和政策、市场需求、项目合作等信息，为企业“走出去”提供全方位的综合信息支持和服务。引进和培养国际化人才，提高中介服务机构在法律、会计、审计、知识产权鉴定与认证、项目评估等方面的专业服务能力。充分发挥行业协会在行业自律、维护市场公平竞争等方面的作用，引导、组织、协调企业有序开展“走出去”。

重点领域篇

推动集成电路及专用装备发展
构建现代电子信息产业体系，支撑服务中国制造 2025
加快发展软件产业，有力支撑中国制造 2025
推动高档数控机床发展
推动机器人发展
推动航空装备发展
加快推动航天装备发展
推动海洋工程装备及高技术船舶发展
推动先进轨道交通装备发展
推动节能与新能源汽车发展
推动电力装备发展
农业机械装备领域
新材料支撑《中国制造 2025》发展
抓住机遇推动生物医药和高性能医疗器械发展

《中国制造 2025》解读之：

推动集成电路及专用装备发展

工信部　电子信息司

信息技术、生物技术、新能源技术、新材料技术等交叉融合正在引发新一轮科技革命和产业变革，将给世界范围内的制造业带来深刻影响。这一变革与中国加快转变经济发展方式、建设制造强国形成历史性交汇，对中国制造业的发展带来了极大的挑战和机遇。

当前，中国制造业总体大而不强。主要制约因素是自主创新能力薄弱，集成电路等核心技术和关键元器件受制于人；大多数产业尚处于价值链的中低端。在此背景下，国家出台《中国制造 2025》战略规划，坚持创新驱动、智能转型、强化基础、绿色发展，加快从制造大国转向制造强国，并将“推动集成电路及专用装备发展”作为重点突破口，以“中国制造 2025”战略的实施带动集成电路产业的跨越发展，以集成电路产业核心能力的提升推动“中国制造 2025”战略目标的实现。

一、集成电路技术和产业对中国制造的重要意义

集成电路是工业的“粮食”，其技术水平和发展规模已成为衡量一个国家产业竞争力和综合国力的重要标志之一，是实现中国制造的重要技术和产业支撑。国际金融危机后，发达国家加紧经济结构战略性调整，集成电路产业的战略性、基

础性、先导性地位进一步凸显，美国更将其视为未来 20 年从根本上改造制造业的四大技术领域之首。

发展集成电路产业既是信息技术产业乃至工业转型升级的内部动力，也是市场激烈竞争的外部压力。中国信息技术产业规模多年位居世界第一，2014 年产业规模达到 14 万亿元，生产了 16.3 亿部手机、3.5 亿台计算机、1.4 亿台彩电，占全球产量的比重均超过 50%，但主要以整机制造为主。由于以集成电路和软件为核心的价值链核心环节缺失，电子信息制造业平均利润率仅为 4.9%，低于工业平均水平 1%。目前中国集成电路产业还十分弱小，远不能支撑国民经济和社会发展以及国家信息安全、国防安全建设。2014 年中国集成电路进口 2176 亿美元，多年来与石油一起位列最大宗进口商品。加快发展集成电路产业，对加快工业转型升级，实现"中国制造 2025"的战略目标，具有重要的战略意义。

二、当前中国集成电路产业发展现状

（一）产业发展已取得长足进步

经过改革开放以来 30 多年的发展，特别是 2000 年《国务院关于印发鼓励软件产业和集成电路产业发展若干政策的通知》发布以来，中国集成电路市场和产业规模都实现了快速增长。市场规模方面，2014 年中国集成电路市场规模首次突破万亿级大关，达到 10 393 亿元，同比增长 13.4%，约占全球市场份额的 50%。产业规模方面，2014 年中国集成电路产业销售额为 3015.4 亿元，2001—2014 年年均增长率达到 23.8%。

技术实力显著增强。系统级芯片设计能力与国际先进水平的差距逐步缩小。建成了 7 条 12 英寸生产线，本土企业量产工艺最高水平达 40nm，28nm 工艺实现试生产。集成电路封装技术接近国际先进水平。部分关键装备和材料实现从无到有，被国内外生产线采用，离子注入机、刻蚀机、溅射靶材等进入 8 英寸或 12 英寸生产线。

涌现出一批具备国际竞争力的骨干企业。2014 年海思半导体已进入全球设计企业前十名的门槛，据 IC Ingsights 数据显示，我国设计企业在 2014 年全球前五十设计企业中占据了 9 个席位。中芯国际为全球第五大芯片制造企业，连续三年保持盈利。长电科技位列全球第六大封装测试企业，在完成对星科金朋的并购后，有望进入全球前三名。

（二）制约产业发展的问题和瓶颈仍然突出

主要表现在：**一是产业创新要素积累不足。**领军人才匮乏，企业技术和管理团队不稳定；企业小散弱，500 多家集成电路设计企业收入仅约是美国高通公司的 60%～70%，全行业研发投入不足英特尔一家公司。产业核心专利少，知识产权布局结构问题突出。**二是内需市场优势发挥不足。**芯片设计与快速变化的市场需求结合不紧密，难以进入整机领域中高端市场。跨国公司间构建垂直一体化的产业生态体系，国内企业只能采取被动跟随策略。**三是“芯片—软件—整机—系统-信息服务”产业链协同格局尚未形成。**芯片设计企业的高端产品大部分在境外制造，没有与国内集成电路制造企业形成协作发展模式。制造企业量产技术落后国际主流两代，关键装备、材料基本依赖进口。

三、中国集成电路产业发展面临的机遇与挑战

当前，全球集成电路产业已进入深度调整变革期，既带来挑战的同时，也为实现赶超提供了难得机遇。从外部挑战看，国际领先集成电路企业加快先进技术和工艺研发，推进产业链整合重组，强化核心环节控制力。不少领域已形成 2～3 家企业垄断局面。从发展机遇看，市场格局加快调整，移动智能终端爆发式增长，成为拉动集成电路产业发展的新动力。产业格局面临重塑，云计算、物联网、大数据等新业态引发的产业变革刚刚兴起，以集成电路和软件为基础的产业规则、发展路径、国际格局尚未最终形成。集成电路技术演进呈现新趋势，制造工艺不断逼近物理极限，新结构、新材料、新器件孕育重大突破。此外，随着信息消费市场持续升级，4G 网络等信息基础设施加快建设，中国作为全球最大、增长最快的集成电路市场继续保持旺盛活力，预计 2015 年市场规模将达 1.2 万亿元，这些都为中国集成电路产业实现“弯道超车”提供了有利条件。

四、国家推动“集成电路及专用装备”领域突破发展的举措

为推动集成电路及专用装备的发展，2000 年以来，国家先后出台《国务院关于印发鼓励软件产业和集成电路产业发展若干政策的通知》（国发〔2000〕18 号）和《国务院关于印发进一步鼓励软件产业和集成电路产业发展若干政策的通知》（国发〔2011〕4 号），设立了电子信息板块国家科技重大专项，指导制定了《电子信息制造业“十二五”发展规划》、《集成电路产业“十二五”发展规划》等，国内集成电路产业发展环境持续得到优化。为进一步加快集成电路产业发展，2014 年 6 月国务院出台了《国家集成电路产业发展推进纲要》（以下简称《推进纲要》），明确了“需求牵引、创新驱动、软硬结合、重点突破、开放发展”五项基本原则。进一步突出企业的主体地位，以需求为导向，以技术创新、模式创新和体制机制创新为动力，破解产业发展瓶颈，着力发展集成电路设计业，加速发展集成电路制造业，提升先进封装测试业发展水平，突破集成电路关键装备和材料，推动产业重点突破和整体提升，实现跨越发展。2014 年 9 月成立了国家集成电路产业投资基金（以下简称国家基金），基金实行市场化、专业化运作，带动多渠道资金投入集成电路领域，破解产业投融资瓶颈。

为推动“集成电路及专用装备”领域突破发展，实现《中国制造 2025》的战略目标，工业和信息化部将会同相关部门在以下几个方面开展工作：一是结合《推进纲要》的落实，加强集成电路产业发展的顶层设计、统筹协调，整合调动各方面资源，解决重大问题，引导产业的合理布局，并根据产业发展情况动态调整产业发展战略。二是引导国家集成电路产业投资基金的实施，支持有条件的产业集聚区设立地方性集成电路产业投资基金，加大金融支持力度，吸引多渠道资金投入，破解产业投融资瓶颈。三是加快提升自主创新能力，推动电子信息板块国家科技重大专项的实施，突破集成电路及专用装备核心技术，统筹利用工业转型升级资金，加大对创新发展和技术改造的支持力度，建设共性技术研究机构，加强标准与知识产权工作。四是继续贯彻落实国发〔2000〕18 号、国发〔2011〕4 号等产业政策，加快制订和完善相关实施细则和配套措施，重点解决政策落实中存在的问题。五是引导集成电路企业的兼并重组和资源整合，鼓励企业“走出去”，大力吸引国（境）外资金、技术和人才，提高创新发展起点。

构建现代电子信息产业体系
支撑服务中国制造 2025

工信部　电子信息司

当前，信息技术、新能源、新材料、生物技术等重要领域和前沿方向的革命性突破和交叉融合，正在引发新一轮产业变革，将对全球制造业产生颠覆性的影响，并逐渐改变着全球制造业的发展格局。特别是新一代信息技术与制造业的深度融合，将促进制造模式、生产组织方式和产业形态的深刻变革。以德国工业 4.0、美国工业互联网、新工业法国为代表，主要发达国家围绕建立制造竞争优势，加快在信息基础设施、核心技术产业、以智能制造为核心的经济体系等方面进行战略部署，谋求在技术、产业方面继续领先优势，占据高端制造领域全球价值链的有利位置。

与发达国家在工业 3.0 基础上迈向 4.0 不同，我国制造业还有相当一部分停留在 3.0 甚至 2.0，只有部分领先行业可比肩 4.0。在此背景下，国家出台《中国制造 2025》战略规划，坚持创新驱动、智能转型、强化基础、绿色发展、人才为本，加快从制造大国向制造强国转变，并将“加快新一代信息通信技术与制造业的深度融合”这一主题贯穿始终。坚持自主研发和开放合作并举，加快建立现代电子信息产业体系，为推动两化深度融合、实现制造业由大变强、建设网络强国提供强有力的基础支撑。

一、电子信息产业对中国制造的重要意义

电子信息制造业具有集聚创新资源与要素的特征，是当前全球创新最活跃、带动性最强、渗透性最广的领域，已经成为当今世界经济社会发展的重要驱动力。实施“中国制造 2025”，促进两化深度融合，加快从制造大国转向制造强国，需要电子信息产业有力支撑，大力发展新一代信息技术，加快发展智能制造和工业互联网；制订“互联网+”行动计划，推动移动互联网、云计算、大数据、物联网等应用，需要产业密切跟踪信息技术变革趋势，探索新技术、新模式、新业态，构建以互联网为基础的产业新生态体系。实施国家信息安全战略，需要尽快突破芯片、整机、操作系统等核心技术，大力加强网络信息安全技术能力体系建设，在信息对抗中争取主动权。

与此同时，信息产业各行业边界逐渐模糊，信息技术在各类终端产品中应用日益广泛，云计算、物联网、移动互联网、大数据、3D 打印等新兴领域蓬勃发展。价值链重点环节发生转移，组装制造环节附加值日趋减少，国际领先企业纷纷立足内容及服务环节，加快产业链整合，以争夺产业链主导权。制造业、软件业、运营业与内容服务业加速融合，新技术、新产品、新模式不断涌现，对传统产业体系带来猛烈冲击，推动产业格局发生重大变革，既为我国带来发展的新机遇、新空间，也使我国面临着新一轮技术及市场垄断的严峻挑战。

过去 20 年，中国电子信息产业实现了持续快速发展，产业规模稳步扩大，关键技术不断取得突破，骨干企业实力逐步壮大，国际地位显著增长。电子信息产业已经成为国民经济的战略性、基础性和先导性支柱产业，对于促进社会就业、拉动经济增长、调整产业结构、转变发展方式具有重要作用。但应该注意到，我国电子信息产业核心技术受制于人、自主创新能力较弱、产业结构不合理等深层次问题仍很突出，为产业可持续发展以及支撑服务中国制造 2025 造成较大压力。强化自主创新，加快突破核心技术环节，构建现代信息技术体系，对加快工业转型升级，实现“中国制造 2025”的战略目标，具有重要的战略意义。

二、当前中国电子信息制造业现状

（一）产业实力显著增强

经过改革开放 30 多年来的发展，我国电子信息制造业取得了长足进步，产业规模位居世界首位，彩电、手机、计算机产量均居全球首位，电子制造业大国地位愈益凸显。2014 年我国电子信息制造业实现主营业务收入 10.3 万亿元，同比增长 9.8%，占工业总体比重达到 9.4%，比上年提高 0.3%。2014 年，我国共生产手机、微型计算机和彩色电视机 16.3 亿部、3.5 亿台和 1.4 亿台，占全球出货量比重均达 50%以上。

重点技术领域不断取得突破。28nm 处理器成功制造；国内首款智能电视 SoC 芯片研发成功并量产，改变了我国智能电视缺芯局面。国内首条、世界第二条 8 英寸 IGBT（绝缘栅双极型晶体管）专业生产线建成投产，打破国外垄断，有效提升我国在船舶、电网以及轨道交通车辆方面的智能化水平。

企业实力和创新能力不断增强。2014 年，第 28 届中国电子信息百强企业实现主营业务收入 2.2 万亿元，同比增长 12.4%，占行业总量近四分之一，研发投入强度达 4.8%，高出行业平均水平 2%，全年研发经费增长均超过收入增速。企业专利成果丰硕，华为首次进入全球创新机构百强，京东方 2014 年新增专利申请量超过 5000 件。

（二）制约产业发展的问题和瓶颈仍然突出

一是电子基础产业核心竞争力亟待增强。基础元器件、基础材料、基础装备等电子基础产业，决定了电子信息产业技术变革方向、产业高附加值环节和产业发展的主导权。长期以来，我国基础电子领域的追赶和跨越进展缓慢，覆铜板、磁性材料、电阻器、电容器、PCB 等产品以中低端为主，电感器、传感器、IGBT 等普遍落后国际先进水平 1～2 代，集成电路、平板显示等关键专用设备长期依赖进口。这是造成我国电子信息产业基础不牢、根植性弱、附加值低、转型升级步伐缓慢的根本因素。

二是产业链的统合竞争力薄弱。电子信息产业已进入“全产业链”竞争时代，企业的核心竞争力从单一技术和产品竞争转向平台和生态系统竞争，产业链统合能力日益成为决定成败的关键。受制于核心技术缺失、资本人才储备不足、商业模式创新能力弱等因素，我国骨干企业当前仍以产品竞争为主，在跨国公司主导的产业生态体系中被边缘化，长期处于被动跟随、同质化竞争、低附加值的发展阶段。

三是要素成本上升削弱产业竞争优势。近几年，劳动力短缺、融资成本上升、人民币升值等带来了国内企业生产要素成本持续上涨，我国电子信息产业海外转移的风险不断加剧。生产要素成本的持续快速上涨导致我国对电子信息制造企业的吸引力加速减弱，已经对我国沿海地区的电子信息产业集群竞争优势构成严峻挑战，部分地区产业空心化问题已开始显现。

三、中国电子信息产业发展面临的机遇与挑战

当前，我国经济正在由传统态势转入新常态，经济增长从高速转向中高速发展阶段，国内外环境错综复杂，经济发展面临不少困难和挑战。我国电子信息产业处于加快转型升级的关键阶段，长期结构性问题、关键技术受制问题与短期困难相互交织，形势较为复杂。

新一轮科技革命和产业变革正在孕育兴起，信息技术领域创新仍然活跃，正在向泛在、融合、智能和绿色的多元化方向发展。集成电路器件特征尺寸的不断缩小，12 英寸、20nm 以下先进产能寡头垄断的步伐进一步加快。低温多晶硅 TFT 已经成为高分辨率中小尺寸新型显示 AMOLED 主流技术。全球信息技术创新成果不断融入产业跨界融合、全产业链整合的商业模式新体系中。小米、乐视等企业的进步加速了智能电视研发、生产、销售、服务的“互联网化”，互联网企业和传统彩电企业围绕智能电视发展模式的竞争将愈演愈烈。

技术融合趋势进一步强化了产业链竞争。国际巨头围绕系统平台升级、应用软件开发、数字内容集成、硬件更新换代的互动发展，构建“产品+内容+服务”

的产业生态系统。同时，全球资本和技术密集型 IT 产业兼并重组步伐不断加快，产业的技术、市场、投资门槛进一步提高。全球产业新一轮兼并重组不断强化寡头垄断格局，我国追赶和跨越的难度不断加大。

产业和信息安全形势日益严峻。“棱镜门”事件之后，各国高度重视信息产业在国家安全中的重要作用，综合运用经济、政治、外交各方面的手段和资源，强化产业自主研发和产业化能力。一方面，欧美出于国家安全因素对我国通信设备产业的制裁，在未来一段时间还将成为各国压制我国电子信息领域发展的主要手段，意味着我国已具备国际竞争力的电子信息产业将面临着信息安全因素的壁垒。另一方面，信息安全形势日益严峻也要求我国尽快摆脱长期以来在上游关键材料和重要设备领域受制于美日欧的现象，快速提升较为薄弱的电子基础产业的核心竞争力，建立和完善自主可控的电子信息产业体系。

四、加快构建现代电子信息产业体系的举措

紧紧围绕“构建现代电子信息产业体系，支撑服务中国制造 2025”这一中心任务，着力完成“强基础、促融合、推合作、保安全”四项任务，通过以电子信息产业为基础，以新一代信息技术发展为重点，来实现软硬融合、两化融合、产业与服务融合，助推实现《中国制造 2025》的战略目标。

强基础。强化自主创新，围绕产业核心领域薄弱和瓶颈环节，尊重产业发展规律，集中力量突破一批关键技术，推动技术成果产业化，着力提升电子信息产业基础领域的创新能力，夯实产业支撑“中国制造 2025”战略的基础。

促融合。把握产业融合趋势，推动产业模式创新，围绕产业链促进融合配套发展，大力提升智能硬件发展水平，着力推动软硬融合、制造与服务融合、网络与产品融合，推动产业转型升级，形成结构优化、具备国际竞争优势的现代产业体系。

推合作。抓住“中国制造 2025”和“互联网+”的机遇，引导和支持信息技术企业与传统工业企业对接，加强“官产学研用”结合，推动应用电子产品和系统研发和产业化，促进安全可靠信息技术和产品在工业各领域的广泛应用，实现

以用兴业、促进两化深度融合。

保安全。大力发展基于自主技术的信息安全产业，支持安全芯片、数据安全等信息安全产品的研发与应用，加快安全可靠通信设备、计算机、打印机、网络设备等终端产品和信息系统的研发与应用，建立保障信息安全的产业支撑体系，提高产业保障“中国制造 2025”战略信息安全的能力。

《中国制造 2025》解读之：

加快发展软件产业
有力支撑中国制造 2025

工信部　信息化和软件服务业司

2015 年 5 月 19 日，国务院印发了我国实施制造强国战略的第一个十年行动纲领——《中国制造 2025》，提出了以加快新一代信息技术与制造业深度融合为主线，以推进智能制造为主攻方向，实现制造业由大变强的历史跨越。软件是智能制造的基础，是新一轮工业革命的核心要素。全球正在发生“第二次机器革命”，即电力驱动的机器正在成为软件驱动的机器。推动“以机械为核心的工业”向“以软件为核心的工业”转变，将是落实“中国制造 2025”、发展智能制造的重要方向。

一、加快发展软件产业是落实“中国制造 2025”、发展智能制造的重要抓手

软件在新一代信息技术创新中的核心地位更加突出。随着摩尔定律逐渐逼近物理极限，随着云计算、移动互联网、大数据等新技术快速发展，信息产业创新发展的主导角色已经发生了变化，软件开始主导硬件和系统，芯片正在变成“固化的软件”，软件的地位作用越来越突出。在移动互联网领域，无论是谷歌的安卓，还是苹果的 iOS，都是以软件为核心建立强大的生态体系，形成了独有的竞争优

势。而云计算和大数据，本质上都是在摩尔定律逼近物理极限背景下，软件技术重大革新的结果。

软件正在主导和定义经济社会各领域业务运行的基本理念和模式。软件不再是处于从属地位的工具，生产领域出现的“工业互联网”、“工业 4.0”等，消费领域涌现的打车软件、互联网金融等，都是软件技术与业务知识深度融合、技术创新与商业模式创新紧密结合，从而深刻变革传统业务模式的表现。

电力驱动的机器正在变成软件驱动的机器。国际金融危机后，美国、德国等发达国家提出“再工业化”、工业 4.0 战略，力图利用信息技术构建智能化的新型生产模式和产业结构。美国麻省理工学院的布莱恩约弗森和麦卡菲提出了“第二次机器革命”的预言，正是指电力驱动的机器正在变成软件驱动的机器。

软件是推进中国制造 2025 的核心。《中国制造 2025》提出了发展智能制造的主攻方向。以操作系统、中间件、数据库、工业云和工业大数据平台支撑软件为代表的基础软件，是各种工业设备和软件服务开发和运行的基础和平台，支撑智能制造发展的信息技术产业链围绕其打造，生态体系依托其构建，创新应用基于其开发和部署。以高端研发设计软件、智能工厂解决方案、工业大数据分析服务平台、工业云应用服务体系为代表的工业应用软件，是信息技术改造提升制造业的作用手段，制造业的数字化、网络化和智能化依托其深度应用而实现。大力发展面向工业领域的基础和应用软件体系，是围绕我国工业从 2.0 阶段，向 3.0 和 4.0 阶段发展过程中的实际应用需求，落实《中国制造 2025》的重要抓手。

二、发展思路

围绕《中国制造 2025》有关部署，面向智能制造的迫切需求，采用市场主导和政府引导相结合的办法，支持企业主体牵头组织产学研用联合攻关，突破工业基础软件平台、实时工业操作系统等关键技术，形成高端行业研发设计分析测试一体化软件、智能工厂解决方案、工业大数据分析服务平台、工业云应用服务体系等支持产品全生命周期管理与产业链上下游企业协作的应用软件产品和服务，提升面向工业领域的基础和应用软件体系的发展水平，强化支撑能力，助推中国制造向智能制造加速发展。

三、发展重点

（一）面向智能制造的基础软件

工业基础软件平台。面向工业企业在实现制造过程智能化过程中，对制造资源数据、企业数据、行业数据和互联网数据等信息要素的整合分析需求，重点突破行业垂直应用软件构件集开发和构件信息整合平台关键技术，衔接“核高基”重大专项形成的操作系统成果，构建可裁剪的工业基础软件平台，发展面向细分工业行业应用需求的操作系统、中间件和数据库产品。

实时工业操作系统。面向数字化产品与智能成套装备的发展需求，重点研制高安全、高可信的嵌入式实时工业操作系统，掌握对底层异构、复杂装备及其现场总线协议的体系化集成适配技术、综合仿真试验技术，研制嵌入式软件接口、组态语言与集成开发环境，形成嵌入式操作系统的安全性、可信性以及性能的测评标准和规范。在航天、军工、船舶、能源、化工等安全关键领域，形成嵌入式操作系统以及应用软件自主产品体系并大规模推广应用。

设备端工业数据管理与处理平台。面向终端与云端数据的交换融合与智能协同需求，重点突破小容量嵌入式数据库系统、数据缓存与数据同步、交换技术，掌握终端环境语义建模技术、实时数据动态采集、变频传输、视觉理解、单机智能分析与控制、区域协同等终端智能化新技术，构建设备端的嵌入式数据管理平台与实时数据智能处理系统。

云端可信工业数据集成处理平台。面向工业企业利用云计算集成工业数据，提升企业内部和外部产业链协同合作的需求，重点突破工业云调度及虚拟化等运行监控技术，掌握从设备端到云端的控制系统安全、硬件安全、网络通信安全、系统安全、数据安全等技术，构建具有海量处理能力的工业数据采集、存储、查询、分析与应用的云处理平台，形成安全、高可信工业软件系统的安全标准、验证技术与认证体系。

（二）面向智能制造的应用软件

复杂装备三维设计、分析、测试一体化软件。面向制造业企业打通设计、仿真分析和测试环节，改善设计研发测试各环节间的协同协作，提升创新效率的需求，重点发展基于复杂装备三维设计、分析、测试一体化技术的自主集成化产品设计创新平台软件，提高计算机辅助设计（CAD）、辅助分析（CAE）、辅助制造（CAM）、辅助工艺规划（CAPP）等工具软件的功能和性能，并通过功能集成实现数据共享和整合。

智能工厂解决方案。面向智能工厂从设备自动化到企业信息化实现数据流纵向贯穿的具体要求，在设备层面，重点发展智能仪表、现场仪表、调试工具、各类控制阀门、工业机器人、数控机床设备等基本功能组件；在车间层面，重点发展安全仪表系统（SIS）、分散式控制系统（DCS）、组态监控系统（SCADA）、各类 PLC 控制系统等监控信息集成和自动实时控制系统；在工厂层面，重点发展实现生产任务的调度和执行功能的生产执行系统（MES）；在企业层面，重点发展 OA、ERP、业务管理应用平台等集成应用软件。

工业大数据分析服务平台。面向工业企业利用工业数据分析、模型计算和行业知识解决工业领域实际问题的迫切需求，重点突破工业数据的实时采集、高吞吐量存储、数据压缩、并行分析处理、机理模型、知识推理与仿真模型等关键技术，构建覆盖产品全生命周期和制造全业务活动，支持企业实现“数据驱动”的工业大数据分析服务平台。

工业云应用服务体系。面向工业企业加快互联网化，利用云计算实现社会资源共享化的需求，重点突破工业云服务体系架构与标准化技术，构建包括知识库、模型库、零件库、工艺库和标准库等在内的工业资源库，重构产品开发、人机交互、试验与仿真、智能工厂、智慧企业、集成与协同、产品服务和经营决策等工业构件，形成工业云应用服务体系，推动形成跨行业的工业云服务应用生态系统。

四、具体措施

（一）加强自主技术创新，突破产业发展瓶颈

加强自主技术创新，重点突破自主工业操作系统、工业应用软件、工业服务和大数据“端+云”平台的架构、标准化、数据分析、服务处理、安全保障等关键技术，引导鼓励产学研用合作，建立可持续的、从国家投资向产业化过渡的发展机制，推动政府投资研发的共性技术成果开源开放。

（二）提升企业实力，加强产业链协作

落实软件产业在研发投入、税前计提等方面的优惠政策。加强操作系统和工业软件与芯片、整机及应用系统之间的集成适配和优化，引导鼓励软件企业与制造企业开展跨领域资源和价值链的合作，构建具有全球竞争力的工业生态系统。

（三）开展应用示范，积极拓展市场

选取应用需求迫切，自主操作系统及解决方案比较成熟的行业领域，开展应用示范。鼓励行业协会和中介组织，做好用户企业和软件厂商的需求对接，做好优秀自主操作系统产品和工业软件行业解决方案的推介，组织相关厂商和用户企业开展应用培训和技术交流活动。

（四）完善人才培育体系，加强人才培养和引进

面向先进制造发展需求，统筹安排各类专业人才的培养和管理。建立多层次的人才培养体系，倡导基础研究与应用相结合。制定领军人才梯队培养计划，加快海外高层次人才的引进，鼓励海外留学人员特别是海外高端人才回国就业、创业。通过高校、社会培训机构、培训基地等渠道，通过授课、讲座、交流、项目实践等方式加强中高端专业人才的培养，支撑产业的可持续发展。

（五）加强能力建设，保障智能制造信息安全

加强工业控制系统、工业大数据、工业软件等领域信息安全关键技术研发和产业化。建立面向智能制造领域的信息安全技术支撑、产品检测、检查评估综合保障体系，建设仿真测试、在线监测预警、信息采集共享等技术平台。推进电子认证应用、重大项目信息安全评估等信息安全基础工作。建立健全智能制造领域信息安全标准体系，落实企业信息安全主体责任，引导企业建立完善的信息安全管理机制。

《中国制造 2025》解读之：

推动高档数控机床发展

工信部　装备工业司

《中国制造“2025”》将数控机床和基础制造装备列为“加快突破的战略必争领域”，其中提出要加强前瞻部署和关键技术突破，积极谋划抢占未来科技和产业竞争制造点，提高国际分工层次和话语权。这一战略目标的提出，是由数控机床和基础制造装备产业的战略特征以及发展阶段特征所决定的，我们应认真学习领会，深入贯彻落实。

一、数控机床和基础制造装备具有战略必争的产业特质

（一）锚定我国装备制造业全球竞争地位

数控机床和基础制造装备是装备制造业的“工作母机”，一个国家的机床行业技术水平和产品质量，是衡量其装备制造业发展水平的重要标志，“中国制造2025”将数控机床和基础制造装备行业列为中国制造业的战略必争领域之一，主要原因是其对于一国制造业尤其是装备制造业的国际分工中的位置具有“锚定”作用：数控机床和基础制造装备是制造业价值生成的基础和产业跃升的支点，是基础制造能力构成的核心，唯有拥有坚实的基础制造能力，才有可能生产出先进的装备产品，从而实现高价值产品的生产。

（二）支撑国防和产业安全的战略需求

在国防安全方面，数控机床和基础制造装备对制造先进的国防装备具有超越经济价值的战略地位。现代国防装备中许多关键零部件的材料、结构、加工工艺都有一定的特殊性和加工难度，用普通加工设备和传统加工工艺无法达到要求，必须采用多轴联动、高速、高精度的数控机床才能满足加工要求。即使在全球一体化的今天，发达国家仍对我国采取技术封锁与限制。在产业安全方面，随着国内制造业升级速度加快，以装备制造业为代表的高技术含量高附加值产业与发达国家竞争加剧，工程机械、电气机械、交通运输装备正处于打入国际高端市场的攻坚期，而国内机床产品在加工精度、可靠性、效率、自动化、智能化和环保等方面还存在一定差距，进而导致产业整体竞争力不强。

（三）满足用户领域转型升级的重要支撑

当前机床行业下游用户需求结构出现高端化发展态势，多个行业都将进行大范围、深层次的结构调整和升级改造，对于高质量、高技术水平机床产品需求迫切，总体上来说，中高档数控机床市场需求上升较快，用户需要更多高速、高精度、复合、柔性、多轴联动、智能、高刚度、大功率的数控机床。例如，汽车行业表现出生产大批量、多品种、车型更新快的发展趋势，新能源汽车发展加速，从而要求加工设备朝着精密、高效、智能化方向不断发展。在航空航天产业领域，随着民用飞机需求量的剧增以及军用飞机的跨代发展，新一代飞机朝着轻质化、高可靠性、长寿命、高隐身性、多构型、快速响应及低成本制造等方向发展，新一代技术急切需要更先进的加工装备来承载，航空制造装备朝着自动化、柔性化、数字化和智能化等方向发展。例如，在“两机专项”致力于突破的飞机发动机制造中，发动机叶片、整机机匣和叶盘等典型零件逐渐向尺寸大型化、型面复杂化、结构轻量化和制造精密化发展，尤其是高强度的高温耐热合金等新型轻质材料的大量应用，这些整体结构件的几何构型复杂且难加工，对大扭矩、高精度数控机床提出新的更高要求。燃气轮机的大型结构件和大型设备异地维修所需的便携性或可移动式多轴联动数控装备，这种用无固定基座、可重构拼组的小机床加工大型工件的加工方式对新型数控装备的结构设计、工艺规格和高能效加工技术提出更大挑战。

（四）是新技术革命的战略高地

新一轮科技革命所包含的智能制造、能源互联网以及新一代信息技术创新等要素为中国装备制造业技术突破提供牵引动力，也为装备制造业，特别是高端装备制造业提供巨量市场，机床行业是信息技术和工业技术重要的交汇点，行业本身对于新技术具有较强的敏感度，也是新兴技术扩散的主要源泉。在新技术革命浪潮的推动下，机床行业集成创新趋势明显，世界领先企业加快推进新技术向机床产业融合，网络化技术和智能化技术加快向机床产品集成应用，越来越多的国际著名机床零部件企业和整机企业正加快推进新技术在数控机床的集成应用。

（五）全球制造业格局调整的战略支点

进入后危机时代，发达经济体纷纷重视本国实体经济的发展：或不断推动新兴技术融合发展，促进工业技术的高端化；或通过重构产业链条，让更多的高附加值生产制造环节和匹配的岗位回归到本土。美国先后提出实施《先进制造伙伴关系计划》、《先进制造业国家战略计划》等发展先进制造业及技术；德国提出了工业 4.0 的发展蓝图，致力于以 CPS 为核心、智慧工厂为载体，发展德国工业 4.0，并将其定位为新一轮工业革命的技术平台；日本公布了产业结构蓝图，确定 10 个尖端技术领域，并以此为依托强化国内制造业；英国、韩国、印度、中国台湾等国家和地区亦提出积极的战略和政策，推动新兴技术在数控机床等装备产业领域加快融合。机床工业一直以来都是主要国家和领先企业重要的战略布局点，未来制造业格局变化调整，尤其对于全球汽车、航空航天、高端装备制造业等高战略度行业，机床行业是重要的战略支点，对于未来竞争力杠杆起到重要的影响作用，我国应加强对机床行业的重视程度，提前布局关键战略领域，为制造业全球竞争争取有利地位。

二、产业升级趋势明显

（一）突破关键核心技术，形成一批标志性产品

在航空领域，自主研制了 800MN 大型模锻压机、120MN 铝合金板张力拉伸机等重型锻压设备，填补了国内航空领域大型关重件整体成形技术空白，为军机跨代发展和大飞机研制提供了强有力的保障。其中，800MN 大型模锻压机已实现 30 余种航空领域钛合金关键件整体成形，120MN 级铝合金宽厚板张力拉伸机生产出的高品质铝合金厚板已应用于飞机机翼等主承力结构零部件，摆脱了我国大飞机铝合金厚板完全依赖进口的困境。

在汽车制造领域，大型快速高效数控全自动冲压生产线在与世界一流企业的国际竞标中，赢得美国汽车本土工厂生产线的批量订单，得到了国际同行的认可和尊重。目前，汽车覆盖件冲压线国内市场占有率超过 70%，全球市场占有率已超过 30%，有力地推动了国产汽车装备自主化。

在发电设备领域，3.6 万吨黑色垂直金属挤压机实现了 1000MW 超超临界火电机组所用的国产高端耐热钢大口径厚壁无缝钢管自主化生产；大型开合式热处理设备生产出亚洲最大的核电整锻转子锻件，形成了大型转子的批量化生产能力；为三代核电核岛和常规岛设备研制的超重型数控立式车铣复合加工机床、数控重型桥式龙门五轴联动车铣复合机床、超重型数控落地铣镗床、超重型数控卧式镗车床、专用数控轴向轮槽铣床等，解决了核电压力容器和吊篮、热交换器、汽轮机缸体、发电机转子等加工难题，已在多台核电装备上装机应用。

（二）产品结构优化调整，技术水平稳步提高

首先，中高档装备水平迅速提升。目前，大型汽车覆盖件自动冲压线等 10 多类设备已达到国际领先水平，完全可实现进口替代。高速龙门五轴加工中心等 20 多类产品基本达到国际先进水平，具备替代进口产品的水平。精密卧式加工中心形成具有自主知识产权的和柔性制造系统核心技术。高速、复合等高档数控加

工中心已完成阶段性研发，但在功能性能、可靠性方面与国际先进水平还存在一定差距。其次，数控系统梯次前移。我国在中高档数控系统研究开发方面取得了长足的进步，2010 年以来，已累计在航空航天、能源、船舶、汽车等重点领域实现了 3.5 万余台国产中高档数控系统配套应用，实现了进口替代。多通道、多轴联动等高性能数控系统系列产品打破国外技术垄断，主要技术指标已基本达到国际主流高档数控系统的水平，实现了为多种高速、精密数控机床配套。高档数控系统在重点军工企业实现小批量应用。开发的标准型数控系统实现了批量生产，国内市场占有率从 10%提高到 25%。形成了数家产业化生产基地，其中广州数控设备有限公司已形成年产各类数控系统 10 万台的生产能力，产量位居世界第二。我国数控系统已初步具备与国外同类产品的竞争能力，并实现了数控系统批量出口，2010—2014 年累计出口各类数控系统 9600 余套，其中五轴联动数控系统近 700 套。最后，功能部件产品质量水平稳步提高，品种系列不断完善。国产功能部件已实现与机床主机的批量配套；工具产品已经基本具备为汽车行业提供现代切削工具的能力。数控系统、功能部件和工具与数控机床主机的应用示范和批量配套，有助于形成完整的产业链，推动机床产业的结构调整。

（三）自主创新显著提高，可持续发展获得保障

近年来，机床制造基础和共性技术研究不断加强，产品开发与技术研究同步推进。机床产品的可靠性设计与性能试验技术、多轴联动加工技术等多项关键技术的成熟度有了很大提升。数字化设计技术研究成果在高精度数控坐标镗床、立式加工中心等产品设计上进行实际应用；多误差实时动态综合补偿和嵌入式数控系统误差补偿等软硬件系统在多个企业、多个产品上进行了示范应用，使数控机床精度得到了明显提升。

三、产业高端发展任重道远

我国机床行业在世界机床工业体系和全球机床市场中占有重要地位，但目前仍然不能算作机床强国。与世界机床强国相比，我国机床行业仍具有一定差距，

尤其表现在中高档机床竞争力不强。此外，受到国内外复杂经济形势的影响，我国机床行业发展回归新常态，产业向中高端转型升级的要求迫切。

（一）国际竞争力有待提升

据咨询机构 Gardener 统计，在世界机床消费市场上，2014 年我国机床出口额 33 亿美元，仅占世界机床消费总额不足 5%；而日本和德国均占比 10%以上。与此同时，国内急需的高中档数控机床有相当部分依赖进口，如汽车领域进口装备占比超过 40%。

（二）机床工业关键零部件发展亟待加强

国产功能部件无论从品种、数量、档次上都不能满足主机配套要求，国产中档配套功能部件市场占有率仍有待提升；高档产品较大程度上依靠进口。配套功能部件产业竞争力有待快速提升。

（三）工艺验证和示范应用有待加强

数控机床从样机研制到实际生产应用，需要在制造工艺、可靠性和精度保持性、工程化等方面经过大量的试验验证，不断改进，同时还需用户提供工艺验证。而艺验证和应用示范也是我国数控机床产业发展的一个短板。

（四）产业发展压力居高不下

全球机床生产和消费持续呈现萎缩态势。根据美国 Gardner 公司公布的数据，2014 年全球机床消费金额为 753 亿美元，较 2013 年仅增长 0.3%，全球机床生产连续三年下滑，2014 年全球机床产值为 812 亿美元，较 2014 年下滑 3.1%，中国数控机床行业也持续承压运行，整体处于下行区间。2014 年，国内金属加工机床产量同比下降 2%，其中，金切机床产量同比下降 1.7%，金属成形机床产量同比下降 3.3%。与此同时，国内市场对于进口机床的需求不降反升，2014 年，机床工具进口总额 177.8 亿美元，同比增加 10.8%，其中，金属加工机床进口额 108.3 亿美元，同比增加 7.6%，这说明国内机床行业难以满足企业高端需求，国内机床行业承受着周期性压力和结构性压力的双重叠加，亟待寻找新的发展突破口。

四、加快推进行业由大变强的战略思路

（一）推动优势资源聚焦发展

以提升国产数控机床和基础制造装备自主创新能力和市场竞争能力为基础，推动优势资源聚焦于航空航天和汽车两大领域，集中于核心装备、关键技术，重点解决研制装备的性能可靠性、稳定性、成套性等关键技术的瓶颈问题。

（二）推动先进产品示范应用

加大投入用户需求有代表性、能集中验证机床和基础制造装备关键技术和核心装备的应用验证和应用示范基地建设，有选择性地支持市场导向性强的产品成套性、高柔性和智能化项目，重点解决装备的高效性和智能化。

（三）满足国家战略新需求

加快发展国家战略发展需求数控机床和基础制造装备，进一步集中于国家重点工程的核心装备，研制重大产品、突破关键技术。努力提升数控装备的技术水平，打破国家战略装备依赖进口的制约。

（四）打造完整机床配套产业链

鼓励和支持数控机床和基础制造装备主机、数控系统和功能部件等产业链关联单位组建长期稳定的战略合作伙伴关系，建立数控系统、功能部件与机床企业长期的配套关系，打造完整的数控机床和基础制造装备配套产业链。

《中国制造 2025》解读之：

推动机器人发展

工信部　装备工业司

《中国制造 2025》站在历史的新高度，从战略全局出发，明确提出了我国实施制造强国战略的第一个十年的行动计划，将“高档数控机床和机器人”作为大力推动的重点领域之一，提出机器人产业的发展要“围绕汽车、机械、电子、危险品制造、国防军工、化工、轻工等工业机器人应用以及医疗健康、家庭服务、教育娱乐等服务机器人应用的需求，积极研发新产品，促进机器人标准化、模块化发展，扩大市场应用。突破机器人本体，减速器、伺服电机、控制器、传感器与驱动器等关键零部件及系统集成设计制造技术等技术瓶颈”。并在重点领域技术创新路线图中明确了我国未来十年机器人产业的发展重点主要为两个方向：一是开发工业机器人本体和关键零部件系列化产品，推动工业机器人产业化及应用，满足我国制造业转型升级迫切需求；二是突破智能机器人关键技术，开发一批智能机器人，积极应对新一轮科技革命和产业变革的挑战。

一、以需求为导向，增强创新能力，扩大市场应用

根据应用环境不同，国际机器人联合会（IFR）将机器人分为两类：制造环境下的工业机器人和非制造环境下的服务机器人。工业机器人是在工业生产中使用的机器人的总称，是现代制造业中重要的工厂自动化设备；服务机器人是服务于

人类的非生产性机器人，服务机器人技术主要应用于非结构化环境，结构比较复杂，能够根据自身的传感器并通过信息传递，获得外部环境的信息，从而进行决策，完成相应的作业任务。

（一）中国已成为全球第一大工业机器人市场，潜力仍待挖掘

工业机器人主要是指面向工业领域的多关节机械手或多自由度机器人，用于工业生产过程中的搬运、焊接、装配、加工、涂装、清洁生产等方面。2014 年全球工业机器人销量创下历史新高，达到 22.5 万台，同比增长 27%。市场增长的动力主要来自于亚洲地区，特别是中、韩两国。

近年来，中国机器人市场需求快速增长，并已成为全球机器人重要市场。2014 年，中国工业机器人销量达到 5.6 万台，同比增长 52%，再次成为全球最大工业机器人市场。用户已从外商独资企业、中外合资企业为主，向内资企业、乃至中小企业发展。国内沿海工业发达地区不少企业产品用来出口，对产品质量要求高，越来越多的企业采用机器人代替产业工人。在珠三角地区，使用工业机器人的年均增长速度已达到 30%，尤其在装配、点胶、搬运、焊接等领域，已经掀起了一股机器人使用热潮。

虽然自 2013 年中国已经是全球工业机器人最大市场，但制造业工业机器人密度仍然很低，2013 年中国工业机器人密度仅为 30 台/万名产业工人，不足全球平均水平的一半，与工业自动化程度较高的韩国（437 台/万名产业工人）、日本（323 台/万名产业工人）和德国（282 台/万名产业工人）相比差距更大。国内工业机器人市场仍有巨大潜力。

我国作为制造业大国，在工业机器人应用方面一直处于落后地位。除汽车行业外，量大面广的一般制造业对机器人的应用基本上处于自发、分散或零散的状态。随着我国工厂自动化的发展，工业机器人在其他工业行业中也将得到快速推广，如电子、金属制品、橡胶塑料、食品、建材、民爆、航空、医药设备等行业。

工业机器人的应用程度是一个国家工业自动化水平的重要标志。我国工业机器人的发展，应围绕加快我国智能制造的发展需求，协同机器人供需双方，一方

面提高我国机器人制造企业的创新能力，促进机器人标准化、模块化、系统化发展，降低使用成本，提升集成应用水平，从而扩大市场应用范围；另一方面积极开展自主品牌机器人的应用试点，抓好一批效果突出、带动性强、关联度高的典型应用示范工程，以点带面推动运用工业机器人来改造提升传统制造业。

（二）我国服务机器人产业应以需求为导向，有重点地进行发展

服务机器人包括专用服务机器人和家用服务机器人，服务机器人的应用范围很广，主要从事维护保养、修理、运输、清洗、保安、救援、监护以及医疗、养老、康复、助残等工作。服务机器人是一种新型智能化装备、一项战略性高技术产品，在未来具有比工业机器人更大的市场空间。

全球服务机器人在近五年间呈现出快速增长的态势。根据国际机器人联合会（IFR）的统计，2013 年全球专业服务机器人和个人/家用服务机器人的销量分别达到 2.1 万台和 400 万台，市值分别为 35.7 亿美元和 17 亿美元，分别同比增长 4% 和 28%。未来几年，全球服务机器人的市场将继续快速增长。随着相互学习与共享知识云机器人技术获得重大突破，小型家庭用辅助机器人大幅度降低生产成本，将在 2020 年之前形成至少累计 416 亿美元的新兴市场；另一方面虽然残障辅助机器起步缓慢，但可预测未来 20 年会有高速增长。

目前国际上服务机器人的技术研发主要由美、日、中、德、韩五国主导。我国服务机器人的发展滞后于工业机器人，与日本、美国等国家相比，我国在服务机器人领域的研发起步较晚，与发达国家绝对差距还比较大。但相对于工业机器人而言，国内外差距较小。服务机器人一般都要结合特定需求市场进行开发，本土企业更容易结合特定的环境和文化进行开发占据良好的市场定位，从而保持一定的竞争优势；另一方面，外国的服务机器人也属于新兴产业，大部分服务机器人公司成立的时间还比较短，因而我国的服务机器人产业面临着较大的机遇和发展空间。

从发展趋势来看，我国专业服务机器人有望先于个人/家用机器人实现产业化，特别是医疗机器人、危险特殊环境巡检探查机器人等。随着我国进入老龄化社会，医疗、护理和康复的需求增加，同时由于人们对生活品质追求的提高，将

使个人/家用机器人在未来具有更为广阔的市场空间。

二、突破技术瓶颈，提升产业化能力

机器人集现代制造技术、新型材料技术和信息控制技术为一体，是智能制造的代表性产品，其研发、制造、应用成为衡量一个国家科技创新和制造业水平的重要标志，引起了世界制造强国的高度重视。

我国机器人产业的发展可追溯到上世纪八十年代，当时科技部将工业机器人列入了科技攻关计划，原机械工业部牵头组织了点焊、弧焊、喷漆、搬运等型号的工业机器人攻关，其他部委也积极立项支持，形成了中国工业机器人第一次高潮。其后，主要是由于市场需求的原因，机器人自主研发和产业化经历了长期的停滞。2010 年以后，我国机器人装机容量逐年递增，开始面向机器人全产业链发展。

机器人产业发展包括研发试验、机器人本体和零部件产业化、系统集成技术、服务等，每一个环节都很重要。我国机器人产业链的发展是一个任重道远的过程，整体来看，目前中国大部分机器人企业集中在集成领域，加工组装企业占多数。在核心及关键技术的原创性研究、高可靠性基础功能部件、系统工艺应用解决方案以及主机批量生产等方面，距发达国家还有相当的差距。关键部件方面，精密减速器、伺服电机及驱动器等关键部件大量依赖进口。虽然多年来国家对这方面也做了较大的投入支持，由于原来市场规模和产业化程度不高，不足以带动核心部件的发展，致使效果不理想。

由此可见，我国机器人技术实力不足制约了产业化规模，而规模较小也反过来制约了技术的发展，这些都影响了机器人产业化进程。若想提高国产机器人的市场竞争力，一方面要扩大国产机器人产量，提高国内机器人企业的产能；另一方面，要推动国产机器人关键零部件的国产化，提高关键零部件生产能力，满足国产机器人产能扩张的需要。

近两年，国家对智能制造和机器人高度重视。工信部、发改委、科技部等多部门都在力推机器人产业的发展，从顶层设计、财税金融、示范应用、人才培养等多个方面着手推进自主品牌机器人产业发展，扶持政策愈来愈全面、细化。我国机器人产业路线图以及机器人产业“十三五”规划相关工作也在稳步推进。这对我国机器人企业突破技术瓶颈、提高产业化能力将起到极大的促进作用。

目前对于我国机器人产业而言，已经不是重视或不重视的问题，而是以什么样的眼光来看待这个产业，以什么样的思维来培育和有序发展这个产业的问题。对于机器人产业的市场需求、技术创新模式、资金支持方式等多方面问题，各地政府对该产业的扶持政策都有望走向细化。

三、加快下一代机器人研发生产，抢占机器人技术及产业发展的下一个制高点

随着机器人技术的发展，根据功能不同，机器人又被分为一般机器人和智能机器人。其中，一般机器人是指只具有一般编程能力和操作功能的机器人，目前我国生产的机器人大多数属于这一类；智能机器人并没有统一的定义，大多数专家认为智能机器人至少要具备以下几大功能特征：一是具备对不确定作业条件的适应能力；二是具备对复杂对象的灵活操作能力；三是具备与人紧密协调合作的能力；四是具备与人自然交互的能力；五是具备人机合作安全特征。无论是现代的工业机器人还是服务机器人，最终都将发展为具有学习能力的智慧型机器人。我们一般将智能机器人又称为下一代机器人。随着 3D 视觉感知/认知、力觉传感器等技术的不断进步和与工业互联网、云计算、大数据等新一代信息技术的深度融合，下一代机器人的智能化程度将进一步提高，对外界的感知能力将进一步增强，可以完成动态、复杂的作业使命，实现多机协同，并与人类协同作业。

为进一步抢占国际市场，提升制造业在全球的竞争性地位，各经济强国跃跃欲试，纷纷制定发展规划，以图抢占先进机器人技术的发展先机。目前，德国政府推行“工业 4.0”战略，构建“智能工厂”，打造“智能生产”，其重点课题之一是人与机器、机器与机器之间的交互合作。美国 2013 年提出了“美国机器人发展路线图”，将围绕制造业攻克机器人的强适应性和可重构的装配、仿人灵巧操作、基于模型的集成和供应链的设计、自主导航、非结构化环境的感知、教育训练、

机器人与人共事的本质安全性等关键技术。2015年初，日本政府公布了《日本机器人新战略》，并在其五年行动计划中，明确提出要“研究开发下一代机器人中要实现的数据终端化、网络化、云计算等技术”。韩国政府近年来陆续发布多项政策，旨在扶植第三代智能机器人的研发与应用，2012年韩国公布的《机器人未来战略战网 2022》，其政策焦点为支持韩国企业进军国际市场，抢占智能机器人产业化的先机。在美、日、欧等技术强国的大力推进下，近5年来下一代机器人样机、示范应用、乃至实用系统不断涌现。

从我国目前来看，下一代工业机器人需求市场尚未完全成熟，但具有战略意义的共性技术研发、储备又尤为迫切。当前我国发展下一代机器人产业，应首先注重夯实机器人产业技术基础，着力推动现有机器人的产业化进程，加快自主品牌机器人在国内市场的推广应用。探索新的技术研发模式，鼓励科研院所与企业发挥各自优势，多方建立下一代工业机器人前沿、共性技术研发与储备的国家级平台，从中国的国情、需求出发，突破下一代机器人核心技术，研制出下一代机器人样机系统、产品，并推进产业化进程，抢占下一代机器人国际制高点。对于应用于不同领域的机器人产品，实施不同的发展战略：一方面以企业为核心，以共性技术平台为支撑，优先发展下一代工业机器人，推进产需对接，抢占发展制高点；另一方面，以市场为导向，把握国内需求特点，发展医疗、养老助残等服务机器人和特殊服役环境下作业的特种机器人。

《中国制造 2025》解读之：

推动航空装备发展

工信部 装备工业司

航空装备包括飞机、航空发动机及航空设备与系统。飞机是为国民经济、社会发展和人民交通出行服务的空中运载工具，主要包括干线飞机、支线飞机、通用飞机、直升机、无人机以及特种飞行器等。飞机被称为“工业之花”和技术发展的火车头，产业链长，覆盖面广，在保持国家经济活力、提高公众生活质量和国家安全水平、带动相关行业发展等方面起着至关重要的作用。航空发动机被誉为工业皇冠上的明珠，是以航空燃气涡轮发动机为基础的产业集群，包括涡扇/涡喷发动机、涡轴/涡桨发动机及传动系统、活塞发动机，对国民经济和科技发展有着巨大带动作用，集中体现国家综合国力、工业基础和科技水平，是国家安全和大国地位的重要战略保障。航空机载系统与设备涉及航空电子、飞行控制和航空机电三个领域，是确保飞机安全，增强飞机性能和效能，提高飞机舒适性、可靠性、维修性的重要支柱和手段。

一、航空装备发展环境

（一）市场需求

航空运输和通用航空服务需求的不断增长为航空装备制造业的发展创造了广阔的市场空间。预计未来 10 年，全球将需要干线飞机 1.2 万架、支线飞机 0.27

万架、通用飞机 1.83 万架、直升机 1.2 万架，总价值约 2 万亿美元；我国将需要干线飞机和支线飞机 1940 架，价值 1.8 万亿元；同时，随着我国空域管理改革和低空空域开放的推进，国内通用飞机、直升机和无人机市场巨大。未来 10 年全球涡喷/涡扇发动机需求量将超 7.36 万台，产值超 4160 亿美元；涡轴发动机需求量超 3.4 万台，总产值超 190 亿美元；涡桨发动机需求量超 1.6 万台，总市值超 150 亿美元；活塞发动机需求量将超 3.3 万台，总市值约 30 亿美元。

我国在国民经济快速发展和综合实力不断提高的经济形势下，对航空运输和通用航空服务的需求也在快速增长，航空工业发展的市场空间十分广阔。

（二）政策环境

近年来，随着政府的高度重视和国内强大的市场需求，航空工业面临着前所未有的发展机遇和良好环境。2005 年以来，我国相继发布了《国家中长期科学和技术发展规划纲要(2006-2020 年)》、《国家“十二五”科学和技术发展规划》、《“十二五”国家战略性新兴产业发展规划》、《民用航空工业中长期发展规划（2013—2020 年)》等规划，为我国航空产业发展指明方向，将推动我国航空工业实现快速发展。

抓紧实施大型飞机重大专项是国家加快我国航空装备发展的重大举措。举全国之力、聚全国之智发展大型飞机，对我国航空工业的整体发展起到了极大的带动作用。为解决航空装备发展的动力瓶颈问题，国家将大力提升航空发动机自主创新能力，促进我国航空装备取得重大进步。

（三）竞争环境

全球竞争是航空工业的重要特点，中国航空工业必须与世界航空强国同台竞技。目前，世界航空工业经过百余年的发展，在市场上已形成了高度垄断。

美国是当今世界上航空工业最为发达的国家，拥有完备的工业和科研体系，在技术上全面处于世界领先地位。有实力的大企业主要集中在美国，在世界航空航天 100 强企业中，美国占 44 家，在前 10 强中，美国占 7 家，其 2012 年的销售收入为 2179 亿美元，出口额为 955 亿美元，绝对领先于其他国家。

欧洲的航空产品国际市场竞争力强，大型客机、军机、直升机、发动机均占有国际市场的相当大份额；2012 年销售收入约 1600 亿美元，其中出口占 60%；在世界航空航天 100 强企业中，欧洲占据了 35 家，仅次于美国。俄罗斯是世界上极少数能够研制各类航空产品的国家之一，其军机国际市场竞争力较好，但民机产品比较逊色，近二十年来发展缓慢，现正在酝酿新的崛起。

加拿大是喷气公务机和支线客机全球最大的生产国之一，巴西的支线客机也占有世界市场的半壁江山，日本是世界主要民用客机和发动机生产商的重要合作伙伴，乌克兰具有大型运输机、航空发动机的设计和生产能力。这些国家在局部技术、某些产品领域也具有一定特色和优势。

航空发达国家利用其技术优势和垄断地位，通过技术禁运和适航壁垒，阻碍我国航空工业的发展和进步。

（四）技术及经济基础

经过几十年的努力，我国已建立起较为完整的航空技术体系、产品谱系和产业体系，特别是近年来我国成功地研制了以歼 15、歼 20、运 20、武直 10 等为代表的军用飞机，在民机方面“新舟”系列已交付百架，ARJ21 等支线客机即将投入航线，大型干线客机 C919 的研制取得重要阶段性成果，小型无人机和通航飞机正处于快速发展之中，这都表明我国航空制造业已步入发展的快车道。

我国经过三十多年的改革开放和经济社会的快速发展，为发展航空装备提供了强大的经济基础。我国工业转型升级，创新能力和国际竞争力显著增强为加快航空工业发展提供了良好的科技和工业基础。

二、十二五发展成就及存在的问题

（一）十二五发展成就

十二五期间，我国成功研制了一批新型民用飞机，推动了航空产业的发展。

C919大型客机订单数量不断增加，达到450架，首架机前机身、后机身、垂尾和舱门等大部件均已交付，研制工作进展良好。ARJ21-700新一代涡扇支线客机成功取得适航认证，即将进入运营阶段。先进中型多用途直升机AC352总装下线试飞，综合性能良好。大型灭火/救援飞机进入工程制造阶段，中机身、机头等大部件在中国民航局批准放行证书/适航批准标签的基础上顺利下架，首架机即将进行最后总装。新舟600涡桨支线客机及新舟600F货机均取得适航认证。飞机、电源变换器、离心式增压泵、飞机主液压泵、气压高度表、空速表、升降速度表、甚高频通信电台、YDK-2C型S模式应答机等一大批机载设备成功取证，成为货架产品。

与此同时，国产飞机市场反应开始逐渐转好。运12系列飞机凭借优秀的性价比成功签订出口大单，历史性地进入了美国和俄罗斯市场。新舟60系列飞机已经累计飞行约30万个起落和30万个飞行小时，为国产民机设计、服务、运营积累了大量宝贵经验，在此基础上发展的新舟600客机订单情况良好。新舟700飞机也正在积极研制，预计十三五期间取得适航证，进入市场。

（二）存在的问题

虽然我国航空工业取得了长足进步，但总体而言，民用航空工业在我国还属继续培育的幼稚产业，与国际先进水平相比，仍存在较大差距。主要表现在：

一是产业规模小，规模效应尚未充分体现，产业自主发展能力不强，市场机制有待完善。

二是我国航空产品种类偏少，技术水平不高，市场竞争力不强。

三是我国民用航空科技虽然与自身相比取得了长足进步，但是与航空发达国家相比，差距仍然明显。

四是航空发动机、机载系统和设备、原材料和元器件等瓶颈问题制约严重。

五是适航能力明显不足。

三、未来发展重点

（一）飞机产业

1. 干线飞机。重点发展150座级、单通道干线飞机。适时发展座级范围250～350座，航程9000～15000公里的宽体飞机，该机采用先进气动力设计、高涵道比大推力涡扇发动机、多电技术、高度综合集成航电系统。

2. 支线客机。进行ARJ21、M60/M600改进升级，提高可靠性、安全性。同时加快研制座级50～60座，最大燃油航程2450公里，最大起飞重量21.8吨，经济巡航速度430公里/小时的先进涡桨支线飞机。该机可在高温、高原状态下起飞，适应不同航路、跑道的特性，可进行多用途改装。

3. 通用飞机。重点发展大中型喷气公务机和大型救援/灭火水陆两栖飞机。大中型喷气公务机最大起飞重量25.4吨。大型救援/灭火水陆两栖飞机该产品是为了满足我国森林灭火、水上应急救援任务的需要研制的大型水陆两栖飞机，采用单船身、悬臂上单翼布局形式；选装4台WJ6发动机，采用前三点可收放式起落架。该机最大起飞重量49吨，最大载水量12吨，最大平飞速度560公里/小时，起降抗浪高度2米。

4. 直升机。重点发展重型直升机和先进轻型双发直升机。重型直升机内载重10～15吨；先进轻型双发直升机最大起飞重量约3吨，内载1100公斤，最大外吊挂1360公斤，载客8名；采用单旋翼带尾桨的常规布局，滑橇式起落。同时对现有4～13吨民用直升机根据市场要求进行改进改型。

（二）航空发动机产业

1. 大涵道比涡扇发动机。重点发展14000kgf推力级CJ1000A涡扇发动机，满足国产150座干线客机C919对动力的需要。巡航耗油率不大于0.52kg/(kgf•h)，发动机排放应比国际民航组织CAEP 6规定的排放水平低50%以上，安全性、可靠性和维修性不低于国外同级别飞机的最先进动力装置的水平。

2．中等涵道比中小型涡扇发动机。重点发展 1000kgf 推力级小型中等涵道比涡扇发动机，满足国内外 7～8 座轻型公务机对动力的需求。地面起飞耗油率不高于 0.5 kg/(kgf • h)，巡航推力 300kgf，巡航耗油率不高于 0.73 kg/(kgf • h)。

3．中等功率涡轴发动机及传动系统。全力推进中等功率级涡轴发动机国际合作，加快取得适航证。积极发展 1000kW 新一代涡轴发动机，起飞耗油率不高于 0.285kg/kW.h。

4．大功率涡桨发动机。重点发展 5000kW 级涡桨发动机，主要用于未来 70～90 座级民用支线客机及 20～80 吨级中小型运输机。起飞功率约为 5000kW，起飞耗油率不高于 0.246kg/kW • h。

5．航空活塞发动机。重点发展 200kW 级航空活塞发动机，用于小鹰 500、塞斯纳 182、钻石 40 等 4 座轻型通用飞机以及无人机。

（三）航空机载设备与系统产业

1．航电系统。发展综合模块化航空电子系统，具有多路双向和多路离散量/模拟量接口功能。综合导航系统含大气数据惯性参考单元、卫星导航、无线电导航功能。座舱显控系统具备飞行、导航、发动机参数和飞机状态信息的显示以及人机交互功能，并提供机组告警功能。机载维护系统具备状态监测、故障检测与隔离以及趋势分析等功能。通信系统具备甚高频通信、高频通信、选择呼叫、卫星通信、数据链通信、维护内话、音频综合、无线电调谐、应急定位发射等功能。

2．飞控系统。主飞行控制系统具备主动控制功能，掌握主动侧杆技术。研制分布式独立驱动、自适应高升力系统，自动飞行控制系统，具有飞行指引、自动驾驶、自动推力等功能。

3．机电系统。液压系统实现基于 35MPa 的高压系统设计；实现分布式电液作动器（EHA）与机电作动器（EMA）在国产民用飞机的应用。电力系统实现 115V、宽变频交流电源系统，分布式自动配电，单通道功率等级大于 120kVA；远期实现单通道功率等级大于 250kVA。环控系统实现三轮升压式高压除水制冷系统装备国产运输机，掌握四轮升压式环控系统技术；2025 年前，研制出电动环控系统。辅助动力系统具备起动/发电一体化功能，2025 年实现多电型组合动力装置装机应用。客舱设备掌握水/废水系统压力供水、真空冲洗技术；2025 年实现水/废水系统在民机上装机应用。

4．航空材料和元器件。突破高强高韧铝合金、高性能钛合金、超高强度钢和高性能树脂基复合材料关键技术。显示组件适用于机载条件下的高可靠性、大容量显示以及 OLED；开展数字像源等新技术、新原理机载显示组件的研发与应用工作。研制出高精度谐振式光子晶体光纤陀螺，实现 20kW 大功率无刷电机和 20kW 开关磁阻电机工程化应用。提高航空专用传感器油液、气体、温度、压力等航空传感器的监测精度和长期可靠性；研发基于新型敏感材料、新型封装材料、新型导电材料等新材料的传感器。

四、政策措施

我国航空工业目前正处于转型升级发展的关键时期，为了保持航空产业的持续健康发展，需要加大对航空产业的扶持力度，加大航空研发和基础设施的投资力度，科学规划航空科研与试验重大基础设施建设，实施若干对航空装备制造业实现创新驱动发展有重要推动作用的重大专项及重大工程，同时加快出台以下扶持政策：

（一）加快制定振兴航空制造业的法律法规和政策措施

保证航空制造业的持续健康发展，加快航空产业发展促进条例制定，建立法律和制度保障。按照社会主义市场经济下航空产业发展规律，完善产业发展金融保障机制，建立和完善融资体系、担保基金和风险规避机制等。

（二）加强适航技术能力和适航体系建设

加强适航技术研究、提高适航设计、验证和审定能力，全面提升适航水平。加强与美欧等发达国家民用航空管理当局的合作，拓展双边适航协定。

（三）加快低空空域改革，促进通用航空产业发展

通用航空产业涉及面广，管理难度大，民航、军队、石油、地矿、邮电、农业、林业、旅游、交通、体育等多部门需要建立相关工作机制，协同推进。特别是要进一步加快低空空域改革，促进通用航空产业发展。

（四）推进重点民用航空产品产业化

民用航空企业研发和创新。在符合 WTO 规则和国际惯例的基础上，鼓励购买国产飞机。实施国产航空器的政府采购政策，落实中央财政、地方财政对国产民用航空产品的政府采购。结合国家“一带一路”战略，支持航空制造企业“走出去”。

加快推动航天装备发展

国防科工局　系统工程一司

航天装备主要是指运载器、卫星、飞船、深空探测器等空间飞行器及相关地面设备等。航天装备的水平是代表一国航天能力的核心标志，也是衡量国家高科技生产力高低的重要标志之一。大力提升我国航天装备发展能力，建设先进的航天科技工业体系，率先实现我国由航天大国向航天强国的突破，是实现“航天梦”、助推“中国梦”的战略选择。

一、主要成就

中国航天走过了 50 多年的辉煌历程，取得了举世瞩目的成就，已具备了较为完善配套的航天装备研发、设计、制造、试验体系及产品质量保障体系，是当今世界为数不多的能够提供运载火箭、卫星、载人飞船、深空探测器等多类航天产品、发射服务及地面设施建设等一揽子服务的国家，已跻身于世界航天大国行列，在促进社会经济发展、带动科技进步、增强国防实力、提高国家国际地位等方面发挥了重要作用。

（一）运载火箭研制发射能力显著提升

我国长征系列运载火箭形成了长征二号、长征三号和长征四号三个系列，总发射次数突破 200 次，基本实现型谱化、系列化发展和高密度发射，可靠性达到国际先进水平，长征五号、长征六号、长征七号等新一代运载火箭研制进展顺利，进入空间能力不断提高。

（二）应用卫星逐步提供大规模业务化服务

陆地资源、海洋、气象、环境减灾等遥感卫星已形成一定的业务化服务能力，高分二号卫星成功发射标志着我国民用遥感卫星分辨率进入亚米级时代。通信广播、数据中继等卫星通信基本保障体系已建成，北斗导航系统完成区域组网并向我国及周边地区提供服务。卫星通信、导航、遥感等空间信息服务能力大幅提升。

（三）载人航天与探月工程取得里程碑式成果

神舟十号飞船与天宫一号目标飞行器实现成功对接，我国已掌握载人天地往返、航天员出舱、空间飞行器交会对接等关键技术；探月工程二期圆满完成，嫦娥三号任务首次实现我国航天器在地外天体着陆，为我国航天事业树立了新的里程碑，探月三期再入返回飞行试验圆满成功，为后续发展奠定了坚实基础。

（四）航天技术应用和转化效益凸显

卫星应用成为国家创新管理、保护资源环境、提升减灾能力、提供普遍信息服务以及培育新兴产业不可或缺的手段。2013 年卫星应用产值规模超过 1000 亿元，应用的广度和深度不断扩展。与此同时，航天优势技术转化及其与新一代信息技术、新能源、新材料等结合，形成了众多民用产品和综合解决方案，破解了一系列技术难题。

二、形势与需求

随着航天技术的快速发展，基于太空的应用尤其是卫星应用已渗透到社会经济活动的各个领域，成为人类应对全球性问题、发展新兴产业、保障可持续发展的不可或缺的手段。太空成为世界强国争夺的制高点之一，世界主要航天国家均加快部署实施航天计划，致力于提升进入空间和利用空间的能力，巩固和提高航天在国家整体发展战略中的地位与作用；众多新兴航天国家积极发展和利用航天技术，世界航天发展方兴未艾。我国航天正处于试验应用向业务化应用、产业化发展的转型发展关键期，面对日益增长的经济社会发展需求和国际竞争环境，亟需发展先进的航天装备体系，形成较为全面的宇宙探索能力，提高全球化、产业化、商业化发展水平，积极服务于国家战略和经济社会发展。

（一）经济社会发展对空间信息应用需求迫切

卫星通信、导航、遥感等空间基础设施是信息化、智能化和现代化社会的战略性基础设施，无论是支撑能源资源开发、粮食安全、海洋权益等国家重大战略，服务国土资源、防灾减灾、环境保护、农林水利、交通运输等国民经济重要领域的广域精细化应用，还是满足文化、教育、医疗等民生领域的高品质普遍信息服务和信息消费的迫切需求，都高度依赖空间基础设施的发展及应用，随着我国经济社会的快速发展，各领域、各部门及大众服务等都对构建自主可控的空间基础设施提出了更加广泛和更为迫切的需求。

（二）建设创新型国家要求加快实现航天强国目标

航天科技是国家经济社会发展和科技进步的重要推动力，进入空间、利用空间事关国家战略利益与安全。运载工具是一个国家自主进入空间能力的体现，也是大规模开发和利用空间资源的前提，目前我国运载能力仍有不足、进入空间能力有待提高；我国民用空间基础设施建设与经济社会发展的迫切需求还不相适应，存在体系不完备、卫星性能不高、服务能力不足、应用滞后等问题，需要加快形成连续稳定的空间信息服务能力；深空探测是人类探索未知、探究前沿科学的重要举措，美、俄、欧、日等竞相开展无人和载人深空探测活动，持续开展载人航天与深空探测是促进航天技术跨越发展、促进人类文明进步的重要手段。总之，大力提升航天装备水平，形成引领发展的航天自主创新能力、先进的空间探索与开发利用能力、高效的航天科技工业体系和产业发展能力，加快建设航天强国，是推进制造强国建设、带动国家科技进步、满足经济社会发展需求、维护国家安全利益的战略选择。

（三）全球化战略对航天装备服务能力提出新要求

由于卫星通信、导航、遥感不受地域和国界限制，具备全球服务及全球竞争与合作的特征，世界航天产业全球化发展趋势日益明显。面向经济全球化进程，应对气候变化、生态环境保护、防灾减灾等全球性问题，服务我国企业“走出去”、“一带一路”等国家重大战略，大力提升航天装备的全球化服务能力，积极承担国际义务，推进开放共享和国际合作，提升国际影响力，是我国航天发展的时代要求。

（四）产业化、商业化发展成为航天可持续发展的必由之路

随着航天应用的日益广泛，世界航天产业化和商业化发展程度不断提高。在国家大力推动军民融合深度发展、统筹推进经济建设和国防建设的新时期，作为国家战略性产业，应在政府引导下，充分发挥市场配置资源的决定性作用，积极推进航天产业化和商业化发展，根植于国家工业基础，充分利用全社会技术、人才和能力优势，建设开放融合的航天科技工业体系，才能形成强大的竞争力和可持续发展能力，充分发挥航天产业的应用效益，更加高效地服务于国家经济社会发展。

三、发展方向与重点任务

未来十到十五年，我国航天发展应以满足国家战略与经济社会发展需求为宗

旨，基于我国国情，遵循统筹发展、创新发展、开放发展、科学发展的基本原则，以应用卫星和卫星应用为主，适度开展载人航天和深空探测，积极推进军民融合，形成具备强大国际竞争力的航天产业，逐步实现航天强国的发展目标。

（一）发展先进运载工具

以市场和任务需求为牵引，以经济环保、适应性强、可靠性高为方向，通过模块化、组合化的途径，建设完善运载火箭系列，填补我国进入空间能力空白，满足未来发射需求。完成长征五号、长征六号、长征七号、长征八号等无毒、无污染新一代运载火箭研制并实现首飞。发展重型运载火箭，提升我国更大更远自主进入空间的能力，支撑深空探测工程和空间基础设施建设。2020 年前后，形成新一代大、中、小型运载火箭型谱，运载能力达到国际同期服役火箭主体水平。2025 年前后，建成高效、灵活、安全的航天运输体系。

（二）建设国家空间基础设施

国家空间基础设施是为广大用户提供遥感、通信广播、导航定位以及其他产品与服务的天地一体化工程设施。

根据《国家民用空间基础设施中长期发展规划》，按照天地一体化建设思路，开展空间基础设施建设。卫星遥感系统重点发展陆地观测、海洋观测、大气观测三个系列，逐步形成高、中、低空间分辨率合理配置、多种观测手段优化组合的综合高效全球观测能力。卫星通信广播系统发展固定通信广播卫星、移动通信广播卫星和数据中继卫星三个系列，逐步覆盖全球主要地区，并与地面通信网络融合。卫星导航定位系统继续发射组网，建成北斗全球卫星导航系统，形成全球服务能力。

发展新型卫星等空间平台和载荷，支撑国家民用空间基础设施建设和升级换代。遥感卫星重点突破长寿命、高稳定性、高定位精度、大承载量和强敏捷能力的卫星平台技术，以及高分辨率、高精度、高可靠性及综合探测等有效载荷技术；通信广播卫星重点发展高功率、大容量、长寿命先进卫星平台技术，以及高功率、大天线、多波束、频率复用等先进有效载荷；导航卫星研制新型高精度载荷和自主定轨等技术，全面提升卫星性能，实现技术研发与业务应用的有效衔接。

2020年前后，基本建成国家民用空间基础设施体系，提供连续稳定的业务服务。2025年前后，建成技术先进、全球覆盖、高效运行的国家民用空间基础设施体系，业务化、市场化、产业化发展达到国际先进水平，形成长期持续稳定的空间信息服务能力。

（三）发展空天地宽带互联网系统

在国家民用空间基础设施建设基础上，顺应空天地一体化信息网络深度融合的国际发展新趋势，建设网络互联、全球覆盖、宽带服务和移动保障的卫星通信系统，与地面宽带网络、第五代移动通信系统等互联融合，形成我国自主的空天地一体化信息网络。

研制新一代固定宽带通信广播卫星和移动通信广播卫星，开发商用应用终端，面向航空、高铁、海洋船舶提供宽带通信服务，面向专用终端提供个人移动通信广播服务。建设天基骨干传输网、天基移动宽带接入网和地面节点网，建成信息安全自主可控的网络基础设施。

第一阶段，初步建成具备全球通信能力的天基通信系统，实现对全球热点区域的重点服务；第二阶段，逐步建成具备全球常态化通信能力的天基通信系统，形成与新一代移动通信网和互联网相互融合的天地一体化信息网络。

（四）推动载人航天和月球探测工程

继续推动实施载人航天工程和月球探测工程。根据载人航天“三步走”战略，完成空间站建设，解决较大规模、长期有人照料的空间应用问题，完成第三步任务。根据探月工程“绕、落、回”三期工程计划，发射月球采样返回器，实现月球取样返回，完成探月工程三期任务。

（五）适度发展深空探测

研制深空探测器，建立深空探测工程技术体系，以火星探测为重点，逐步实施小行星、木星系等深空探测任务，争取 2020 年前后具备火星探测等行星际探测能力，2025 年前后具备行星巡视探测能力。

（六）推进航天技术转化和空间技术应用

建立完善的空间信息服务平台、应用服务网络以及商业化、国际化的服务体系，积极开展行业、区域、国际及科技发展等多层面的遥感、通信、导航综合应用示范，加强跨领域资源共享与信息综合服务能力，加快与物联网、云计算、大数据及其他新技术、新应用的融合，提升空间基础设施的应用效能，带动卫星应用产业可持续发展。充分发挥航天高技术优势与天地一体化的特色，积极推动航天技术、产品和服务转化应用。

四、保障措施

推进航天科技工业发展模式变革，建立与我国先进制造体系融合发展、协同创新、基础雄厚的航天产业链，支撑我国航天事业的快速发展。

（一）面向数字化智能化与产业化发展，推进航天产业转型升级

面向产业化、市场化发展需求及挑战，以变革研制生产组织模式为主导，加速推进数字化、智能化、网络化制造技术与模式应用，围绕核心业务和关键能力优化资源配置，形成异地协同的产业化能力布局，完善适应产业化发展的经营管理体系，建设先进的航天科技工业体系。

（二）掌握航天核心技术，提升航天基础产品自主可控能力

借助于我国建设制造强国、打造全面工业基础能力的契机，结合国家工业强

基工程，攻克一批制约我国航天发展的关键元器件、部组件、关键原材料的技术难题，并着力解决原材料工程化问题，大力提升航天元器件原材料、制造技术与工艺、质量技术基础等方面的自主可控能力。

（三）加速市场化体制机制创新，打造开放协同的航天产业链

推进《航天法》制定，完善国家数据政策和航天产品定价机制，推进政府采购制度，推动多元化投资和商业化发展，鼓励社会资本进入卫星制造及应用等航天产业链。根据航天产品研制生产特点，不断完善市场经济条件下"小核心、大协作"的运行模式，建立根植于国家工业基础、自主保障、开放协同的航天供应链与产业链，促进国内国外两种资源、两个市场的开发利用。

（四）实施军民融合战略，推动航天科技工业高效健康发展

统筹利用军民航天资源，提升航天产品水平，构建军民商航天资源协调发展的新格局，建立军民航天资源统筹协调模式，完善航天规划衔接、分工建设、协同运行的工作体系，形成军民航天资源分工协作机制，加快建立航天资源开放共享网络。丰富民用卫星种类、增加数量，提高各类应用卫星完整、连续、长期稳定运行的业务化服务能力，确保形成天地一体化的综合卫星应用体系。加快航天军用技术成果推广转化，并充分挖掘和利用民用先进产品、技术和装备，支撑航天装备高效健康发展。

（五）加大航天国际合作力度，支持航天产品与服务更好地走出去

充分发挥国家航天局统一对外国际合作的平台作用，大力推进我国航天资源"走出去"。制定宇航产品出口政策，简化卫星出口审批程序，采取出口负面清单制，以促进宇航产品、空间数据和服务出口。

《中国制造 2025》解读之：

推动海洋工程装备及高技术船舶发展

工信息 装备工业司

船舶工业是为水上交通、海洋资源开发及国防建设提供技术装备的现代综合性和战略性产业，是国家发展高端装备制造业的重要组成部分，是国家实施海洋强国战略的基础和重要支撑。为此，《中国制造 2025》把海洋工程装备和高技术船舶作为十大重点发展领域之一加快推进，明确了今后 10 年的发展重点和目标，为我国海洋工程装备和高技术船舶发展指明了方向。

一、充分认识推动海洋工程装备和高技术船舶发展的重要意义

海洋工程装备是开发、利用和保护海洋所使用的各类装备的总称，是海洋经济发展的前提和基础；高技术船舶具有技术复杂度高、价值量高的特点，是推动我国造船产业转型升级的重要方向。海洋工程装备和高技术船舶处于海洋装备产业链的核心环节，推动海洋工程装备和高技术船舶发展，是促进我国船舶工业结构调整转型升级、加快我国世界造船强国建设步伐的必然要求，对维护国家海洋权益、加快海洋开发、保障战略运输安全、促进国民经济持续增长、增加劳动力就业具有重要意义。

（一）加快发展海洋工程装备和高技术船舶是我国建设海洋强国的必由之路

我国是一个负陆面海、陆海兼备的大国，提高海洋开发、控制和综合管理能力，事关经济社会长远发展和国家安全的大局。海洋与陆地的一个根本区别是海上的一切活动必须依托相应的装备，人类对海洋的探索与开发都是伴随着包括造船技术、海洋工程技术在内的装备技术的进步而不断深化的。经略海洋，必须装备先行。特别是我国海洋强国建设进程向前推进，综合实力不断上升，已经对传统海洋强国形成挑战，西方强国在一些核心技术和装备上对我封锁。中国建设海洋强国，必须建立自主可控的装备体系，必须掌握海洋工程装备和高技术船舶等高端装备的自主研制能力。目前，我国正在大力推进南海开发进程以及海上丝绸之路建设，对海上基础设施建设、资源开发、空间开发等相关装备的需求将更为急迫，也对我国高端海洋装备的发展提出了更高的要求。

（二）加快发展海洋工程装备和高技术船舶是建设世界造船强国的必然要求

经过新世纪以来的快速发展，我国已经成为世界最主要的造船大国，具备了较强国际竞争力。未来 10～20 年我国船舶工业将进入全面做强的新阶段。建设世界造船强国的核心任务是全面推进结构调整转型升级。所谓全面转型，就是产业发展动力的全面转型，由依靠物质要素驱动向依靠创新驱动转变，以产品创新，制造技术创新等支撑产业发展；所谓结构升级，主要是技术结构升级和产品结构升级。加快发展海洋工程装备及高技术船舶制造，是船舶工业全面转型、结构升级，从而实现全面做强的重要方向。加快提高海洋工程装备及高技术船舶国际竞争力，逐步引领未来国际船舶和海洋工程装备市场，将有力地带动我国船舶工业技术水平、科技创新能力和综合实力的整体跃升。

（三）加快发展海洋工程装备和高技术船舶等高端装备制造业是工业转型升级的重要引擎

随着中国经济进入新常态，增长速度逐步放缓，发展方式开始向集约型转变，经济结构深度调整，发展动力转向新增长点。发展高端制造业，正是中国制造业适应经济新常态，重塑竞争优势的重要举措。船舶工业作为我国最早进入国际市场，并且已经具备较强国际竞争力的行业，具备在我国建设世界制造强国的进程中率先突破的基础和条件。海洋工程装备和高技术船舶等高端的快速发展，必然成为带动整个制造产业升级的重要引擎。

二、未来十年我国海洋工程装备和高技术船舶发展面临的形势

（一）国际船市进入新一轮大的调整周期，海洋工程装备及高技术船舶成为需求热点

船舶工业是一个周期性很明显的产业。纵观国际船舶市场发展历程，间隔 30 年左右出现一次大的周期波动，其间每 3～5 年将出现中短期的波动。自 2008 年国际船市进入新一轮大调整以来，期间虽有起伏，但目前总体上还处在产业调整周期的低位。当前全球运力接近 17 亿载重吨，运力总量和结构性过剩矛盾较严重，消化过剩运力将需要一段时间。就未来调整方向来看，需求结构出现明显变化，散货船等常规船型需求乏力，海洋工程装备及高技术船舶需求相对旺盛。同时，节能环保的新型散货船、集装箱船、油船将是市场需求主体，液化天然气（LNG）船、液化石油气（LPG）船需求将保持旺盛，汽车运输船、豪华游轮、远洋渔船需求增长将较为明显，更多的市场增量将来自技术复杂船型。

（二）全球造船业竞争格局深度调整，主要造船国在海洋工程装备和高技术船舶领域竞争将日趋激烈

未来一段时期世界造船业仍将保持中韩日竞争格局，并且更主要地体现在高

技术船舶和海洋工程装备领域。具体来看，欧洲造船业将进一步退出船舶总装建造市场，但在设计、配套、海事规则制定等方面仍具优势，特别是欧美基本垄断了海洋工程装备领域的核心设计和关键配套；印度、巴西、越南等新兴造船国家受金融危机影响发展迟缓；日本在造船技术、生产效率和产品质量上仍具较强竞争力；韩国造船业将在相对较长时期内保持全面竞争优势，韩国提出未来 5～10 年将海洋工程装备制造业打造为第二个造船业；新加坡提出全力保持海工装备竞争优势。目前中国在常规海工产品制造领域已经加快赶超新加坡，并在向高端产品转型，未来在深水海工装备产品领域，中国、韩国及新加坡之间的竞争将更为激烈。

（三）产业核心竞争要素发生重大变化，关键要素从硬实力转向软实力

在新的产业竞争环境下，决定竞争成败的关键不再是设施规模、低劳动力成本等因素，而是技术、管理等软实力以及造船、配套等全产业链的协同，科技创新能力对竞争力的贡献更为突出。竞争要素的变化直接导致我国船舶工业原有比较优势在削弱，特别是劳动力、土地等各类要素成本集中上升，人民币汇率呈长期升值趋势，低成本制造的传统优势正在消失，产业发展的重心已经从追求速度转向追求质量效益。高技术船舶和海洋工程装备处在船舶产业价值链的高端，是我国船舶工业未来发展的重点。

（四）新一轮科技革命和产业变革兴起，将引发制造业分工格局的深度调整

以信息技术和制造业深度融合为重要特征的新科技革命和产业变革正在孕育兴起，多领域技术群体突破和交叉融合推动制造业生产方式深刻变革，“制造业数字化网络化智能化”已成为未来技术变革的重要趋势。制造模式加快向数字化、网络化、智能化转变，柔性制造、智能制造等日益成为世界先进制造业发展的重要方向。船舶制造也正朝着设计智能化、产品智能化、管理精细化和信息集成化

等方向发展，世界造船强国已经提出打造智能船厂的目标。同时，国际海事安全与环保技术规则日趋严格，船舶排放、船体生物污染、安全风险防范等船舶节能环保安全技术要求不断提升，船舶及配套产品技术升级步伐将进一步加快。

（五）产业发展中不平衡、不协调、不可持续问题仍然突出，产业结构亟待调整升级

一是自主创新能力亟待提升，高端产品市场竞争力不强。创新引领和创新驱动明显不足，创新模式仍属追随型。海洋工程装备和高技术船舶占比明显低于韩国，特别是深水装备方面差距更为明显。

二是船舶配套产业亟待升级。韩国、日本船用设备本土化装船率分别高达85%以上和90%以上，我国仍有较大差距，特别是在高技术船舶和海洋工程装备配套领域本土化配套率不足30%。

三是生产效率亟待提高。目前我国造船效率是韩国的1/3，日本的1/4，随着劳动成本的不断攀升，效率对保持成本竞争优势的作用将更加突出。

四是产业结构亟需升级。目前，我国船舶工业面临着资源环境约束日益趋紧、劳动力成本和各类生产要素成本上升等问题，造船产能结构性过剩问题突出，产品结构主要以散货船为主，低端产能过剩，高端产能不足。

三、未来十年我国海洋工程装备和高技术船舶发展思路与重点方向

未来十年，我国船舶工业应紧紧围绕海洋强国战略和建设世界造船强国的宏伟目标，充分发挥市场机制作用，顺应世界造船竞争和船舶科技发展的新趋势，强化创新驱动，以结构调整、转型升级为主线，以海洋工程装备和高技术船舶产品及其配套设备自主化、品牌化为主攻方向，以推进数字化网络化智能化制造为突破口，不断提高产业发展的层次、质量和效益。力争到2025年成为世界海洋工程装备和高技术船舶领先国家，实现船舶工业由大到强的质的飞跃。

《中国制造 2025》明确提出，海洋工程装备和高技术船舶领域将大力发展深海探测、资源开发利用、海上作业保障装备及其关键系统和专用设备。推动深海空间站、大型浮式结构物的开发和工程化。形成海洋工程装备综合试验、检测与鉴定能力，提高海洋开发利用水平。突破豪华邮轮设计建造技术、全面提升液化天然气等高技术船舶国际竞争力，掌握重点配套设备集成化、智能化、模块化设计建造技术。

根据产业发展阶段、发展基础和条件，未来十年海洋工程装备和高技术船舶发展方向与重点主要在以下几个方面：

（一）海洋资源开发装备

海洋资源包括海洋油气资源以及矿产资源、海洋生物资源、海水化学资源、海洋能源、海洋空间资源等。海洋资源开发装备就是各类海洋资源勘探、开采、储存、加工等方面的装备。

1. 深海探测装备。重点发展深海物探船、工程勘察船等水面海洋资源勘探装备；大力发展载人深潜器、无人潜水器等水下探测装备；推进海洋观测网络及技术、海洋传感技术研究及产业化。

2. 海洋油气资源开发装备。重点提升自升式钻井平台、半潜式钻井平台、半潜式生产平台、半潜式支持平台、钻井船、浮式生产储卸装置（FPSO）等主流装备技术能力，加快技术提升步伐；大力发展液化天然气浮式生产储卸装置（LNG-FPSO）、深吃水立柱式平台（SPAR）、张力腿平台（TLP）、浮式钻井生产储卸装置（FDPSO）等新型装备研发水平，形成产业化能力。

3. 其他海洋资源开发装备。重点瞄准针对未来海洋资源开发需求，开展海底金属矿产勘探开发装备、天然气水合物等开采装备、波浪能/潮流能等海洋可再生能源开发装备等新型海洋资源开发装备前瞻性研究，形成技术储备。

4. 海上作业保障装备。重点开展半潜运输船、起重铺管船、风车安装船、多用途工作船、平台供应船等海上工程辅助及工程施工类装备开发，加快深海水下应急作业装备及系统开发和应用。

（二）海洋空间资源开发装备

海洋空间资源是指与海洋开发利用有关的海上、海中和海底的地理区域的总称。将海面、海中和海底空间进行综合利用的装备可统称为海洋空间资源开发装备。

1．深海空间站。突破超大潜深作业与居住型深海空间站关键技术，具备载人自主航行、长周期自给及水下能源中继等基础功能，可集成若干专用模块（海洋资源的探测模块、水下钻井模块、平台水下安装模块、水下检测/维护/维修模块），携带各类水下作业装备，实施深海探测与资源开发作业。

2．海洋大型浮式结构物。以南海开发为主要目标，结合南海岛礁建设，通过突破海上大型浮体平台核心关键技术，按照能源供应、物资储存补给、生产生活、资源开发利用、飞机起降等不同功能需要，依托典型岛礁开展浮式平台建设。

（三）综合试验检测平台

综合试验检测平台是海洋工程装备总体及配套设备研发设计的基础，是创新的源泉和发展的动力。

1．数值水池。以缩小我国在船舶设计理论、技术水平方面与国际领先水平的差距为目标，通过分阶段实施，建立能够实际指导船舶和海工研发、设计的数值水池。

2．海洋工程装备海上试验场。以系统解决我国海洋工程装备关键配套设备自主化及产业化根本问题为目标，通过建设海洋工程装备海上试验场，实现对各类平台设备及水下设备的耐久性和可靠性试验，加快我国海洋工程装备国产化进程。

（四）高技术船舶

船舶领域下一步发展的重点：一是实现产品绿色化智能化，二是实现产品结构的高端化。

1．高技术高附加值船舶。抓住技术复杂船型需求持续活跃的有利时机，快速提升 LNG 船、大型 LPG 船等产品的设计建造水平，打造高端品牌；突破豪华游轮设计建造技术；积极开展北极新航道船舶、新能源船舶等的研制。

2．超级节能环保船舶。通过突破船体线型设计技术、结构优化技术、减阻降耗技术、高效推进技术、排放控制技术、能源回收利用技术、清洁能源及可再生能源利用技术等，研制具有领先水平的节能环保船，大幅减低船舶的能耗和排放水平。

3．智能船舶。通过突破自动化技术、计算机技术、网络通信技术、物联网技术等信息技术在船舶上的应用关键技术，实现船舶的机舱自动化、航行自动化、机械自动化、装载自动化，并实现航线规划、船舶驾驶、航姿调整、设备监控、装卸管理等，提高船舶的智能化水平。

（五）核心配套设备

配套领域下一步发展的重点：一是推动优势配套产品集成化、智能化、模块化发展，掌握核心设计制造技术；二是加快船舶和海工配套自主品牌产品开发和产业化。

1．动力系统。重点推进船用低中速柴油机自主研制、船用双燃料/纯气体发动机研制，突破总体设计技术、制造技术、实验验证技术；突破高压共轨燃油喷射系统、智能化电控系统、EGR 系统、SCR 装置等柴油机关键部件和系统，实现集成供应；推进新型推进装置、发电机、电站、电力推进装置等电动及传动装置研制，形成成套供应能力。

2．机电控制设备。以智能化、模块化和系统集成为重点突破方向，提高甲板机械、舱室设备、通导设备等配套设备的标准化和通用性，实现设备的智能化控制和维护、自动化操作等。

3．海工装备专用设备。提高钻井系统、动力定位系统、单点系泊系统、水下铺管系统等海洋工程专用系统设备研制水平，形成产业化能力。

4．水下生产系统及关键设备。重点突破水下采油井口、采油树、管汇、跨接管、海底管线和立管等水下生产系统技术与关键水下产品及控制系统技术，实现产业化应用。

《中国制造2025》解读之：

推动先进轨道交通装备发展

工信部　装备工业司

我国轨道交通装备制造业经历60多年的发展，已经形成了自主研发、配套完整、设备先进、规模经营的集研发、设计、制造、试验和服务于一体的轨道交通装备制造体系，包括电力机车、内燃机车、动车组、铁道客车、铁道货车、城轨车辆、机车车辆关键部件、信号设备、牵引供电设备、轨道工程机械设备等10个专业制造系统，特别是近十年来在“高速”、“重载”、“便捷”、“环保”技术路线推进下，高速动车组和大功率机车取得了举世瞩目的成就。

中国轨道交通装备制造业是创新驱动、智能转型、强化基础、绿色发展的典型代表，是我国高端装备制造领域自主创新程度最高、国际创新竞争力最强、产业带动效应最明显的行业之一。但我国轨道交通装备制造行业仍然年轻，与发达工业国家相比还有一定的提升空间。我国轨道交通装备制造业要以国家实施的“中国制造2025”、“一带一路”战略为契机，紧紧抓住技术演进和产业发展的机遇，坚持创新驱动，实现由制造大国到制造强国的升级。

一、全球轨道交通装备制造业发展趋势

随着社会经济的快速发展，资源紧缺、污染严重等问题突出，造成客货运力不足、道路交通拥堵、排放及噪声污染、公交便捷及安全等问题愈发被人们关注。因此，世界各国都将发展安全、高效、绿色、智能的新型轨道交通作为未来公共

交通发展的主导方向，发展模式也由传统模式向互联互通、可持续、多模式运输发展转化。

当前，全球正出现以信息网络、智能制造、新能源和新材料为代表的新一轮技术创新浪潮，全球轨道交通装备领域孕育新一轮全方位的变革。轨道交通装备制造业作为高端制造的代表，全球领先的轨道交通企业已经开始实施产品数字化设计、智能化制造、信息化服务。在发展趋势和政策导向下，中国轨道交通装备制造业将迈进信息化、智能化时代，走上制造强国之路。

二、轨道交通装备制造业发展目标和发展路径

“中国制造 2025”轨道交通装备制造业的根本任务是善用轨道交通作为公共交通和大宗运输载体的巨大发展空间，以绿色智能技术为主线，以多样性产品为载体，以全球市场为目标，实现技术引领、产业辐射。

到 2025 年，我国轨道交通装备制造业要形成完善的、具有持续创新能力的创新体系，在主要领域全面推行智能制造模式，主要产品达到国际领先水平，境外业务占比达到 40%，服务业务占比超过 20%，主导国际标准修订，建成全球领先的现代化轨道交通装备产业体系，占据全球产业链的高端。

围绕轨道交通装备制造强国的战略目标，按照“推动原始创新、引领绿色智能、创新发展模式、拓展国际空间”的发展思路，以构建具有世界领先的现代轨道交通装备产业体系为指引，以体现信息技术与制造技术深度融合的数字化、智能化中国制造为主线，推进要素驱动向创新驱动转变、低成本竞争优势向质量效益竞争优势转变、传统制造向智能制造转变、生产型制造向服务型制造转变。

三、轨道交通装备制造业发展的重点任务

未来十年的我国轨道交通装备发展重点是依托数字化、信息化技术平台，广泛应用新材料、新技术和新工艺，重点研制安全可靠、先进成熟、节能环保的绿

色智能谱系化产品，拓展“制造+服务”商业模式，开展全球化经营，建立世界领先的轨道交通装备产业创新体系。

（一）实施创新驱动

研制中国标准高速动车组等满足国内外市场需求的标准型产品，进一步打造具有国际竞争力的平台化、谱系化、智能化和绿色节能轨道交通装备产品。开发现代轨道交通装备新一代高效节能技术，实现绿色智能轨道交通装备的工程应用；研究车辆车体轻量化、高性能转向架、数字液压列车制动系统等技术，实现向低消耗、高性能、高可靠产品升级；研究基于以太网的网络控制、无线传输、故障灾害预警监测等技术，建立基于大数据、云计算的轨道交通敏捷运维保障系统。

（二）推进智能转型

推进信息化和工业化深度融合，开展数字化、智能化制造，提供数字化、网络化服务，实现轨道交通装备绿色智能化。使装备产品向安全保障、装备轻量、保质保寿和节能环保等技术方向发展。借助大数据系统和云服务技术，促进研究设计、生产制造、检测检验、运营管理等各个环节向数字化和智能化发展，支持有条件的轨道交通整车及核心部件企业建设数字化、智能化工厂/车间。

（三）强化产业基础

以企业为主体，产学研用相结合，加强基础性、前瞻性技术研究，建立和完善国家工程实验室、国家工程研究中心等国家级研发基地。基于轨道交通装备“安全、可靠、节能、环保”技术目标，重点研究开发碳化硅新型高效变流器等核心基础器件。以安全可靠性、经济可承受性为主旨，重点开发高品质结构材料和工艺材料。以节能降耗、提质增效为目标，重点开发先进、绿色的锻压工艺、焊接工艺等特种加工工艺。开展轨道交通装备制造基础研究和绿色智能装备研制，提升轨道交通加工、检测装备国产化、自主化水平。

（四）发展制造服务业

我国轨道交通装备制造业目前主要还是以加工、生产、装配及组装为主，而未来的发展趋势将是产品制造与增值服务相融合的产业形态，即服务型制造。我国轨道交通装备制造业应抓住经济转型升级的难得机遇，大力发展现代制造服务业，拓展在设计研发、试验验证、系统集成、认证咨询、运营调控、维修保养、工程承包等产业链前后端的增值服务业务，逐步实现由“生产型制造”向“服务型制造”转型。通过发展轨道交通装备服务业务，提升在世界轨道交通产业价值链中的地位，提高国际市场的竞争力。

四、加速“走出去”，提升全球竞争力

轨道交通装备产品作为我国高端装备“走出去”的代表，得到李克强总理等国家领导人的大力支持。李克强在考察南车株洲电力机车有限公司时说，中国装备走出去，你们的机车车辆是代表作。

近几年，全球轨道交通装备市场呈现出强劲的增长态势，根据德国SCI Verkehr 铁路工业信息咨询公司统计，2010 年全球市场容量为 1310 亿欧元，2014 年达 1620 亿欧元，预计到 2018 年市场容量将突破 1900 亿欧元，年复合增长率为 3.4%。不难看出，轨道交通装备市场需求潜力巨大。

我国政府正强有力推动“一带一路”战略实施，带动相关企业“走出去”。“一带一路”战略区域辐射中南亚、南亚、中亚和西亚等地区，并延伸至东欧、北非，这些区域都对基础设施建设和互联互通有迫切的需求。作为绿色环保、大运量交通方式，轨道交通将成为“一带一路”的先锋，“一带一路”沿线及辐射区域形成庞大的轨道交通市场需求。

海外市场是我国轨道交通装备制造业持续发展的蓝海，轨道交通装备企业要抓住国家重点实施的“一带一路”战略契机，积极开展海外业务，构建“产品+服务+技术+投资”全方位国际化经营能力。

五、创新发展模式，争做“中国制造 2025”的排头兵

历史经验表明，每次产业变革都会催生一批新模式和新业态。在新一轮技术和产业革命正在孕育的时代背景下，企业要在已有技术基础上容纳新的信息，用商业模式创新来创造新业态、新模式。作为“中国制造 2025”重点发展的十个领域之一，轨道交通装备制造业要率先开创发展的新模式，一是大力推进制造与服务业融合发展；二是促进科学技术与商业模式的融合创新；三是整合、组建跨国经营、全球领先的轨道交通装备企业集团，构建中国轨道交通协同出海的“联合舰队”，在国际市场竞争中形成中国力量。

实施“中国制造 2025”，加速中国轨道交通装备制造业由“中国制造”向“中国创造”转变，将有力推动中国高端装备业的产业升级，大力带动信息产业、电子工业、材料工业等相关产业链整体实力提升，有力推进中国由“制造大国”向“制造强国”迈进。

推动节能与新能源汽车发展

工信部　装备工业司

《中国制造 2025》提出“节能与新能源汽车”作为重点发展领域，明确了“继续支持电动汽车、燃料电池汽车发展，掌握汽车低碳化、信息化、智能化核心技术，提升动力电池、驱动电机、高效内燃机、先进变速器、轻量化材料、智能控制等核心技术的工程化和产业化能力，形成从关键零部件到整车的完整工业体系和创新体系，推动自主品牌节能与新能源汽车与国际先进水平接轨”的发展战略，为我国节能与新能源汽车产业发展指明了方向。

一、汽车产业是制造强国战略的必然选择

从制造强国看，汽车产业以其在国民经济中的重要地位和对经济增长的重要贡献被列为国家的战略性竞争产业。以汽车为代表的第二次工业革命延续了百余年，欧美日等制造强国也无一不是汽车强国。当前，以第三次工业革命为背景，全球技术创新与经济复苏日趋活跃，汽车产业又是第三次工业革命涉及的数字化、网络化、智能化，以及新能源、新材料、新装备等技术创新最全面、大规模的载体与平台，因此再次成为工业革命和工业化水平的代表性产业。

无论是创新驱动发展，还是国民经济的可持续健康发展，具有大规模效应与

产业关联带动作用的汽车产业都应是战略必争产业。中国汽车工业增加值占 GDP 的比重仅为 1.53%，与汽车强国 4%的水平存在较大差距，其原因就是我们在产业链的低端，是制造而非创造，因此汽车工业做强将为国民经济发展发挥更重要的作用。同时，汽车工业极强的产业关联与带动性，也是中国制造业技术创新水平的集中体现。

二、汽车产业发展面临的主要问题与制约因素

（一）对汽车产业在制造强国建设和经济转型升级中的重要战略地位认识不足，清晰系统持续的产业发展战略和顶层设计缺失

近年来我国汽车产业发展迅猛，但汽车产业发展战略依旧不清晰，缺乏系统完整的汽车强国战略。汽车产业政策的不持续性，导致国内汽车市场波动大，企业产能要么难以适应，要么出现闲置，加剧了国内市场的低水平竞争，产业大而不强。

（二）关键核心技术受制于人，自主创新能力偏弱

目前，我国主要汽车集团在乘用车平台技术、发动机系统、新能源电池等领域仍未完全掌握关键技术，尚未形成完整工业体系及能力。

（三）缺乏基础研究共性技术平台与创新体系支撑

目前，我国初步建立官产学研相结合的创新体系，但是由于产业组织结构、企业规模及治理模式等多种因素制约，对基础共性技术的研究仍偏弱，另外，目前尚无跨行业、跨领域、跨技术的协调管理机制。

（四）传统汽车产业整体技术水平和研发能力薄弱，供应链体系不完整，制约战略新兴产业的快速发展

由于我国传统汽车及其相关产业的创新能力、研发投入强度相对薄弱，相关产业链尚不完善，部分关键零部件原材料和关键元器件依赖国外，制约了节能与新能源汽车的快速发展。

（五）商业运营模式、人文等软环境发展滞后，自主品牌培育仍需时日

目前，汽车产业主导的商业模式仍未确定，汽车文化环境建设滞后，同时国产汽车技术水平、产品质量、性能等方面仍与国际先进水平存在差距，缺乏核心竞争力。

三、节能与新能源汽车是汽车制造强国的必由之路

随着全球汽车保有量的迅速增长，面临能源、环境和安全的压力日益加大。从可持续发展看，汽车产业必须解决能源、污染、安全和拥堵全球公认的四大汽车公害，低碳化、信息化与智能化汽车已被认为是最终解决方案。

美日欧等国家和地区都已提出了汽车低碳化、电动化、智能化的发展目标，并通过加强技术创新、跨产业协同融合等规划，加快推动实现汽车产业在新一代信息技术、清洁能源技术发展大背景下的转型和变革。

在低碳化方面，主要汽车发达国家基本都提出了乘用车燃料消耗量达到 2020 年 5L/100km，2025 年 4L/100km 左右的目标。

在电动化方面，在各国政府的积极推动和主要汽车制造商努力下，基于动力电池技术进步和成本降低，全球汽车电动化进程不断加快。2014 年全球电动汽车销量达 30 万辆。据国际能源机构预测，到 2030 年电动汽车将占世界汽车销量的 30%。

在智能化方面，世界先进国家已将汽车产业的发展蓝图确定为要实现基于网络的设计、制造、服务一体化的数字模型。如，德国工业 4.0 清晰定义了基于互联网的智能汽车、设施及制造服务的信息物理融合系统，以及明确了从汽车机电一体化到智能驾驶信息物理融合推进时间表。欧盟计划 2050 年形成一体化智能和互通互联汽车的交通区，互联汽车将于 2015 年上市。

2014 年中国汽车销量达 2439 万辆，截至 2014 年底，汽车保有量 1.45 亿辆。近年来，中国石油进口依存度已接近 60%，交通领域石油消费占比接近 50%，其中近 80%被汽车消耗。同时，城市道路交通矛盾日益突出，汽车成为环境污染排放的重要来源，由此可见，汽车产业肩负改善交通、保护环境、节约能源等的重要责任，中国汽车产业发展节能与新能源汽车，实现低碳化、电动化、智能化发展刻不容缓。从中国汽车产业的现状看，依据汽车产业的现有基础、在国家战略性新兴产业与节能减排法规的促进下，经过“十三五”期间的扎实推进与重点突破，有可能在“十四五”形成低碳化、信息化、智能化的节能与新能源汽车优势领域。

四、推动节能与新能源汽车产业发展的战略目标

（一）纯电动汽车和插电式混合动力汽车

1．产业化取得重大进展。到 2020 年，自主品牌纯电动和插电式新能源汽车年销量突破 100 万辆，在国内市场占 70%以上；到 2025 年，与国际先进水平同步的新能源汽车年销量 300 万辆，在国内市场占 80%以上。

2．产业竞争力显著提升。到 2020 年，打造明星车型，进入全球销量排名前 10，新能源客车实现批量出口；到 2025 年，2 家整车企业销量进入世界前 10。海外销售占总销量的 10%。

3．配套能力明显增强。到 2020 年，动力电池、驱动电机等关键系统达到国际先进水平，在国内市场占有率 80%；到 2025 年，动力电池、驱动电机等关键系统实现批量出口。

4．逐步实现车辆信息化、智能化。到2020年，实现车-车、车-设施之间信息化；到2025年，智能网联汽车实现区域试点。

（二）燃料电池汽车

1．关键材料、零部件逐步国产化。到2020年，实现燃料电池关键材料批量化生产的质量控制和保证能力；到2025年，实现高品质关键材料、零部件实现国产化和批量供应。

2．燃料电池堆和整车性能逐步提升。到2020年，燃料电池堆寿命达到5000小时，功率密度超过2.5千瓦/升，整车耐久性到达15万公里，续驶里程500公里，加氢时间3分钟，冷启动温度低于-30℃；到2025年，燃料电池堆系统可靠性和经济性大幅提高，和传统汽车、电动汽车相比具有一定的市场竞争力，实现批量生产和市场化推广。

3．燃料电池汽车运行规模进一步扩大。到2020年，生产1000辆燃料电池汽车并进行示范运行；到2025年，制氢、加氢等配套基础设施基本完善，燃料电池汽车实现区域小规模运行。

（三）节能汽车

到2020年，乘用车（含新能源乘用车）新车整体油耗降至5升/100公里，2025年，降至4升/100公里左右。到2020年，商用车新车油耗接近国际先进水平，到2025年，达到国际先进水平。

（四）智能网联汽车

到2020年，掌握智能辅助驾驶总体技术及各项关键技术，初步建立智能网联汽车自主研发体系及生产配套体系。到2025年，掌握自动驾驶总体技术及各项关键技术，建立较完善的智能网联汽车自主研发体系、生产配套体系及产业群，基本完成汽车产业转型升级。

五、推动节能与新能源汽车产业发展的重点领域

（一）纯电动汽车和插电式混合动力汽车

纯电动汽车是指其动力系统主要由动力蓄电池和驱动电机组成，从电网获得电力，并通过动力蓄电池向驱动电机提供电能驱动的汽车。插电式混合动力汽车是一种能从外部电源对其能量存储装置进行充电的混合动力汽车，具有纯电行驶模式。围绕纯电动汽车和插电式混合动力汽车，将主要在以下重点领域开展工作：

1. 研发一体化纯电动平台。开发高集成度的电动一体化底盘产品技术，高度集成电池系统、高效高集成电驱动总成、主动悬架系统、线控转向/制动系统、集成控制系统，实现整车操纵稳定性、电池组安全防护、底盘系统的轻量化的研究应用。

2. 高性能插电式混合动力总成和增程式器发动机。开发高性能插电式混合动力总成，开展离合器、电机及变速箱集成开发、混合动力系统控制和集成技术开发。重点掌握新型结构发动机、高效高密度发电机的开发，研究高效发动机与发电机的集成的核心关键技术，形成增程器系统的自主开发和配套能力。

3. 下一代锂离子电动力电池和新体系动力电池，高功率密度、高可靠性电驱动系统的研发和产业化，构建自主可控的产业链。建立和健全富锂层氧化物正极材料/硅基合金体系锂离子电池、全固态锂离子电池、金属空气电池、锂硫电池等下一代锂离动力电池和新体系动力电池的产业链，并推动高功率密度、高效化、轻量化、小型化的驱动电机的研发。

4. 基于大数据系统的智能化汽车产业链建设，突破车联网应用、信息融合、车辆集成控制、信息安全等关键技术。建立基于大数据系统的智能网联汽车自主研发体系和生产配套体系，基本完成汽车产业转型升级突破环境感知与多传感器信息融合技术、信息支撑平台与协同通信技术、智能决策及智能线控技术、智能网联汽车的车辆集成技术、智能网联汽车信息安全技术等关键技术。

（二）燃料电池汽车

燃料电池汽车是指利用氢气和空气中的氧在催化剂作用下，在燃料电池中电化学反应产生的电能作为主要动力源的汽车。围绕燃料电池汽车，将主要在以下重点领域开展工作：

1. 燃料电池催化剂、质子交换膜、碳纸、膜电极组件、双极板等关键材料批量生产能力建设和质量控制技术研究。开展高功率密度电堆用的低 Pt 催化剂、复合膜、扩散层（碳纸、碳布）、高性能及耐受性质子交换膜材料、高可靠性及低铂担量的膜电极（MEA）、高性能及高可靠性的金属双极板的开发和质量控制技术的研究，形成批量生产能力。

2. 燃料电池堆系统可靠性提升和工程化水平的研究。提高催化剂及其载体的抗氧化能力，质子膜的机械和化学稳定性；改进燃料电池材料制备工艺和质量控制，提高电堆设计水平；验证电堆运行寿命，解决车辆运行条件下的电堆均一性问题；结合车辆动态运行特征，对系统级运行与操作条件做匹配优化；实现系统级寿命验证与参数表征，提高产品级寿命；提高系统零部件的可靠性，开展系统可靠性分析与设计改进。

3. 汽车、备用电源、深海潜器等燃料电池通用化技术研究。开展燃料电池通用化技术研究，2020 年，实现关键技术攻关，研发出新一代的金属双极板电堆，2025 年，完成商业化产品全产业链的建设。

4. 燃料电池汽车整车可靠性提升和成本控制技术。开展燃料电池发动机系统集成与优化，实现燃料电池整车可靠性提高；推动燃料电池关键材料（膜、炭纸、催化剂、MEA、双极板等）及系统关键部件（空压机、膜增湿器、电磁阀、车载 70MPa 氢瓶等）国产化，开发超低铂，非铂催化剂，降低材料成本，促进燃料电池系统产品化和工程化，实现燃料电池系统设计模块化，并改进生产制造工艺。

（三）节能汽车

节能汽车是指以内燃机为主要动力系统，综合工况燃料消耗量优于下一阶段目标值的汽车，主要涵盖先进汽柴油汽车、替代燃料汽车、混合动力汽车等。围绕节能汽车，将主要在以下重点领域开展工作：

1. 整车轻量化技术、低滚阻轮胎，车身外形优化设计。推广应用铝合金、镁合金、高强度钢、塑料及非金属复合材料等整车轻量化材料和车身轻量化、底盘轻量化、动力系统、核心部件轻量化设计。形成低滚阻轮胎开发技术、节能、安全、舒适等性能控制技术、低风阻整车开发技术、整车智能热管理技术等整车集成技术的开发和产业化能力。

2. 柴油机高压共轨、汽油机缸内直喷、均质燃烧和涡轮增压等高效率发动机，提高热动能量转化效率。促进柴油机高压共轨技术的自主开发，推动柴油发动机在乘用车上的应用。推动高效汽油发动机的自主开发和产业化，提升热动能量转化效率，降低能耗。促进汽油机缸内直喷、均值燃料、废气再循环+高压缩比、可变气门正时（VVT）、可变气门升程（VVL）、废气涡轮增压和机械增压技术等高效燃烧技术的开发与自主供应；低摩擦轴承、低粘度机油、激光珩磨等低摩擦新产品和新工艺的开发；形成电子节温器、电子水泵、智能发电机等高效附件的开发与商品化能力。

3. 商用车自动控制机械变速器、高效变速器、节能空调、起停技术和制动能量回收技术的研究优化。实现双离合器总成、电液耦合液压阀体、液力变矩器、高压静音油泵核心技术突破与国产化。促进机械变速器自动控制、变速器多档化、手动变速器平台化、提升变速器效率，与国际趋势接轨。研究优化节能空调技术、启停技术、制动能量回收技术和零部件的开发，实现国产化批量供应。

（四）智能网联汽车

智能网联汽车是指搭载先进的车载传感器、控制器、执行器等装置，并融合现代通信与网络技术，具备复杂环境感知、智能化决策、自动化控制功能，使车辆与外部节点间实现信息共享与控制协同，实现“零伤亡、零拥堵”，达到安全、高效、节能行驶的下一代汽车。围绕智能网联汽车，将主要在以下重点领域开展工作：

1．基于车联网的车载智能信息服务系统。在现有的 Telmatics 系统基础上，为乘客的安全便利出行提供全方位的信息服务。

2．公交及营运车辆网联化信息管理系统。全面升级及优化公交、出租及各种运营车辆信息服务及管理系统，为专业驾驶员的安全、绿色与高效出行提供全方位信息服务，同时为营运管理与交通管理部门提供系统的监控、调度和管理服务。

3．装备智能辅助驾驶系统的智能网联汽车。包括车道偏离预警系统、盲区预警系统、驾驶员疲劳预警系统、自适应巡航控制系统及预测式紧急刹车系统，能提供至少两种可共同运行的主要控制功能，如自适应巡航控制（ACC）与车道偏离预警的结合，以减轻驾驶人负担。减少交通事故 30%以上，减少交通死亡人数 10%以上。

4．装备自动驾驶系统的智能网联汽车。包括结构化道路下和各种道路下的自动驾驶系统，可执行完整的安全关键驾驶功能，在行驶全程中检测道路状况，实现可完全自动驾驶。无人驾驶最高安全车速达到 120km/h，综合能耗较常规汽车降低 10%以上，减少排放 20%以上。

六、推动节能与新能源汽车产业发展的主要路径

1．加强对关键核心技术和零部件研发和产业化支持。掌握电池、电机、电控核心技术，加大对燃料电池关键材料和零部件的研发支持和产业链建设，以及促进传统能源动力系统应用新一代增压直喷、混合动力、低摩擦等技术的开发和产业化，形成完整的节能与新能源汽车产业配套体系，推动插电式混合动力、纯电动及燃料电池汽车工程化和产业化水平，促进节能产品的应用。

2．搭建产业共性技术平台，加强优势技术的共享应用以及通用技术与部件的联合批量供应。发挥产业创新联盟的作用，加强统筹协调，开展关键共性技术研发与工程化应用，采取多种形式的商业化合作模式，创新供应体系，建立行业共享的汽车产品开发数据库，全面提升我国汽车工业自出开发能力和整体技术水平。

3．完善标准法规体系，提升检测评价能力，加强产品事中事后监管。进一步完善新能源汽车准入管理制度和汽车产品公告制度，严格执行准入条件、认证要求；加强新能源汽车安全标准的研究与制定，加快研究制定新能源汽车以及充电、加注技术和设施的相关标准；制定分阶段的乘用车、轻型商用车和重型商用车燃料消耗量目标值标准，实施乘用车企业平均燃料消耗量管理和重型商用车燃料消耗量标示制度。

4．完善政策保障体系。通过税收、补贴等鼓励政策，加强混合动力系统的规模应用；推动新能源汽车的推广应用；完善充电基础设施保障体系并加快制氢、储氢、加氢等配套体系建设；加快燃料电池在交通、通讯、能源、航空、船舶等领域的应用，促进产业协同发展。

5．加强国际合作，强化国际化布局。加强在新技术、新材料、关键零部件等方面的合作开发，加强国际化产业布局。积极参与制定国际标准法规的制定，为我国节能与新能源汽车走向国际奠定基础。

《中国制造 2025》解读之：

推动电力装备发展

工信部　装备工业司

电力装备是实现能源安全稳定供给和国民经济持续健康发展的基础，包括发电设备、输变电设备、配电设备等。

一、主要成就

经过改革开放 30 多年的发展，尤其是近 10 年来，我国电力装备制造业取得了翻天覆地的变化，形成了门类齐全、规模较大、具有一定技术水平的产业体系。

（一）电力装备产量稳居世界首位

自 2006 年开始，我国发电设备年产量连续 9 年超过 1 亿千瓦，占全球发电设备产量的 50%以上；截止 2014 年底，我国发电设备装机容量为 13.6 亿千瓦，已超过美国位居世界第一。

自 2008 年开始，变压器年产量连续 7 年超过 10 亿千伏安，220 千伏及以上输电线路长度为 57.89 万公里，位居世界第一。

我国现已成为名副其实的电力装备制造大国。2014 年，电力装备制造业实现的工业总产值超过 5 万亿，主营业务收入 5.33 万亿元，实现利润 3112 亿元，进出口总额 1649 亿美元。

（二）电力装备技术水平不断提高

以拥有自主知识产权的大型发电成套装备、特高压输变电成套装备、智能电网用成套装备等为代表的电力装备已经达到国际领先水平，其中具有标志性的重大技术装备及产品包括：

发电设备：1000 兆瓦级超超临界火电机组、700 兆瓦及以上水电机组、1000 兆瓦级核电机组等；300 兆瓦 F 级重型燃气轮机。

输变电设备：1000 千伏特高压交流输电成套设备、±800 千伏特高压直流输电成套设备、智能电网用输变电成套设备。

关键核心零部件：超超临界火电机组和大型核电机组用安全阀、大型发电机组用保护断路器、5 英寸 7200 伏/3000 安、6 英寸 8500 伏/4000～4750 安电控晶闸管、5 英寸 7500 伏/3125 安光控晶闸管、±800 千伏及以下电压等级直流输电换流阀。

（三）电力装备支撑国家重大工程建设能力显著增强

经过 30 多年的不懈努力，坚持“产、学、研、用”相结合，通过引进技术消化吸收再创新，我国成功研制出一批适合我国国情、国际领先的电力装备，并已先后应用于河南沁北 600 兆瓦超临界火电工程、浙江玉环 10000 兆瓦超超临界火电工程、宁夏灵武 1000 兆瓦超超临界空冷火电工程、四川白马超超临界循环流化床工程、三峡水电工程、溪洛渡水电工程、向家坝水电工程、岭澳二期核电工程、三门核电工程、官厅—兰州东±750 千伏交流输变电工程、晋东南—南阳—荆门 1000 千伏特高压交流输电工程、云南—广东±800 千伏特高压直流输电工程、向家坝—上海±800 千伏特高压直流输电工程等一批国家重大工程建设，有力地确保了国家“西电东送”能源战略的顺利实施。

二、面临的形势

世界经济仍处在国际金融危机后的深度调整期，总体复苏态势疲弱。我国经济正在向形态更高级、分工更复杂、结构更合理的阶段演化。因此，科学分析和认识电力装备面临的发展形势，对于实现行业持续健康发展意义重大。

（一）经济发展新常态要求电力装备制造业必须向质量效益型转变

我国经济发展新常态主要表现为，经济增长速度正从高速转向中高速，发展方式正从规模速度型粗放增长转向质量效率型集约增长，经济结构正从增量扩能为主转向调整存量与做优增量并举的深度调整，发展动力正从传统增长点转向新的增长点。

面临上下双重压力，电力装备制造业需要完成由低成本竞争优势向质量效益竞争优势转变。坚持以质量和效益为中心，避免重复建设和同质化、低水平扩张，化解淘汰过剩及落后产能，推进提质增效；坚持提高产品品质和品牌形象，大力实施产品质量控制、质量信用评价与品牌推进战略，不断提高产品附加值和品牌价值；坚持积极采用新技术、新工艺、新商业模式，提高产品质量管理水平，内部挖潜，缩短产品升级换代周期，努力提高企业竞争力，走可持续健康发展之路。

（二）新一轮的科技革命与产业变革要求电力装备制造业必须向智能化转变

新一轮的科技革命与产业变革正在蓄势待发，智能制造日益成为生产方式转变的重要方向。德国发布“工业 4.0”计划，将通过互联网、高科技、大数据、虚拟制造信息技术与实体制造技术融合，实现智能制造。美国先后发布了《重振美国制造业框架》、《制造业促进法案》、《先进制造业伙伴计划》，主要支持清洁能源、下一代机器人、3D 打印、新材料、信息技术等重点领域，意在抢占新一轮产业革命主导权。欧盟将启动“火花”计划，到 2020 年将投入 28 亿欧元用于研发民用机器人，涉及制造业、农业、医疗、交通运输、安全等各领域，有望为欧洲创造 24 万个就业岗位，为增强欧洲工业竞争力插上新翅膀。

要加快传统产业优化升级，关键是要以推进新一代信息技术与传统制造业深度融合为主线，以智能制造为主攻方向，着力发展智能装备和智能产品，推进生产过程智能化，培育新型生产方式，全面提升企业研发、生产、管理和服务的智能化水平。在新能源、能源互联网、智慧城市、电动汽车、储能等新兴领域，整合资源，集中攻关，力争取得关键领域的实质性突破。充分发挥行业协会和产业联盟的作用，搭建产业基础技术平台，持续推动重点领域、关键核心零部件、共性基础技术、先进基础工艺、关键基础材料的研发应用。

（三）环境保护与污染治理要求电力装备制造业必须向绿色低碳转变

改革开放 30 多年来，我国经济保持高速增长，但高污染、高消耗的粗放式增长方式给环境带来了巨大的压力，要求能源生产必须走绿色低碳路线，而电力供应缓和的局面则为这一转型提供了机遇和可能，推动火电“近零排放”、安全稳妥发展核电、加大可再生能源占比成为当今能源生产和利用的最主要方向，相关电力装备具有较大的需求空间。

为解决京津冀、长三角、珠三角等地区日益严重的雾霾问题，2014 年 5 月国家能源局下发《关于加快推进大气污染防治行动计划 12 条重点输电通道建设的通知》中明确表示，将推动重点地区 12 条能源输电通道建设。2014 年 9 月，发改委、环保部、能源局联合印发《煤电节能减排升级与改造行动计划（2014—2020 年）》，要求燃煤电厂需达到燃机排放水平。2015 年中央预算内投资规模计划增加，将涉及电力、清洁能源等领域一批重大工程项目，为重点解决清洁能源电力输送，国家电网公司预计开工“六交八直”共计 14 条特高压线路，建成 50 座新一代智能化变电站。

（四）制造大国向强国转变要求电力装备制造业必须实施创新驱动战略

我国电力装备制造业正处在由制造大国向制造强国迈进阶段，但存在着基础理论和材料研究不足、核心共性技术和核心工艺储备不够、土地和劳动力等要素成本快速上升、资源和环境压力不断增大等问题，整体竞争力仍需要继续提高，最大症结主要是低端过剩，高端不足，优质增量缺乏。

电力装备制造业由大到强必须依靠创新驱动战略的引领。要瞄准国际创新趋势、特点进行自主创新；将优势资源整合聚集到战略目标上，力求在重点领域、关键技术上取得重大突破；进行多种模式的创新，既可以在优势领域进行原始创新，也可以对现有技术进行集成创新，还应加强引进技术的消化吸收再创新。构建以企业为主体、市场为导向、产学研用相结合的技术创新体系。不断提升企业的自主研发能力；依托国家重大工程项目，提升自主设计制造和系统集成能力，加快推进科技成果转化；加快国家重点实验室、研发中心建设，发挥其在行业技术创新中的作用；加强新兴领域标准体系建设，争取国际标准话语权；加快创新人才和技能人才培养，推进管理创新，提升竞争软实力。

（五）“一带一路”的战略总体布局要求电力装备制造业必须要加快实施“走出去”

我国正在加快实施“走出去”战略，鼓励企业参与境外基础设施建设和产能合作。随着“一带一路”规划的实施，我国将通过合作投资推动周边国家的基础设施建设,能源方面的合作将立足于能源项目、工程建设、装备制造等领域，电力装备可能以整套设备甚至工程总承包、项目运营的形式出口，未来电力设备海外市场空间广阔。

经过多年发展，电力装备制造业已形成相对完整的产业链，加工制造能力强，价格优势明显。我国已经在大型发电机组、特高压输变电设备领域取得重大突破，发电、输变电设备的技术水平与国际水平相差无几，部分产品已经达到或超过国际领先水平。“走出去”战略的实施将为电力装备制造业提供很大机遇和市场空间，同时也是化解国内电力装备制造业产能过剩的有效途径。

三、重点方向

（一）发展目标

到2020年，电力装备技术水平总体达到国际先进，掌握国际标准制修订话语权；构建涵盖煤、水、气、核、新能源及可再生能源等在内的多元电力供给装备研发制造体系，自主化率达到90%；输变电成套装备全面满足国内电网建设需要，自主化率达到95%。

到2025年，具备持续创新能力，完善产业配套，形成完整的研发、设计、制造、试验检测和认证体系。大型火电、水电、核电等成套装备达到国际领先水平，新能源和可再生能源装备及储能装置市场占有率超过80%。输变电成套装备100%实现智能化，传感器等关键零部件自主化率达到85%。

（二）发展重点

1. 火电装备。掌握煤电机组环保升级改造技术，提高机组能源转换效率，实现煤电机组超净排放。对接“一带一路”战略，通过对外工程总承包，带动火电成套装备走出去，扩大国际市场份额。**重点发展：**1000兆瓦超超临界超净排放煤电机组（含二次再热）、600兆瓦及以上超超临界燃用新疆准东煤锅炉、600兆瓦超临界循环流化床锅炉、高水分褐煤取水煤电机组、300兆瓦级F级重型燃机、400兆瓦级G/H级重型燃机、大型火电机组控制系统等。

2. 核电装备。实施核电装备自主创新和产业化专项，建立完善的核电装备自主化产业体系，核电装备安全性和先进性满足国际标准最高要求。对接“一带一路”战略，通过对外工程总承包，形成具有自主知识产权的核电机组批量出口能力。**重点发展：**CAP1400核电成套装备，华龙一号核电成套装备，高温气冷堆、钠冷快堆、钍基熔盐堆核电机组。

3．可再生能源装备。实施智能电网成套装备创新专项，实现大容量储能装置自主化，大容量储能技术及兆瓦级储能装置满足电网调峰需要，解决可再生能源并网瓶颈。风电、光伏发电、小水电、生物质能、海洋能、地热能等分布式可再生能源应用形成较大规模，满足我国能源结构调整需要。全面掌握 700 兆瓦及以上大型水电机组设计和制造技术。加快南美、非洲等新兴市场开拓步伐，加快水电成套装备走出去。**重点发展：**1000 兆瓦等级超大容量水电机组、700 米及以上超高水头冲击式水轮机组、40 兆瓦及 700 米水头及以上抽水蓄能机组、15 兆瓦及以上可变速抽水蓄能机组、高效太阳能发电设备、5 兆瓦及以上风力发电设备、兆瓦级先进大容量储能装置等。

4．输变电成套装备。全面掌握特高压交直流输电成套装备设计和制造技术，提升输变电成套装备技术水平，新型高温超导输变电设备实现工程应用。实施变压器等电力装备能效提升计划，进一步提升电力装备能源转换效率。对接"一带一路"战略，通过对外工程总承包，带动输变电成套装备走出去，扩大国际市场份额。**重点发展：**1000 千伏特高压交流输电成套装备、±800 千伏及以上特高压直流输电成套装备、±200 千伏及以上柔性直流输电系统及成套装置、智能电网用输变电设备和用户端设备、绿色环保型高效输变电设备、大功率电力电子器件、高温超导材料及高温超导输变电设备等。

5．关键零部件、材料及配套体系。着力突破阻碍我国电力装备制造业由大到强的瓶颈问题，开展电力装备用关键零部件、材料自主研发并实现工程应用，加快电力装备试验验证平台建设，切实增强电力装备制造业持续创新能力。建立 300 兆瓦及以上重型燃气轮机设计、研发和试验验证体系，突破燃气轮机高温叶片等关键制造工艺；开展输变电成套装备可靠性和特殊环境适应性研究，形成完善标准、试验、检测和认证体系；建立大容量电力电子成套装置等试验验证平台，国产大功率电力电子器件满足国内输变电设备需要。**重点发展：**重型燃气轮机压气机、高温部件及控制装置；大型核电压力容器、蒸汽发生器、冷却剂主泵、控制棒驱动机构、堆内构件，大型核电汽轮机焊接（整锻）转子，2000mm 等级末级长叶片，大型半速汽轮发电机转子。高温气冷堆、钠冷快堆、钍基熔盐堆核岛关键主设备；1000MW 等级空冷机组先进、高效、低成本空冷系统；超超临界煤电机组用三类阀门；可变速抽水蓄能机组发电电动机，可变速水泵水轮机转轮，调速系统，交流励磁及控制保护系统，太阳能大型高效吸热、储换热主设备及控制系统；太阳能大型高效吸热、储换热主设备及控制系统；生物质能和垃圾发电气化装置；大容量发电机保护断路器；智能输变电设备用智能组件；高电压大电流真空灭弧室；高压直流输电用套管；金属薄膜直流电容器；柔性直流输电用高压高功率 IGBT 模块；变压器出现装置；绝缘材料与电工合金。

四、政策建议

（一）加强创新能力建设

利用转制研究院所和用户已经建成实验室的基础，加强共性技术研发。搭建产、学、研、用相结合的共性技术研发平台，打破目前存在的技术不能共享，各企业独自为战的局面，实现资源和成果共享。鼓励企业加大研发投入，国家已有专项计划加大对电力装备的支持力度。

（二）加快产业结构转型、完善产业布局的步伐

根据电力装备上下游配套关系，加快结构调整、企业联合和产业重组，向产业链的两端延伸，从生产型制造向服务型制造转变。通过政策引导和市场驱动塑造产业集群优势，实现科研、设计、制造、成套服务、金融和工程施工一体化，具有国际竞争力的产业链和大型企业集团。

（三）完善相应财税政策

加快实施首台（套）重大技术装备的风险补偿机制。完善出口退税政策，适当提高部分高技术、高附加值装备产品的出口退税率。鼓励金融机构增加出口信贷资金投放，支持国内企业承揽国外重大工程，带动成套设备和施工机械出口。完善节能环保产品补贴政策，对购买高效节能环保装备产品的终端用户给予补贴，并适当延伸高效节能环保装备产品的制造企业。建议国家的财税等相关政策向装

备制造业倾斜，重视实体经济的发展，出台有利于实施制造强国战略的相关财税政策。

（四）积极扩大国际交流、培育国际化品牌

在满足重大技术装备和关键零部件国产化的基础上，加强与国外企业合作，充分发挥国外、国内两种资源优势，实现“借船出海”，借鉴和利用跨国公司成熟的销售渠道和经营模式，凭借国内企业的优势，形成利益共同体，扩大“走出去”的途径，并逐步在国际上形成中国品牌，提高国际竞争力。

《中国制造2025》解读之：

农业机械装备领域

工信部　装备工业司

农业机械装备是提高农业生产效率、实现资源有效利用、推动农业可持续发展的不可或缺工具，对保障国家粮食安全、促进农业增产增效、改变农民增收方式和推动农村发展起着非常重要的作用。

作为装备制造业当中与农业密切相关的行业，国家为农机工业提供了持续走强的政策体系，并实施稳定的财税支持，这一切使得我国农机工业的综合实力得以快速提升，农机工业生产总值、销售收入、利润总额、进出口贸易额连续多年增幅均在20%以上，目前经济总量已居世界前列。拖拉机、联合收割机、植保机械、农用水泵等产品产量居世界第一位。当前，我国正处在工业化、城镇化和农业现代化加快发展的重要阶段，农机产品的国内需求仍处于快速增长期。农业现代化和农业产业化进程的加快，为农机产业提供了广阔的发展空间。但我国农业机械装备领域与发达工业国家相比还有较大的提升空间。我国农业机械装备制造业要以国家实施的“中国制造2025”、“一带一路”战略为契机，培育核心竞争力，通过创新实现突破，通过产业结构优化实现适应经济新常态的战略性调整，为行业注入新的能量，实现由制造大国到制造强国的跨越。

一、农业机械装备制造业发展趋势

农业机械装备作为提高农业生产效率的重要手段，历经从替代人畜力的机械化阶段，到以电控技术为基础实现自动化应用，并朝着以信息技术为核心的智能化与先进制造方向发展。显著特点是以机械装备为载体，融合电子、信息、生物、环境、材料、现代制造等技术，不断增强装备技术适应性能、拓展精准作业功能、保障季节强劳动作业可靠性、提升复杂结构制造高效性、改善土壤-动植物-机器-人与生态环境协调性，围绕建设资源节约、环境友好农业，实现资源综合循环利用和农业生态环境建设保护，发展新型高效农业机械装备，实现“安全多能、自动高效、精准智能”，支撑农业发展的可持续。

二、农业机械装备制造业发展目标和发展路径

通过构建科技创新平台，提升自主研发能力；通过产业结构调整，力争实现产业结构趋于合理；通过推行绿色制造与节能减排，广泛采用现代制造技术，推动产业升级；通过突破高端产品技术，显著改善产品结构。

到2020年，构建形成核心功能部件与整机试验检测开发和协同配套能力，国产农机产品市场占有率90%；200马力以上大型拖拉机和采棉机等高端产品市场占有率达30%。到2025年，大宗粮食和战略性经济作物生产全程机械品种齐全，国产农机产品市场占有率稳定并高于95%；200马力以上大型拖拉机和采棉机等高端产品市场占有率达60%。

三、农业机械装备制造业发展的重点任务

通过实施创新驱动，推进智能转型，强化产业基础。开发粮食、肉蛋奶、果蔬生产和棉、油、糖、橡胶等作物关键生产环节农机装备，集成全程机械化解决方案和成套设备。研制掌握技术密集型高端农机产品及其制造技术。重点包括无级变速大型拖拉机、精准变量复式作业机具、高效能联合收获机械、精量低污染大型自走式施药机械、种子繁育与精细选别加工设备、健康养殖智能化装备。突破重型柴油机、无级变速、电控技术、液压驱动和动植物对象识别与监控系统等为代表的关键零部件效能提升和可靠性技术。推动移动互联网、云计算、大数据、

物联网等与现代农业机械装备制造业结合，推进基于农业生产的作业、服务、信息等多方位支持的全程解决方案，创制具有信息获取、智能决策和精准作业能力的新一代农机装备。加强行业技术标准体系、行业信息化数据服务系统、行业试验检测能力、产品数字化设计平台建设。推动数字化、智能化、清洁生产、虚拟制造、网络制造、并行制造、模块化、快速资源重组技术的应用。

四、以创新为基点，提升行业国内外竞争力

通过原始创新、集成创新和引进消化吸收再创新，以标志性的高效、智能、节能环保高端重大装备及关键核心部件的技术突破为重点，缩小与国际先进水平差距，在填补国内空白、替代进口的同时，以龙头骨干企业为载体，搭建基于未来国际化发展的业务管理和运行平台，积极“走出去”，切入全球农业装备市场，走国际化发展道路，通过提升产品技术水平和质量，搭建全球营销服务网络体系，推动高附加值产品出口，逐步形成品牌优势，全面提升行业水平。

五、创新发展模式，为保障国家粮食安全提供支撑

作为“中国制造 2025”重点发展的十个领域之一，农业机械装备制造业以实施“中国制造 2025”为契机，通过瞄准高端农业装备的高安全性、高可靠性、高适应性技术难题，推动数字化、智能化技术与农业装备的深度融合，以实现农业生产的自动化、智能化、专业化为目标，以发展先进适用、低排放、低污染、高能效、高效率的环保型农机产品为载体，提高农机产品的信息收集、智能决策和精准作业能力，提升现代农业生产水平，同时致力于推进基于农业生产的作业、服务、信息等多方位支持的全程解决方案，促进农业装备产业升级，并迈向农业机械装备制造强国。

新材料支撑《中国制造 2025》发展

工信部　原材料工业司

材料是人类物质文明的基石。每一个工业强国的崛起，都有雄厚的材料工业作为坚强支撑。新材料是材料工业发展的先导，是建设制造强国的支撑和保障。加快新材料产业发展，对于落实《中国制造 2025》，推动制造业由大变强具有重要意义。

一、高度重视新材料产业的战略地位

（一）发展新材料产业是培育国家竞争新优势、占领国际竞争制高点的战略选择

新材料是基础性、战略性产业，是推动技术创新的重要动力。近几年来，发达国家纷纷启动“再工业化”，不约而同地将新材料作为发展重点，以求重塑国际制造业竞争新优势。美国的制造业创新网络计划已成立了 6 家与新材料相关的研究所，以及若干关键材料创新中心。2014 年底，美国白宫正式出台《材料基因组战略规划》，更是旨在从根本上改变材料技术创新模式，缩短新材料发现应用周期，支撑制造业复兴。欧盟、日本等也启动了一系列发展战略，投入巨资推动新材料产业发展。一些发展中国家也在加快谋划，不断壮大传统材料产业基础，并在一

些新材料领域开展超前布局。在新一轮科技革命与产业变革中，面对国际新材料产业的激烈竞争，我国必须迎头赶上，加快实现新材料产业创新发展。

（二）发展新材料产业是支撑《中国制造 2025》、推动制造业由大变强的重要举措

“一代材料，一代装备”。新材料是决定制造业发展水平的重要因素。《中国制造 2025》提出的相关重点领域，无一例外不需要大量新材料产品的创新和使用。以新能源汽车为例，要真正实现规模化应用，关键在于能否在动力电池的能量密度、充放电次数、安全性等方面取得突破，归根结底取决于电池正/负极材料、电解液和隔膜的性能是否提升。“十二五”以来，我国新材料产业已经取得了长足进步，但离建设制造强国要求还有较大差距。产学研用相互脱节，关键材料受制于人，已经成为制造业由大变强的“瓶颈”和“制约”，必须要提升到战略地位，下大力气予以突破。

（三）发展新材料产业是推动材料工业向中高端迈进的重要途径

我国材料工业规模巨大，增加值占工业三分之一，能耗占全社会近一半。2014年，我钢铁产量 8.2 亿吨，十种有色金属产量 4417 万吨，水泥产量 24.8 亿吨、合成材料产量 1.15 亿吨，产量均位居世界首位。但与制造业整体情况类似，我国材料工业总体大而不强，发展方式粗放，传统材料产能过剩与高端产品依赖进口同时存在，新材料产品占材料工业比重偏低。《中国制造 2025》的实施，有助于集中力量解决一批新材料产品产业化和应用问题，建立完善新材料产业创新发展机制，这将带动和促进新材料产业快速发展，推动材料工业转型升级。

二、全力以赴落实《中国制造 2025》提出的战略任务

（一）突破一批新材料产品，基本满足下游制造业发展需求

根据《中国制造 2025》总体规划，着重解决三类材料问题：一是量大面广的

先进基础材料，如轴承钢、基础树脂、工业陶瓷等。工业化和城镇化建设的不断推进以及制造强国战略的实施，对基础材料的需求将稳定增长。要进一步是提高材料的质量和稳定性，优化品种结构，加快实现升级换代，不断提高国际竞争力。二是制约制造业发展的关键战略材料，如碳纤维、高温合金、稀土功能材料等。该类材料大多具有军民共用特征，发达国家具备较强先发优势，甚至在部分领域已形成技术和市场垄断。必须加快突破关键战略材料的产业化和规模化生产技术工艺，降低生产成本，提高自主保障能力和市场竞争力。三是面向制造业创新需求，提前布局的一些前沿新材料，如超材料、石墨烯、纳米材料、生物及材料等。我国前沿新材料发展基础较好，部分领域的技术研究水平与世界同步。要高度重视前沿新材料的颠覆性创新，扩大应用领域和能力。

（二）开展创新能力建设，全面促进新材料产业持续健康发展

一是解决材料制备关键技术与专用装备制约。加快开发先进熔炼、凝固成型、气相沉积、等静压、高效合成、结构设计等核心工艺技术，实现新材料专用装备国内批量配套。二是夯实新材料产业创新载体。按照国家制造业创新中心建设要求，在重点领域创建若干由新材料生产企业、重点用户和科研院所共同组建的新材料产业联合创新中心、分析测试平台、材料数据库等。三是完善新材料产业标准体系。面向新材料产业创新和下游发展需求，完善新材料产业标准制定所需的工艺参数、材料性能等标准质量，通过相关标准提升，带动和促进一批新材料规模应用。

（三）组织实施重点工程，全面提升材料工业转型发展水平

《中国制造 2025》提出的智能制造、绿色制造、工业强基等重点工程，是材料工业转型发展的重要载体。一是落实《原材料工业两化融合深度推进计划（2015—2018）》，以设计工具数字化、关键流程数控化、生产工厂智能化等为切入点，促进材料工业两化深度融合发展，为 2025 年重点领域全面实现智能化奠定基础。二是组织开展石化化工、钢铁、有色金属、建材等重点领域绿色化改造，加快化解传统材料产能过剩矛盾，加快材料工业发展方式转变。三是深入实施工业强基

重点工程，以点带面系统巩固材料工业基础地位，提升整体支撑和保障能力。

三、进一步完善促进新材料产业发展的保障措施

（一）强化新材料产业发展顶层设计

按照《中国制造2025》规划的“1+X”方案，组织编制新材料产业“十三五”发展规划，对《中国制造2025》中新材料产业相关内容进行进一步深化和细化，明确发展目标、重点及措施。新材料产业“十三五”发展规划将按照中央关于全面深化改革的总体要求，突出指导性和可操作性；注重与《中国制造2025》其他配套规划的衔接，体现新材料产业的支撑作用；注重发挥各部门作用，形成政策合力。在原材料工业方面，也将统筹制定石化化工、钢铁、有色金属、建材、稀土等重点领域“十三五”发展规划，形成系统完备、协同有序的材料工业“十三五”发展战略。

（二）完善新材料产业创新驱动发展机制

一是继续发挥国家科技计划、技术改造专项、战略性新兴产业专项等作用，改革完善财税、金融、投资等配套措施，进一步加强政策统筹，加大对新材料产业发展的支持力度。二是夯实行业管理基础。健全新材料产业标准体系和统计体系，建立新材料产业认定体系，发挥新材料专家委员会和产业联盟作用，开展新材料技术成熟度评价。三是完善应用创新机制。新材料产业技术含量高、品种多、产量小、市场风险大，在产业发展初期采取政策扶持与引导是发达国家的成功经验。要探索建立新材料“首批次”应用创新风险补偿机制，加强对新材料初期市场的培育和支持力度，完善新材料产业创新链条，解决新材料从研发到应用的“临门一脚”难题。四是深入推动新材料产业军民融合发展，探索军民结合发展模式和途径，推动军民共用材料技术的双向转移和辐射。

（三）建立统筹协调的组织实施机制

从新材料产业发展全局出发，发挥各部门、地方、企业等有关方面合力，系统解决新材料产业发展的体制机制和政策措施等深层次问题，形成部际协调、政策互补、军民融合的发展格局，共同推进新材料产业健康发展。力争通过深化改革、联合攻关、兼并重组、政策扶持等手段，着力突破新材料产业发展的“技术关”、“质量关”、“成本关”和“市场关”，全面提升新材料产业发展质量和效益。

《中国制造 2025》解读之：

抓住机遇推动生物医药和高性能医疗器械发展

工信部　消费品工业司

《中国制造 2025》将“生物医药和高性能医疗器械”作为我国制造业发展的战略重点，对促进医药产业转型升级、保护和增进人民健康、促进经济社会发展具有重要意义。

一、我国医药创新近年取得了突出进展

改革开放以来，我国医药产业取得了长足发展，在技术创新的推动下，新产品不断增加，质量技术水平显著提升，国际化步伐加快。特别是近年来，全行业创新投入增加，创新体系加强，科技成果突出，促进了医药产业结构调整和转型升级。

创新投入不断增加。国家加大了对医药创新的资金支持力度，“十二五”以来，通过“重大新药创制”等多个科技专项和产业化专项，下达中央财政资金超过 200 亿元。企业研发投入增加，从事创新产品研发的企业日渐增多，一些传统的原料药、普药生产企业也加入了创新药研究行列。在生物药中最活跃的抗体药物领域，国内从事抗体药物研发的企业超过了 100 家。恒瑞、海正、先声、正大天晴、豪森、绿叶、齐鲁、康缘、东阳光等一批创新型企业研发投入占到销售收入的 5%

以上，高的达到5亿元以上。很多行业外资金、私募股权基金（PE）和风险投资基金（VC）都将医药产业作为投资重点，不少中小企业、成长型企业的发展得到了资金支持，多数从事创新药研究的创业型企业都有风险投资介入。

以企业为主体的技术创新体系得到加强。在生物医药和医疗器械领域，国家支持企业建立了一批工程研究中心、工程技术研究中心、重点实验室和国家级企业技术中心。一些企业研发中心的装备水平、科研力量、研发项目达到了较高的水平，“重大新药创制”专项中，企业牵头课题占到三分之二以上，促进了创新资源向企业的转移和流动。涌现出了一批从事新药开发的创新型中小企业，以“千人计划”专家为代表，越来越多的海归学者回国创业，为医药创新增添了活力。2011到2014年，我国获批上市的1.1类化学新药有12个，有4个源于研发型小企业，2013年申报新药数量前20位的企业中，小企业占到7个。研发外包服务（CRO）发展迅速，围绕北京、上海形成了CRO产业集群，可提供新药研发全过程服务，质量标准与国际接轨，为提高我国医药创新水平和研发效率提供了重要支持。

新药研发成果突出，高品质新产品增加。2011年以来，食药监总局共批准了各类国产新药500多个，不乏临床价值高的新药。其中在化学药方面，食药监总局受理的化药1.1类注册申请达到418件，逐年递增，具有自主知识产权的阿帕替尼、埃克替尼、西达本胺、艾瑞昔布等1.1类新药获批上市，成功仿制了伊马替尼、非布司他、替加环素等通用名药大品种，为重大疾病治疗和降低医疗成本提供了支持。中药方面，开发出若干物质基础相对明确、质量可控程度较高的有效部位中药，如注射用丹参多酚酸、银杏内酯注射液、巴戟天寡糖胶囊等；围绕中药有治疗优势的领域，开发出九味熄风颗粒、小儿益麻颗粒、小儿黄龙颗粒等儿科用药。生物药方面，全球首家重组人戊型肝炎疫苗在全球首家上市，疫情防控急需的Sabine株脊髓灰质炎灭活疫苗获批，手足口病灭活疫苗完成了临床研究；重组抗CD25人源化单抗（健尼哌）和康柏西普两个抗体药物获批上市，使国内企业可生产的抗体药物达到9个，还有20个左右的品种正在进行临床研究或进入申请生产阶段，涵盖了多数全球抗体药物“重磅产品”。此外，我国新药在逐步探索走向国际市场，包括化药、生物药、中药在内的20多个品种在发达国家开展了新药临床研究，其中中成药复方丹参滴丸在美国开展三期临床研究，化学药海泽麦布在美国进入二期临床研究,生物药重组人纽兰格林在美国开展二期临床研究。

高性能医疗器械水平提升。在影像设备方面，64 层 CT、PET-CT 等重大产品成功上市，使临床使用的主要影像设备均有了国产产品，部分替代了进口；PET 探测器、低温超导高场磁体、X 线探测器等、TFT 非晶硅探测器等核心部件实现了自主生产。在体外诊断设备方面，国产高速全自动生化分析仪、化学发光免疫分析仪、血液分析仪等逐步扩大应用，基因测序仪投放市场；在医用材料及植介入产品方面，植入式脑起搏器、人工耳蜗获得注册证书，国产冠脉支架市场份额已经领先于进口产品。

一批产业化技术取得进步。大规模动物细胞培养技术提升，细胞培养罐达到 5000 升规模。微生物深层发酵技术进步，一些抗生素发酵罐规模已达到 500 立方米以上。手性拆分和手性合成技术应用于多项新产品开发。酶催化工艺在抗生素、他汀类部分产品生产中得到广泛使用。注射用血栓通、丹红注射液、热毒宁注射液等一批中药大品种建立了以指纹图谱为基础，包括中药材规范化种植、工艺过程控制、成品质量控制在内的全过程质量控制体系，产品不良反应得到下降。

二、面临的形势

加快生物医药和高性能医疗器械发展具有重要的意义。一是提高人民群众健康水平的需要。随着人口增长、老龄化、环境及生活方式的变化，我国心脑血管疾病、糖尿病、肿瘤、精神和神经系统疾病等慢性非传染性疾病发病率上升，一些重大传染病、耐药性病原微生物引发的疾病依然严重，临床上相应药物用量大，对疗效好、副作用小的新药需求迫切。医疗器械是疾病预防、诊断和治疗的重要手段，随着新技术不断应用，医疗器械在重大疾病早期发现、精确诊断和治疗等方面发挥日益重要作用。加快生物医药和高端医疗器械新产品开发，可提高我国重大疾病诊断和治疗水平，满足人民群众健康所需。二是降低医疗服务成本的需要。新医改实施以来，我国基本医疗保险的覆盖面和保障水平显著提高，但是由于医保基金规模有限，特别是近年来医保基金结余率下降，一些疗效确切的高价药无法进入报销目录，一些成本高的医疗器械诊疗项目也不能纳入报销范围，极大地制约了患者的使用。通过加快生物医药和高性能医疗器械发展，提高国产化水平和替代进口，可促进相应产品价格下降，医疗服务成本降低，为一些新药和高性能医疗器械诊疗项目纳入医保报销范围创造条件，提高人民群众的可及性。三是促进医药产业升级的需要。长期以来，我国高端医药产品主要为外资企业主导。在药品领域，国内企业创新产品少，一些重大、多发疾病药物仍依赖进口产品，在城市医院，进口药占有相当大的比重。在医疗器械领域，国产产品主要面向中低端市场，三级以上医院均以进口产品为主，在CT、超导MRI、全自动化学发光免疫分析仪等高端医疗器械上，进口产品占到90%以上市场份额。加快生物医药新药和高性能医疗器械发展，可促进我国医药产业技术进步，优化产品结构，扩大产品出口，带动我国医药产业结构调整和转型升级。

我国生物医药和高性能医疗器械与国外先进水平仍有较大差距，亟待改进和提升。在药品领域，一是产品以仿制为主，创新产品少。国内企业综合实力弱，研发强度低，以开发生产仿制药为主，从事创新药研究的企业数量少。已上市的创新药中，真正临床价值高的品种不多，过去10年来国内企业开发的1类新药中，只有丁苯酞、埃克替尼等少数几个品种形成了市场规模。二是药品质量有待提升。大量已上市的化学仿制药尚不能做到与原研药质量一致，原料药的药物晶型、溶剂残留、杂质控制水平以及制剂工艺、药用辅料标准等与原研药存在差距，造成临床疗效和安全性方面的不足。中成药质量标准体系亟待完善，全过程质量控制水平有待提升。三是产业化技术薄弱。产品更新换代和技术升级慢，行业内一些关键性、共性技术长期难以突破，新型制剂技术发展水平低，如生物药的大规模动物细胞培养和纯化技术，制剂技术中的缓释、控释、长效和靶向释药技术等，均落后与国外先进水平。在医疗器械领域，一是很多高端产品仍属国产空白。一些创新性强、技术难度高的医疗器械，国内企业尚无同类产品上市，如PET-MRI、质子和重离子治疗设备、3T以上高场强超导MRI、128层以上CT、高能直线加速器等。二是产品可靠性和稳定性不足。由于在产品设计、加工制造工艺、质量控制等方面的不足，很多国产医疗器械在临床应用中故障率高，不能稳定达到性能指标，宕机率高，导致医疗机构对国产品牌认可度低，成为医疗机构不愿意采购国产设备的重要原因。三是关键部件和材料依赖进口。很多医疗器械的核心技术还不能掌握，关键部件和材料依赖进口，如CT机的高热容量X射线管组件、彩色超声的探头、冠脉支架和人工关节所用金属材料等，不但使国内产品制造成本高，而且制约了自主发展和产品升级。

我国生物医药和高性能医疗器械发展面临难得的机遇。一是国内医药市场快速增长。人口数量多、增长快、老龄化加速，慢性病发病人数增多，促使国内药品和医疗器械需求快速增长。我国已经成为全球第二大药品市场，医疗器械市场规模也居世界前列。二是国家政策支持。新医改推动各级政府加大医疗卫生投入，2009—2013 年全国财政在医疗卫生领域累计支出 30682 亿元，年均增长 24.4%，带动医疗保险覆盖面扩大、标准提高、支付比例提高。医疗卫生服务体系不断完善，医疗机构数量增加，县级医院、基层医疗机构建设得到加强，民营医院发展得到鼓励，有利于医药产品需求稳定增长。较好市场环境、政策环境有利于生物医药和高性能医疗器械技术创新及企业发展。

三、产品技术发展重点

（一）加强临床急需药物开发

根据我国临床重大、多发疾病预防和治疗的需要，有针对性地开发疗效好、副作用小的新药。重点开发针对肿瘤、心脑血管疾病、糖尿病、神经退行性疾病、精神性疾病、自身免疫病、耐药病原菌感染防、病毒性肝炎、艾滋病、慢性呼吸系统疾病、消化系统疾病、肥胖症、前列腺增生，以及其他病毒性感染疾病的药物。

把握全球一批创新药专利到期的机遇，开展仿制药开发和产业化，实现一批临床用量大的专利到期药的仿制上市，拉低原研药价格，降低患者用药成本。根据市场需求，针对专利药提前研发布局，开展工艺技术研究和药品注册申请，在专利到期后及早上市。

加快生物类似药开发，重点针对临床需求大、专利到期的抗体药物重磅产品，尽快实现国产生物类似药上市，应用先进工艺技术，提高蛋白表达水平，降低抗体药物生产成本，提高患者的可及性。大力开展疫苗供应保障能力建设，尽快实现手足口病疫苗等疫情防控急需品种及人乳头瘤病毒疫苗、肺炎链球菌多糖蛋白结合疫苗等新型疫苗的开发及产业化。

针对目前缺乏有效治疗手段的危重罕见病，如血友病、脆骨病、戈谢氏病、法布雷氏病等，发展平台技术，调动企业开发新药的积极性，有效投入研发力量。针对儿童用药匮乏的问题，开发适应儿童生理特征的新品种、新剂型和规格，做好已上市品种的评价，为儿童用药提供指导方案。

（二）加快医疗器械创新发展

在临床用量大、应用面广的影像设备、体外诊断设备等领域，开发一批性能指标达到或接近国外同类设备水平的新产品，部分产品实现填补国产空白，促进降低国内医疗服务成本。发展重点包括：多排螺旋CT、超导磁共振成像系统、高端彩超、PET-CT及PET-MRI、低剂量数字减影血管造影系统（DSA）、电子内窥镜等影像设备，全自动生化检测设备、五分类血液细胞分析仪、全自动化学发光免疫分析仪、高通量基因测序系统、无创血糖检测装置等体外诊断设备，高能直线加速器（LA）、急救呼吸机和麻醉机、手术机器人、质子和重离子治疗设备、血液净化设备、眼科激光治疗系统等治疗设备。

发展安全性和可靠性好、易于维护、价格适中、满足基本医疗需求的适宜技术和产品，促进基层医疗机构提高医疗器械配置水平。重点推进常规医疗设备的数字化改造，发展耗材国产化的检测设备,有存储或远程传输功能、适于出诊的诊断设备等。

针对临床用量大的一些植入介入产品，加强研发和投入，提高国产化水平，为患者治疗提供更多选择，降低患者使用成本。重点发展全降解的新型药物支架、采用新型材料的人工关节和脊柱等骨科产品、定制化骨科植入物、人工心脏瓣膜、人工耳蜗、心脏起搏器等。

发展数字化医疗系统，提高医疗机构的诊疗水平和服务能力，促进不同区域、不同医疗机构间的医疗信息共享、协同医疗和整合服务。发展重点包括医疗技术综合解决方案、数字化手术室、远程监护和远程会诊系统、高端电子病历系统和个人健康信息系统、可穿戴设备等。

（三）提升关键共性技术水平

化学药研发方面，重点发展先导化合物设计和结构优化技术，大规模化合物样品制备技术，药效评价及新机理研究技术，生物标志物与个体化用药技术等，开展针对新靶点的药物设计和结构优化，综合运用计算机虚拟筛选、高通量和高内涵筛选等技术，加强药物早期成药性评价研究，加快新药发现的效率，提高研发的成功率。化学药生产方面，重点开发酶催化合成等绿色制药工艺，手性药物不对称合成技术，以提高生物利用度为目标的药物结晶技术，脂质纳米、缓释控释、黏膜及肺部给药、经皮给药等新型释药技术等。

中成药研发方面，开发中药药效学评价技术，基于药效的中药质量评价技术；选择中医药具有治疗优势的病种，开展经典名方的开发；开发疗效确切、安全性高、有效成分明确、作用机理清楚的组分组方中药制剂；利用我国特色天然药物资源，开发有效成分明确、作用机理清楚、剂型先进的有效成分或有效部位新药。在生产方面，开发应用微波提取、超临界流体萃取、膜分离、微波干燥等中药提取纯化技术，发展生产过程质量控制技术，符合中药特点的缓控释、经皮和黏膜给药等制剂技术等。

生物药研发方面，重点开发人源化抗体构建及优化技术，抗体化学药偶联技术（ADC），疫苗多糖-蛋白结合技术，生物技术药物的长效、缓释、控释等制剂技术，新型药物递送系统，疫苗的新型载体、佐剂、稳定剂和保护剂等。在生产方面，重点开发动物细胞大规模高效培养关键技术，无血清无蛋白培养基，纯化介质及蛋白质纯化技术，生产过程质量控制技术等。

在医疗器械方面，围绕临床用量大的医疗设备品种，开展影响设备性能和成本的核心部件的开发，突破国产部件技术瓶颈，减少对进口部件的依赖。重点包括大热容量 X 射线管组件、高压发生器、高场超导磁体及冷头、梯度线圈及放大器、超声宽带探头及超高频探头、体外诊断设备所需的微量精密加样组件、光电分析组件、配套试剂等。

支撑保障篇

深化体制机制改革，激发制造业发展活力

建立涉企收费清单制度，为企业营造良好发展环境

完善财税和金融政策

健全多层次人才培养体系

《中国制造 2025》解读之：

深化体制机制改革
激发制造业发展活力

工信部　政策法规司

改革开放以来，我国经济体制经历了由计划经济到有计划的商品经济进而到社会主义市场经济的转变。在这个过程中，国有企业效率不断提高，民营经济蓬勃发展。国家对国有企业先后实行了利改税、拨改贷、放权让利、承包制、股份制、建立现代企业制度等改革，鼓励非公有制经济发展并逐步扩大其准入范围，引进国外资本、技术和管理方法，促使企业融入国际经济大循环。2010 年，我国制造业占全球比重达 19.8%，再次成为世界制造业第一大国。然而，我国制造业发展在自主创新能力、资源利用效率、产业结构水平、信息化程度、质量效益等方面仍与世界先进水平有明显差距，转型升级和跨越发展的任务紧迫而艰巨。深化体制机制改革是破解制造业深层次发展难题的关键，是实现制造强国战略目标和战略任务的有力保障。未来十年是建设制造强国的关键时期，也是制造业发展的重要战略机遇期，要以更大决心和勇气推动体制机制改革，在重要领域和关键环节取得决定性成果。

一、改革创新是我国制造业发展的动力源泉，实现制造强国目标需要不断深化改革

我国制造业一直是改革开放的前沿阵地，改革的力度、广度和深度都很大，市场化和国际化进程较快，是改革开放的探索者和受益者。30多年来，我国工业增加值年均增速超过11%，占GDP比重和对经济增长贡献率保持在40%左右。实践充分证明，深化改革是我国制造业发展的动力源泉。总体上来看，当前有利于我国制造业发展的体制环境初步形成：行业管理体制进一步理顺，历经多次机构改革，形成了大部门管理体制和主要管战略、管规划、管政策、管标准的科学管理方式；政府职能进一步转变，从体制机制上给各类市场主体松绑，不断激发企业和企业家创业的积极性；投资管理体制改革进一步深化，企业投资决策自主权进一步落实，用地、节能、环保、安全等市场准入标准和产业政策不断完善；国有企业活力进一步增强，推进政企分开、政资分开、经营权和所有权分离，国有经济布局结构不断优化，国有企业发展活力不断增强；非公有制经济和中小企业发展环境进一步优化，鼓励和引导民间资本进入制造业，为各种所有制经济平等使用生产要素、公平竞争营造了良好的政策环境，建立健全中小企业公共服务体系；财税、金融、价格等相关领域改革进一步推进，财税体制改革不断调动了企业的积极性和创造性，金融服务实体经济能力有所增强，煤电油气市场价格机制初步形成。

实践发展永无止境，改革也永无止境。随着发展进入新阶段，我国制造业发展的国内外环境正在发生广泛而深刻的变化，面临一系列突出矛盾和挑战，前进道路上还有不少困难和问题，主要表现为制造业大而不强，发展方式粗放，产业布局不合理，核心技术缺乏，企业国际竞争力不强，部分行业产能严重过剩，“两化融合”对经济发展方式转变的支撑作用尚未充分发挥，等等。导致这些问题的原因很多，但深层次原因还是体制机制问题。改革由问题倒逼而产生，又在不断解决问题中得以深化。实现制造强国的战略目标，关键在于全面深化改革，用改革的思路和办法推动解决我国制造业发展面临的一系列突出矛盾和问题，走中国特色新型工业化道路。

二、制造业领域深化体制机制改革的主要任务和措施

当前，新一轮科技革命和产业变革风起云涌，国际产业分工格局加速重塑。随着资源环境约束日益强化，劳动力等生产要素成本不断上升，我国经济发展进入新常态，制造业发展面临新挑战，结构性矛盾和瓶颈全面凸显，粗放式发展模式难以为继，调整结构、转型升级、提质增效刻不容缓。必须围绕制造强国建设，全面深化各领域体制机制改革。

（一）加快转变政府职能

加快转变政府职能是提升政府治理能力，推动上层建筑适应经济基础的必然要求。有效的政府治理有利于保证制造业发展方向、增强制造业发展活力和动力。党的十八大和十八届二中、三中、四中全会都对深化行政体制改革作出重要部署。《中国制造 2025》指出，全面推进依法行政，创新政府管理方式，提高产业治理水平；深化行政审批制度改革，落实企业投资主体地位。

一是创新政府管理方式，提高产业治理水平。进一步加强制造业发展战略、规划、政策、标准等制定和实施，增强制定的科学性和前瞻性，狠抓落实，切实发挥其在引导技术进步、促进结构调整、推动产业转型升级方面的作用。强化行业自律和公共服务能力建设，发挥行业协会等社会组织在服务行业、服务企业方面的作用和优势，加大政府向社会力量购买公共服务力度，做好技术创新、中小企业等各类公共服务平台建设，引导企业在节能环保、安全生产、消费者权益保护等方面积极履行社会责任，实现产业治理体系和治理能力现代化。

二是继续简政放权，深化行政审批制度改革。进一步加大行政审批事项取消下放力度，全面清理非行政许可审批，对确需设置的行政审批事项，要建立权力清单制度并向社会公开，对保留的行政审批事项规范管理、简化程序、明确时限、提高效率，并依法全面公开行政审批信息，规范行政裁量权，实行“阳光审批”。按照“宽进严管”的原则，加强对市场主体、市场活动的监督管理，通过建立市场主体、政府和社会共治机制，违法违规经营重罚机制，强化事中事后监管。深

化投资审批制度改革，适时修订政府核准的投资项目目录，大幅减少投资项目前置审批，严格规范中介服务，推行项目核准网上“并联”办理，落实企业投资主体地位，推进投资创业便利化。

（二）深化科技体制改革

创新是经济发展的内生动力，是加快转变发展方式、推动制造强国建设的核心驱动力量。创新能力不强是我国制造业大而不强的根源，主要表现在原始创新严重不足，产学研用结合不够，科技成果产业化程度低等方面。通过改革完善创新体制机制，破除一切束缚创新的桎梏，激发市场主体的创造潜力，是提升制造业创新能力的新动能和金钥匙。

一是完善政产学研用协同创新机制，加快建设制造业国家创新体系。强化企业在技术创新决策、研发投入、科研组织和成果转化中的主体地位。发挥大型企业创新骨干作用，支持大中型企业建立健全高水平研发机构，引导有条件的企业承担国家重大科技攻关任务，参与重点工程建设和基础前沿研究。营造公平竞争的市场环境，构建一批中小企业公共技术创新平台，大力支持民营经济和中小微企业的创新活动，发展壮大一批“科技小巨人”。促进产学研用深度融合，推动产业技术创新战略联盟向市场化、规范化、社会化方向发展，支持其开展共性技术研发、制定技术标准、构建产业创新链，提升产业核心竞争力。

二是改革技术创新管理体制机制。健全技术创新市场导向机制，发挥市场对技术研发方向、路线选择、要素价格、各类创新要素配置的导向作用。打破行政主导和部门分割，建立主要由市场决定技术创新项目分配、评价成果的机制。健全以技术交易市场为核心的技术转移和产业化服务体系，促进科技金融结合，改善科技型中小企业融资条件，完善风险投资机制，鼓励商业模式创新，促进科技成果资本化、产业化。

（三）加快价格税收体制改革

价格改革的方向是发挥市场在资源配置中的决定性作用，凡是能由市场形成价格的都交给市场，最大限度地缩小政府定价范围，最大程度地实现价格的公开透明，从而实现资源优化配置，推动形成统一开放、竞争有序的现代市场体系。推动环境保护费改税，形成有利于促进结构调整、资源节约和环境保护、倒逼制造业转型升级的机制和政策环境。

一是加快生产要素市场化改革，完善主要由市场决定价格的机制，合理配置公共资源。完善土地租赁、转让、抵押二级市场，完善工业用地以及二次开发利用的价格市场化形成机制，提高土地资源利用效率。加快推进利率市场化改革，完善人民币汇率市场化形成机制，发挥市场对资金配置的决定性作用。推进水、石油、天然气、电力等资源性产品价格改革，放开竞争环节价格。

二是推进资源性产品价格配套改革。引入市场机制，推行节约能量、碳排放权、排污权、水权交易制度改革，建立排污指标有偿使用和交易制度，促进节能减排，提高污染治理效率。加快推进原油、天然气等煤炭以外的其他重要矿产品资源税从价计征改革，清理规范相关收费基金，发挥税收对资源节约的调节作用。

三是推动环境保护费改税。按照正税清费、循序渐进、合理负担、有利征管的原则，将现行排污收费改为环境保护税，税率设计要综合考虑现行排污费收费标准、实际治理成本、环境损害成本等因素，发挥税收在节能减排和环境保护方面的调控作用。

（四）深化国有企业改革，稳步推进国防科技工业改革

国有企业和国防科技工业在我国制造业领域居于重要地位，在推进两化融合、军民结合、走新型工业化道路进程中发挥重要作用，是制造强国战略的重要组成部分。《中国制造 2025》明确，要深化国有企业改革，稳步推进国防科技工业改革。

一是不断增强国有企业活力。以增强国有企业活力、提高国有资本效率为中心，完善产权清晰、权责明确、政企分开、管理科学的现代企业制度，依法落实国有企业法人财产权和经营自主权，不断增强国有经济的活力、控制力、影响力、抗风险能力，主动适应和引领经济发展新常态。以促进国有企业转换经营机制、

放大国有资本功能、提高国有资本配置和运行效率，实现各种所有制资本取长补短、相互促进、共同发展为目标，稳妥推动国有企业发展混合所有制经济。国有资本继续控股经营的自然垄断行业，实行以政企分开、政资分开、特许经营、政府监管为主要内容的改革，依据不同行业特点实行网运分开、放开竞争性业务，推进公共资源配置市场化，进一步破除各种形式的行政垄断。

二是进一步优化国有资本布局结构。坚持以市场为导向、以企业为主体，有进有退、有所为有所不为，推动国有资本合理流动、形态转换和优化配置，增强国有经济整体功能和效率。紧紧围绕服务国家战略，落实国家产业政策和重点产业布局调整的总体要求，优化国有资本重点投资的方向和领域，推动国有资本向关系国家安全、国民经济命脉和国计民生的重要行业和关键领域、重点基础设施集中，向前瞻性、战略性产业集中，向具有核心竞争力的优势企业集中，向企业主业集中。建立健全优胜劣汰市场化退出机制，切实保障企业依法实现关闭或破产，加快处置低效无效资产，淘汰落后产能。推进国有企业技术创新、管理创新、商业模式创新。支持国有企业开展国际化经营，鼓励国有企业之间以及与其他所有制企业以资本为纽带强强联合、优势互补，加快培育一批具有世界水平的跨国公司。

三是稳步推进国防科技工业改革和军民融合深度发展。充分发挥政府和市场两大作用，服务国防军队建设和经济社会发展两大需求，抓住民参军、军转民两大关键，加强和改进行业管理，以更大力度推动军民融合深度发展。积极推进军工企业分类改革，稳步推进军工科研院所改革，构建军民融合深度发展新机制。

（五）健全产业安全审查机制和法规体系

产业安全关系国家经济安全和国防安全，必须采取适合本国发展阶段，符合国际经贸规则、惯例的措施，保护国内产业、市场和国家利益。近年来，以自由贸易区为代表的区域贸易优惠安排蓬勃发展，经济全球化进入新浪潮。随着双边、多边、区域次区域开放合作的深入发展以及自由贸易区战略的实施，我国将在更高水平上参与国际经济合作与竞争，制造业开放将向着更广范围、更深程度、更高层次发展，加强产业安全保护迫在眉睫。建立安全审查机制是国际通行做法，美国、德国、日本均建立了完善的产业安全审查机制来保护本国产业技术和经济安全。我国现行的安全审查制度仅对外资并购进行安全审查，远远不能适应产业开放新形势的要求，必须依靠法治化手段最大限度保护产业安全和国家安全。《中国制造 2025》指出，健全产业安全审查机制和法规体系，加强关系国民经济命脉和国家安全的制造业重要领域投融资、并购重组、招标采购等方面的安全审查。

一是健全产业安全审查相关法规。加快完善外商投资安全审查的法律依据，推动相关立法，明确产业安全审查的机构、范围、内容、程序等，使产业安全审查有法可依。完善外商投资法律规定以及产业安全相关法律法规，建立健全产业管理与保护的法律体系。

二是健全产业安全审查机制。完善外商投资安全审查与决策机制，提高审查效率。合理界定审查范围，除并购重组外，对重要领域投融资、招标采购等方面要加强安全审查。完善审查内容，除对国防安全、国家经济安全、关键技术研发能力的影响进行审查外，增加对文化安全、环境保护影响等方面的审查。加强事中、事后实施安全审查，加大对违法行为的处罚力度。

《中国制造 2025》解读之：

建立涉企收费清单制度 为企业营造良好发展环境

工信部　运行监测协调局

党中央、国务院高度重视实体经济发展和减轻企业负担工作，将减轻企业负担作为优化市场环境，激发企业活力的重要举措。2013 年以来，中央政治局会议多次强调要进一步清费减负，李克强总理等国务院领导同志多次作出重要批示，要求认真调查涉企乱收费问题，抓紧清理，减轻企业不合理负担。2014 年 6 月，国务院办公厅印发了《关于进一步加强涉企收费管理减轻企业负担的通知》（国办发[2014]30 号，以下简称 30 号文件），对减轻企业负担工作提出新的要求。工业和信息化部按照党中央、国务院的部署，联合国务院减轻企业负担部际联席会议成员单位及有关部门积极做好减轻企业负担工作，为保持经济平稳增长，支持实体经济健康发展增添动力。

一、突出改革创新，推动建立涉企收费目录清单制度

党的十八届三中全会提出，要强化权力运行制约和监督体系，推行各级政府及其工作部门权力清单制度。工信部将建立和实施涉企收费目录清单制度作为落实十八届三中全会精神和 30 号文件的核心举措，要求各部门、各地区严格执行涉

企收费目录清单，清单之外的涉企收费一律不得执行，企业有权拒绝缴费，并可以举报和投诉。清单之内的涉企收费，按照“正税清费”原则，逐步减少项目数量，并尽量降低收费标准。

在工信部的大力推动下，全国及地方涉企收费清单制度初步建立。2014 年 10 月底，财政部公布了全国涉企行政事业性收费和政府性基金目录清单。2014 年底，各省（区、市）都公布了涉企行政事业性收费清单，并建立了涉企收费清单常态化公示制度。企业对此给予了高度评价，认为涉企收费清单的公布进一步促进政务公开，有利于发挥全社会和媒体监督作用，帮助企业了解涉企收费政策，做到明明白白缴费。

二、推动普遍性降费，建立扶持小微企业的长效机制

联席会议将推动普遍性降费作为稳定经济增长、扶持小微企业发展的重要举措。按照国务院部署，2013 年以来，各级政府采取了一系列清理收费、减轻企业负担的措施。中央层面已累计取消、停征、减免了 420 项行政事业性收费和政府性基金项目，年约减轻企业和个人负担 920 亿元。30 号文件明确提出要建立支持小微企业的长效机制，全面落实各项收费减免政策，并将暂免管理类、登记类、证照类行政事业性收费改为长期措施。2014 年 11 月，国务院常务会议审议通过普遍性降费措施，取消、停征了 12 项中央级行政事业性收费，对小微企业免征了 42 项行政事业性收费和 5 项政府性基金；对符合条件的小微企业免征残疾人就业保障金；对养老和医疗服务机构减免了 7 项行政事业性收费，年约减轻企业和居民负担 400 多亿元，有力支持了小微企业、实体经济发展。同时，在工信部的大力推动下，各地区加大涉企收费清理工作，据初步统计，2014 年各省（区、市）取消、停征、减免行政事业性收费和政府性基金项目超过 600 项，每年可减轻企业和居民负担 1000 亿元以上。

三、组织专项治理，规范涉企收费行为

工信部会同联席会议成员单位针对企业反映强烈的银行、海关、港口码头、出入境检验检疫等重点领域收费问题开展了多次专项整治，有效遏制了乱收费、乱摊派行为。

工信部公布了全国减轻企业负担举报电话和邮箱，建立了企业举报的督办反馈制度，已接到各类企业举报信息 300 余件，工信部已要求相关部门和地区调查核实并提出处理意见。工信部还牵头组织开展了全国专项督查，对一些地区和协会违规加重企业负担的行为进行了通报，责令有关地区和协会立即停止违规行为，并进行严肃整改。

联席会议各成员单位也在各自分管领域深入开展了专项治理，规范涉企收费行为。发展改革委、银监会等部门开展银行业收费专项检查，对各类商业银行的 150 家分支机构 2012 年以来的收费行为进行检查，共实施经济处罚 15.85 亿元，商业银行违规收费行为得到遏制。发展改革委、财政部会同有关部门整顿规范进出口环节经营服务性收费，取消（合并）出入境检验检疫收费项目 360 余项，降低委托检验费、技术补偿费等多项收费标准，减轻企业负担 40 多亿元。民政部积极推进政社脱钩工作，从源头规范行业协会涉企收费行为。审计署将加强涉企收费管理纳入重点审计项目内容，查出各类不规范涉企收费 300 余亿元，督促有关地区和部门进行整改。

四、完善工作机制，夯实减轻企业负担工作基础

工信部充分发挥行业主管部门贴近企业、了解企业、服务企业的优势，通过调查评价、宣传评估、立法建设等举措，为做好减轻企业负担工作夯实基础。

一是建立企业负担调查信息平台。工信部牵头建设了全国企业负担调查信息平台，对全国 3000 多家企业开展负担调查，并组织对各地区企业负担情况进行评价，发布了企业负担调查评价报告，引起了广大企业的好评和社会广泛的关注，

形成了发现问题、反映问题、解决问题的机制。

二是加强舆论宣传和监督，营造良好氛围。工信部坚持每年举办减轻企业负担政策宣传周，通过高层专访、在线访谈、信息发布、系列报道、编发手册、现场咨询、政策培训等多种形式宣传惠企减负政策，使政策惠及更多企业。2014 年，我们举办了第三届全国减轻企业负担政策宣传周活动，将宣传周电视电话会议开到市县，约 11450 人收看。中央电视台、人民日报、新华社、经济日报等中央媒体及地方媒体进行了全面深入的宣传报道，为支持企业发展营造良好的舆论氛围。

三是研究完善保护企业权益的相关法律法规。工信部注重加快减轻企业负担立法工作，推进减轻企业负担政府事权规范化、法律化。在工信部推动下，山西、山东、湖北等多个省份出台了企业负担监督、企业权益保护的地方性法规，为全国立法提供有益借鉴。我们将在此基础上积极推进，尽快研究出台相关法规，为减轻企业负担、保护企业权益提供法制保障。

下一步，我们将继续认真贯彻党的十八大和十八届三中、四中全会精神，按照国务院的部署，将加强涉企收费管理、减轻企业负担工作不断推向深入，有力促进实体经济平稳健康发展、制造业转型升级和大众创业万众创新，为贯彻落实“中国制造 2025”规划、加快制造强国建设营造良好环境。

《中国制造 2025》解读之：

完善财税和金融政策

工信部　财务司

制造业是我国优势产业，是国民经济的重要支柱和基础，对国民经济发展起着重要作用，是立国之本、兴国之器、强国之基。李克强总理在十二届全国人大三次会议上所做的《政府工作报告》中明确提出，要实施“中国制造 2025”，坚持创新驱动、智能转型、强化基础、绿色发展，加快从制造大国转向制造强国。进一步完善金融扶持政策，加大财税政策支持力度，对于推进中国制造业转型升级发展，实现中国制造业由大变强具有重要作用。

一、完善金融扶持政策

金融是现代经济的核心，是支持实体经济发展的重要力量，与实体经济密不可分。历史上，美国、德国、日本等主要制造大国、强国的经验都证明，金融在支持制造业发展中发挥着无可替代的关键作用，一个符合国情的金融支持实体经济发展的制度安排和政策体系不可或缺。国际金融危机则从反面证明，金融有效服务实体经济是经济社会稳定的重要保障，脱离实体经济的金融发展会引发资源严重错配，导致产业结构空心化，甚至引发严重的经济和社会危机。

随着我国经济进入新常态，特别是建设制造强国重大战略任务的提出，必须牢牢把握金融服务实体经济的本质要求，适应制造业从大变强的新形势新要求新任务，发挥市场配置资源的决定性作用，拓宽制造业融资渠道，降低制造业融资成本，加强和改善金融对建设制造强国的支持。

改革开放以来，我国与市场经济相适应的金融体制基本建立，在支持实体经济特别是制造业发展方面发挥了巨大作用。近年来，党中央、国务院多次研究部署有关金融支持实体经济发展工作，国务院及相关部门出台了《国务院办公厅关于金融支持经济结构调整和转型升级的指导意见》、《关于开展首台（套）重大技术装备保险补偿机制试点工作的通知》等重要文件，在金融支持制造业转型升级、金融支持企业“走出去”、整合金融资源支持小微企业发展等方面实施了一系列重大政策措施，加大了对制造业转型升级关键领域和薄弱环节的支持力度，效果明显。

当前，我国经济处于“三期叠加”的新阶段，金融与经济结构调整和转型升级的要求不相适应的问题仍未根本解决，特别是金融领域脱离实体经济空转、金融资源配置不合理、资金分配不合理、一些转型升级重点领域缺乏金融支持、小微企业融资难融资贵融资慢的问题比较突出。必须牢牢把握金融服务实体经济的本质要求，适应制造业从大变强的新形势新要求新任务，更好发挥市场配置资源的基础性调节作用，拓宽制造业融资渠道，降低制造业融资成本，加强和改善金融对建设制造强国的支持。

一是银行金融机构增加对制造业重点领域的信贷投放。要优化信贷结构、加强定向调控，发挥政策性金融、开发性金融、商业金融的互补优势，加大对新一代信息技术、高端装备、新材料等重点领域的支持力度，提高信贷支持的针对性和有效性。支持中国进出口银行等加大对中国装备等产品“走出去”的服务力度。研究建立支持战略性新兴产业发展的长期低息贷款机制，提高中长期贷款比重。鼓励银行金融机构创新适合制造业发展的产品和业务，健全知识产权质押、供应链融资、贸易融资、股权质押等多元化融资服务，加强对外汇风险管理产品的服务支持。为制造业企业提供银团贷款、拓展担保方式、增强贷款利率下调弹性等多种方式的政策扶持。鼓励融资性担保机构扩大对制造业企业的担保业务规模。

二是发挥资本市场的作用，拓宽制造业企业直接融资渠道。健全多层次资本市场，大力发展股票市场、债券市场等资本市场，搭建方便快捷的融资平台，支持符合条件的制造业企业上市融资、发行债券。支持符合条件的制造业企业通过银行间债券市场发行非金融企业债券融资工具融资，拓宽企业融资渠道。根据研发、设计、应用的阶段特征和需求，建立完善相应的融资支持体系和产品。加快完善中小企业股权市场，增强服务中小企业的能力。积极引导私募股权投资基金、风险投资基金健康发展，完善相关扶持政策，支持创新型、成长型制造业企业股权融资。鼓励符合条件的制造业贷款和租赁资产开展证券化试点。

三是发挥产融结合、融资租赁、保险等金融服务在促进制造业转型升级中的重要作用。支持重点领域大型制造业企业集团开展产融结合试点，支持企业做大做强。发挥融资租赁的融资、促销、投资等多种功能，支持制造业企业发展。推广大型制造设备、施工设备、运输工具、生产线等融资租赁服务，支持中小微企业发展。引导企业利用融资租赁方式，进行设备更新和技术改造。鼓励采用融资租赁方式开拓国际市场，紧密联系产业需求，积极开展租赁业务创新和制度创新。引导租赁服务企业加强与商业银行、保险、信托等金融机构合作，充分利用境外资金，多渠道拓展融资空间，增强服务制造业企业能力。探索开发并完善适合制造业发展的保险产品和服务，鼓励发展制造业企业贷款保证保险和信用保险业务。

四是加大金融对制造业企业“走出去”的支持力度。在风险可控和商业可持续的前提下，进一步丰富制造业企业“走出去”的融资需求，通过内保外贷、外汇及人民币贷款、债权融资、股权融资等方式，支持制造业企业增强跨境投资经营能力，在境外开展资源勘探开发、设立研发中心和高技术企业，以及开展境外收购兼并等业务。

二、加大财税政策支持力度

财税政策作为宏观调控和行业管理的重要工具，对建设制造强国具有重要支撑和保障作用。

我部作为行业主管部门，在促进制造业转型升级方面，充分发挥了现有财税政策对行业的支撑和引导作用。积极协调出台相关财税政策，治理产能过剩问题，优化制造业的产业结构。针对不同类型的科技活动，提出差异化后补助资助方式，不断完善固定资产加速折旧政策，推广企业研发费用所得税税前加计扣除政策，以促进制造业科技创新。会同有关部门实施重大技术装备进口税收优惠政策，落实科技重大专项进口税收政策，适时调整进出口关税政策，促进制造业对外贸易转型升级。设立国家集成电路产业投资基金，在国家政策的引导下，吸引社会资金重点支持集成电路芯片制造业。协调出台节能与新能源汽车车船税减免政策，努力为行业发展营造良好政策环境。

推进制造业转型升级，建设制造强国，必须进一步健全财税政策支持体系，加大财税政策支持力度。要紧密结合我国财税体制改革方向，统筹考虑推进建设制造强国的需要，坚持充分发挥市场配置资源的决定性作用和更好发挥政府作用的总原则，强化政策引导和组织协调，切实落实各项任务和政策措施，依法依规开展工作。

一是充分利用现有资金和政策，继续推进目前已开展的工作，加快项目落地和顺利实施。整合后的工业转型升级资金要紧紧围绕“中国制造 2025”确定的各项工作，改革管理模式和支持方式，重点支持工业强基重大工程、智能制造重大工程、绿色制造示范工程、中药材提升和保障工程、中小企业公共服务平台体系建设工程。继续推进“核高基”、“高档数控机床与基础制造装备”、“大型飞机”、“民用航天”等重大科技专项的实施，推动相关重大科技项目和重大工程尽快启动落实。落实和完善使用首台（套）重大技术装备等鼓励政策，通过保险补偿支持国产首台（套）重大技术装备示范应用等，推动制造业创新产品的研发和规模化应用。配套政策和资金配置要结合新的财税体制改革要求，切实发挥专项资金对经济社会发展和行业转型升级的引领和支撑作用。

二是创新融资方式，拓展资金来源渠道。创新财政资金支持方式，逐步从“补建设”向“补运营”转变，提高财政资金使用效益。运用政府和社会资本合作（PPP）模式，引导社会资本参与制造业重大项目建设、企业技术改造和关键基础设施建设，在现有确定的新能源汽车等 30 个领域的 PPP 示范项目基础上，探索在公共服务、资源环境、基础设施等领域推广 PPP 模式，拓宽社会资本投资渠道，促进投资主体多元化。通过深化科技计划（专项、基金等）管理改革，支持制造业重点领域科技研发和示范应用，促进制造业技术创新、转型升级和结构布局调整。

要围绕经济社会发展急需和行业最新发展变化，进一步凝练发展重点，明确主攻方向和关键领域。要围绕实施“五大工程”，争取相关资金、政策重点支持智能制造、“四基”发展、高端装备等制造业转型升级的关键领域，力争在关系国计民生和产业安全的基础性、战略性、全局性领域，着力掌握核心关键技术，完善产业链，形成自主发展能力，提升制造业开放发展水平，实现制造业由大变强的历史跨越。

三是优化促进制造业转型升级的财税政策体系。综合运用消费税、企业所得税、资源税、关税和出口退税等政策工具，营造有利于制造业发展的良好环境。要继续调整完善消费税征收范围，优化税率结构，适当后移征收环节，把高污染、高耗能和部分高档消费品纳入征收范围，增强消费引导与调节功能。积极推动落实国务院支持小型微利企业发展的所得税优惠政策，扩大减半征收所得税优惠范围，推动大众创新、万众创业。结合相关资源特点，研究扩大资源税从价计征范围，推动转变经济发展方式。在遵守我入世承诺前提下，适时调整进出口关税政策，对国内不能满足生产经营需要的产品实施较低的进口暂定关税税率，鼓励先进技术设备、关键零部件、能源原材料等进口；对高附加值、高技术含量、自主品牌等产品的出口实施零关税，并提高出口退税率，提高中国制造产品国际市场竞争力。通过优化财税政策体系，为制造业发展营造良好政策环境，推动转型升级发展。

四是推进增值税改革，切实减轻制造业税收负担。2013 年 8 月 1 日，“营改增”范围推广到全国试行。2014 年 1 月和 6 月，铁路运输、邮政服务业和电信业先后被纳入“营改增”试点。但是，目前“营改增”范围还未扩大到所有行业，企业的增值税抵扣链条还未完全打开，还不能完全消除重复征税。同时，我国增值税还存在 17%、13%、11%、6%和 0 五档税率，不利于规范税制、公平税负。为切实减轻企业税收负担，必须全面推进“营改增”，将建筑业、房地产业、金融保险业和生活服务业等纳入试点范围，并适当减少税率档次。同时，在现有扩大允许纳入税前加计扣除的研究开发费用范围基础上，研究完善企业研发费用计核方法，加大研发费用加计扣除政策落实力度，进一步促进企业加大研发投入，减轻企业负担，推动创新。

五是统筹双边和多边自贸区谈判，为企业参与国际竞争创造良好条件。多边贸易体制和区域贸易安排一直是驱动经济全球化向前发展的两个轮子。维护多边贸易体制，推动信息技术协定扩围，积极参与环境产品、政府采购等国际谈判。完善和落实支持创新的政府采购政策，推动制造业创新产品的研发和规模化应用。加快实施自贸区战略，尽早签署中韩、中澳自贸区协定，加快中日韩自贸区谈判，推动与海合会、以色列等自贸区谈判，力争完成中国—东盟自贸区升级谈判、区域全面经济伙伴关系协定谈判，建设亚太自贸区。推进中美、中欧投资协定谈判。通过加快实施自由贸易区战略，积极发挥自由贸易区对贸易投资的促进作用，一方面降低企业的进口成本，另一方面促进外向型企业走出去，提升在自贸伙伴国市场的份额，从而更好帮助我国企业参与国际竞争，为经济发展注入新动力、增添新活力、拓展新空间。

《中国制造 2025》解读之：

健全多层次人才培养体系

工信部　人事教育司

人才是我国经济社会发展的第一资源。《中国制造 2025》强调要健全完善中国制造从研发、转化、生产到管理的人才培养体系，为推动中国制造业从大国向强国转变提供人才保障。贯彻落实《中国制造 2025》，必须深刻领会加强人才工作的重要意义，牢固树立科学人才观，不断创新人才工作机制，把造就高素质制造业人才队伍、推动人才工作科学发展作为加快制造业转型升级的重要基础和战略支撑。

一、制造业人才队伍发展现状

21 世纪以来，制造业面临着全球产业结构调整带来的机遇和挑战。可以说，全球新一轮科技革命和产业变革正在孕育兴起，信息技术发展日新月异并加速与各领域技术深度融合，引发了经济社会发展的深刻变革。伴随着新一代信息技术的突破和扩散，柔性制造、智能制造、服务型制造、工业互联网、3D 打印、大规模个性化定制、全生命周期管理等，都对传统发展理念、发展方式、发展模式产生了颠覆性、革命性的影响，并将重塑全球制造业发展格局。

随着制造业的持续发展和技术变革，人才资源总量稳步增长，人才结构、人才素质和人才培养体系逐步改善，制造业人才工作取得了新进展。一是制造业人才规模不断扩大，结构逐步优化。当前，我国装备制造业规模以上企业人力资源总量近 1794 万人。其中，据不完全统计，人才总量近 736 万人，具有大学本科和研究生学历的人员分别占人才总量的 29%和 2%。二是制造业人才培养体系逐步完善。制造业企业在培养高端人才中的主体作用开始得到发挥，一批高校、职业院校紧贴市场需求，与企业密切合作，在加快培养后备制造业人才方面发挥了重要基础作用。三是制造业人才评价工作得到加强。以职业能力为导向、以工作业绩为重点，注重职业道德和职业知识水平的人才评价体系初步建立，社会化鉴定、企业评价、院校资格认证等多元评价机制初步形成。四是制造业人才竞赛选拔机制逐步健全。各类职业技能竞赛活动蓬勃开展，已成为加快制造业高技能人才脱颖而出的重要渠道。五是制造业聚集了一批以院士、科技创新领军人才为代表的高端人才队伍。制造业高端人才在科技创新、重大项目攻关等方面的重要作用得到发挥。六是制造业人才成长的政策环境明显改善。各地区、各部门普遍制定了促进制造业人才队伍建设的政策。对制造业人才的宣传力度不断加大，重视制造业人才的社会氛围正在逐步形成。

但是，与制造业发展要求相比，人才队伍建设还存在一些突出的问题：一是制造业人才培养素质与社会经济发展对制造业人才需求之间的矛盾突出，制造业人才总量短缺，结构不合理，领军人才匮乏；二是制造业人才培养投入总体不足，培养培训机构能力建设滞后，人才发展的体制机制障碍依然存在；三是对制造业人才的认识仍有偏差，重学历文凭、轻职业技能的观念还未从根本上得到扭转，企业职工和青年学生学习技能的积极性不高，制造业人才仍然面临发展渠道窄、待遇偏低等问题，人才成长发展的社会环境有待进一步改善。面对制造业的发展机遇和挑战，迫切需要高素质的人才队伍提供支撑，从根本上解决制造业发展的瓶颈问题。我们必须依靠人才助推发展方式的转变，在继续发挥我国制造业人力资源优势的同时，加快形成人才比较优势，努力实现由大规模人力资源向高素质人才资源的转变。

二、推进制造业人才队伍建设的主要任务

《中国制造 2025》指出，制造业人才队伍建设需要紧紧抓住人才培养、吸引、

使用三个环节，进一步完善人才工作机制，合理开发人才资源，增强人才实力，激发人才活力，使人才队伍建设适应制造业发展需要。

主要任务是：加强制造业人才发展统筹规划和分类指导，组织实施制造业人才培养计划，加大经营管理人才、专业技术人才和高技能人才的培养力度，完善中国制造从研发、转化、生产到管理的人才培养体系。一是培养造就一支职业素养好、市场意识强、熟悉国内外经济运行规则的经营管理人才队伍，有效提高制造业企业和产品的国际竞争力，推进我国制造技术成果转化和品牌价值实现；二是培养造就一支掌握先进制造技术的国际型、复合型、高素质专业技术人才队伍，在制造业发展过程中起核心推进作用，充分发挥科研转化、技术开发、业务指导、监督实施和技术改进等工作；三是培养一支门类齐全、技艺精湛、爱岗敬业的高技能人才队伍，满足高质量产品生产和服务要求，推动“中国制造”向“中国创造”的转变。

三、推进制造业人才队伍建设的重要措施

为确保我国制造业能够科学发展和跨越发展，推进制造业人才大发展是根本前提。推进制造业人才大发展聚焦在经营管理人才、专业技术人才和高技能人才三支核心人才队伍的建设上。同时，加强制造业人才需求预测、人才评价和激励，以及人才流动和引进等工作机制的建设。

（一）以提高现代经营管理水平和企业竞争力为核心，实施企业经营管理人才素质提升工程和国家中小企业银河培训工程

经营管理人才是现代制造业的核心和灵魂，对现代制造企业各种生产要素起到组合、运作和放大的作用。经营管理人才队伍建设，要以企业家和职业经理人为重点，精心培育战略性新兴产业领军人才，尤其要重视培养具有国际视野、精通技术、熟谙经营的战略性新兴产业企业家，造就一大批职业化、市场化、专业化和国际化的企业经营管理人才。

以国资委、工信部组织实施的 12 项重大人才工程之一“企业经营管理人才素质提升工程”和工信部、财政部组织实施的“国家中小企业银河培训工程”为抓手，依托知名跨国公司、国内外高水平大学和其他培训机构，加强制造业企业经营管理人才培训，提高战略管理和跨文化经营管理能力。建立企业经营管理人才库，培养和引进一批科技创新创业企业家和制造业发展急需的战略规划、资本运作、科技管理、项目管理等方面专门人才。加强制造业管理人才的职业化和专业化能力建设，通过组织参加各级各类培训，提高科技管理人才素质。重视基层及一线管理人才建设，加强对基层行业管理人员的培训，不断提高其管理水平和服务能力。

（二）以高层次、急需紧缺专业技术人才和创新性人才为重点，组织实施专业技术人才知识更新工程、先进制造卓越工程师培养计划和制造业人才培养计划

高层次、急需紧缺专业技术人才和创新性人才是现代制造业的引擎，对现代制造业的发展起到引领和驱动的作用。高层次、急需紧缺专业技术人才和创新性人才队伍建设，要瞄准世界高端产业水平，快速集聚高端产业研发人才，打造“中国创造”品牌，引领我国制造业升级换代。要在世界范围内加大创新创业人才和创新科研团队的引进力度，优先引进和培养一批拥有国际发明专利、掌握核心技术的世界一流的科技领军人才和团队，加大创新创业人才培养支持力度。要对工程师人才队伍进行战略性结构调整，在大力提升工程师人才能力素质的基础上不断扩大工程师人才队伍的规模，造就世界一流的工程师人才队伍。

以人社部组织实施的 12 项重大人才工程之一“专业技术人才知识更新工程”、教育部、中国工程院组织实施的“卓越工程师教育培养计划”为抓手，在实施制造业重点科研项目、工程项目和建设项目中，以产品设计、关键技术试验验证、可靠性保障、新工艺及专用设备研发等科技创新活动为依托，在产品研发、设计、制造、试验、检测能力建设中，培养大批企业技术研发、工艺创新、工程实现等方面的优秀专业技术人员。“卓越工程师教育培养计划”的主要目标是面向工业界、面向世界、面向未来，培养造就一大批创新能力强、适应经济社会发展需要的高

质量各类型工程技术人才。落实到《中国制造 2025》中，加强高等学校与制造业相关信息技术、工程技术和管理类学科专业建设，适度超前培养人才，要以强化工程能力与创新能力为重点改革人才培养模式，要在制造业企业中设立一批国家级“工程创新训练中心”。进一步加强企业专业技术人才的继续教育，鼓励和支持企业开展专业技术人员的在职培训和高级研修，系统培养大批产业关键领域紧缺专业技术人才、复合型专业技术领军人才和优秀创新团队。充分发挥产业技术创新战略联盟和对外经济技术合作项目在培养专业技术人才方面的作用，鼓励和支持高等学校、科研机构、大型国有企业等建立技术创新培训基地，有效提升制造业企业专业技术人员素质。

（三）以科研人员、技术技能人才和复合型人才为核心，依托现代职业教育改革，开展校企合作，强化技能培训

高技能人才是现代制造业的中坚，在生产制造流程中起到技术实现和再造的作用。高技能人才队伍建设，要以技师和高级技师为重点，培养大批拥有系统专业知识的能够满足先进制造业需要的门类齐全、技艺精湛的高技能人才。要大力培养熟谙国内外产业技术前沿和市场行情的综合素质高、服务意识强、能够有效解决客户疑难问题并凝聚客户群的客户服务人才，尤其是要培养一大批能够走向世界的集售前服务、售中服务和售后服务为一体的高级技术服务专家。

以《国务院关于加快发展现代职业教育的决定》为指导，引导部分普通高校向职业技术型院校转型，完善以企业为主体、职业院校为基础，学校教育与企业培养紧密联系、政府推动与社会支持相结合的高技能人才培养培训体系。以增强劳动者职业技能为重点，鼓励各地区、企业、院校和行业协会开展培训活动，培养能熟练掌握专业技能、解决工艺难题的高技能人才。加强职业培训，统筹职业教育发展，整合利用现有各类职业教育培训资源，依托大型骨干企业（集团）、重点职业院校和培训机构，建设一批示范性高技能人才培养基地和公共实训基地，开展现代学徒制试点示范。坚持校企合作、工学结合，强化教学、学习、实训相融合的教育教学活动，推行项目教学、案例教学、工作过程导向教学等教学模式，改革高等院校和职业学校制造业相关专业和课程设置，为培养一支门类齐全、技

艺精湛的技术技能人才队伍服务。

（四）加强制造业人才需求预测，建设信息化平台

加强对制造业人才需求的预测，对于整个制造业平稳发展有至关重要的作用。要定期开展针对制造业人才总量、结构、分布等情况的调研，探索建立制造业人才调查统计工作机制，对制造业人才的需求结构与层次开展分析，建设完善人才信息库，为培养、引进各类各层次制造人才提供数据支撑。要构建制造业经营管理人才、专业技术人才和高技能人才水平评价制度，建设制造业人才需求信息发布平台，对制造业人才未来需求量进行科学预测，为制造业人才培养提供方向指导和依据，有效服务制造业转型升级。

（五）建立人才激励机制，健全人才流动机制

鼓励以品德、能力和业绩为导向，坚持考试、考核与评审相结合，准确客观地评价现代制造人才的能力和水平，完善符合各类人才特点的考核评价体系。鼓励以业绩贡献为核心，建立健全激励人才创新的分配制度和激励机制。鼓励探索市场化分配机制，适度扩大协议工资制、年薪制、年度奖励制度的实施范围；完善薪酬激励机制，鼓励以智力资本入股或参与分配，加快完善期权、技术入股、股权、分红权等多种形式的激励机制，激励科研机构和高校科技人员积极从事职务发明创造。加强对制造业优秀人才的表彰和奖励，营造鼓励人才干事业、支持人才干成事业、帮助人才干好事业的环境和氛围，激发制造业人才创新的激情和活力。建立完善制造业人才服务机构，进一步发挥市场在人才资源配置中的基础作用，健全制造业人才流动和使用体制机制。鼓励依托行业协会，加强国有和非公企业人才间的协作，畅通渠道，实现人才共享。加强人才职业生涯研究工作，为探索建立制造业人才科学化、多样化的职业发展渠道奠定基础。

（六）选拔优秀人才赴国外培训，加大制造业引智力度

以优秀专业技术人才为重点，有计划、分层次地选派制造业各领域的优秀人

才赴制造业发达国家和地区培训。借鉴国外开展职业技能培训和技能人员培养方面的经验和做法，促进制造业人才与国外同行交流。加强国际培训基地建设，鼓励有条件的单位与海外制造业研究机构联合建立培训基地。加大海外引智力度，促进建立全球招才引才的工作体系，优先引进一批具有国际影响力的学术技术带头人和能够突破关键技术的项目负责人，加快引进拥有自主知识产权、有望形成持久经济增长点的创新创业人才。建立制造业海外高层次创新创业人才网络平台，发布制造业人才引进计划，提供咨询和接洽服务，为海外高层次人才归国从事制造业工作提供专业化、系统化、个性化服务。

以优秀专业技术人才为重点，有计划、分层次地选派制造业各领域的优秀人才赴制造业发达国家和地区培训。借鉴国外开展职业技能培训和技能人员培养方面的经验和做法，促进制造业人才与国外同行交流。加强国际培训基地建设，鼓励有条件的单位与海外制造业研究机构联合建立培训基地。加大海外引智力度，促进建立全球招才引才的工作体系，优先引进一批具有国际影响力的学术技术带头人和能够突破关键技术的项目负责人，加快引进拥有自主知识产权、有望形成持久经济增长点的创新创业人才。建立制造业海外高层次创新创业人才网络平台，发布制造业人才引进计划，提供咨询和接洽服务，为海外高层次人才归国从事制造业工作提供专业化、系统化、个性化服务。